中国围棋协会
CHINESE WEIQI ASSOCIATION

《围棋与名城》丛书

围棋与平凉

周为 著

山西出版传媒集团　书海出版社

图书在版编目（CIP）数据

围棋与平凉／周为著.—太原：书海出版社，
2024.5
（围棋与名城）
ISBN 978-7-5571-0133-6

Ⅰ.①围… Ⅱ.①周… Ⅲ.①围棋－体育文化－平凉
Ⅳ.①G891.3

中国国家版本馆 CIP 数据核字（2024）第 042996 号

围棋与平凉

著　　　者：周　为
责任编辑：刘　远
复　　审：傅晓红
终　　审：梁晋华
装帧设计：谢　成

出 版 者：山西出版传媒集团·书海出版社
地　　址：太原市建设南路 21 号
邮　　编：030012
发行营销：0351-4922220　4955996　4956039　4922127（传真）
天猫官网：https：//sxrmcbs.tmall.com　电话：0351-4922159
E － mail：sxskcb@163.com　发行部
　　　　　sxskcb@126.com　总编室
网　　址：www.sxskcb.com

经 销 者：山西出版传媒集团·书海出版社
承 印 厂：山西出版传媒集团·山西人民印刷有限责任公司

开　　本：720mm×1020mm　　1/16
印　　张：18.25
字　　数：280 千字
版　　次：2024 年 5 月　第 1 版
印　　次：2024 年 5 月　第 1 次印刷
书　　号：ISBN 978-7-5571-0133-6
定　　价：76.00 元

如有印装质量问题请与本社联系调换

《围棋与名城》丛书编委会

编委会主任

林建超

编委会执行副主任

姚 军 王 光

编委会副主任

朱国平 聂卫平 孙光明 常 昊 雷 翔 王 谊 华学明

顾 问

王国平 王汝南 华以刚 陈祖源 何云波

编委会成员

俞 斌	刘 伟	刘 菁	陈凌凯	杨 诚	张 蔚	张 平
张润海	郭志强	赵清俊	张眉平	张建军	杨学军	李绍健
韩文鑫	刘 斌	安 营	周星增	刘世振	丁 波	陶启平
朱建平	王永山	王晓庆	卢俊和	杭天鹏	杨自强	吴海明
祝云土	邓中肯	曹元新	戴滨辉	卢阳阳	王其红	张 亮
华 斌	喻 平	洪维平	刘海泉	聂 慎	马 望	渠汇川
刘 霞	刘文选	洪镜海	何云波	陈巨伟	容坚行	陈志刚
吴金权	覃洪兵	黎浩海	白起一	林如海	王成艺	熊方军
危建华	何任叔	李方明	陶晓昌	王旭东	李云生	张 丰
杨 琪	宋 群	周 为	罗腾岳	郭海军	陆 斌	

前　言

　　组织全国各地的围棋协会，编写出版反映各地著名城市的围棋历史、文化、人物、故事和发展现状的系列丛书，是新一届中国围棋协会为深入学习贯彻习近平总书记重要指示所抓的大型围棋文化工程。2004年10月，习近平同志在浙江省衢州市调研时首次提出"围棋文化"的概念，并明确指出："围棋文化要进一步提高运作水平，开展一些有影响的活动。"这是迄今党和国家主要领导人关于加强围棋文化建设的明确指示要求，具有重要而深远的指导意义。编写《围棋与名城》丛书，正是按照习近平总书记的要求，自觉坚守中华文化立场，挖掘、传承、弘扬围棋文化，讲好中国围棋故事的实际行动。

　　《围棋与名城》丛书旨在挖掘、整理全国各地有价值、有特色的围棋文化，讲好当地围棋故事，使之成为城市的一张特殊名片。丛书是一项基础性、系统性、开创性的文化工程，是全国围棋文化建设的重要组成部分，它的重要意义在于：第一，是推动围棋文化全面发展的基础性工作。围棋文化的发展方向众多，其中一项基础性工作，即地方围棋文化的挖掘、整理、研究。这项工作过去没有系统地、有组织地进行过。在围棋事业快速、多样化发展的今天，这种基础性工作越来越显示出它的重要性和必要性。第二，是国家围棋文化建设与地方围棋文化建设相结合的工程。讲好中国围棋故事是讲好中国故事的重要组成部分，中国围棋故事是由各地围棋故事组成的。第三，是推动中国围棋名城建设的品牌性、标志性项目。我们要打造围棋名城，首先要把名片做好，一本既有史料价值又有指导意义的围棋书就是金名片。第四，是实现围棋文化成果与人才培养双丰收的根本性措施。围棋文化要出成果，更要出人才。围棋文化人才潜在的数量很大，编写《围棋与名城》是对各地围棋文化人才的一次发现、检验、提高，有利于建设中国围棋文化人才库。

《围棋与名城》有明确的定位。一是围棋形态的史志书；二是当地领导者、围棋工作者、围棋教育者、围棋爱好者使用的教科书；三是方便查询、方便使用、方便宣传、方便传播的工具书；四是本城市作为"围棋名城"的说明书；五是讲好当地围棋故事、具有可读性的故事书。

丛书各册主要包括四方面内容：第一、历史。围棋在本地发展的历史脉络；第二、文化。围棋在本地发展过程中形成的独特文化以及与文学、书画、戏曲等其他文化互为载体的关系；第三、人物。古往今来的围棋人，包括下围棋的人、支持围棋事业的人、从事围棋行业的人，等等；第四、现实。就是围棋的现实发展，包括赛事、活动、普及、交流等等。每本书都与城市的社会、经济、文化、体育发展相结合。

在编写过程中，我们要求各分册编委会要严格把关五条标准，即：一、政治标准。就是以党的十九大精神，习近平新时代中国特色社会主义思想、特别是关于文化体育的论述为指导和要求。二、史志标准。所有的史料要经得起推敲。三、学术标准。涉及棋谱、课题的研究时，要达到学术要求。四、专业标准。就是围棋的专业标准。比如，提到的比赛、活动要符合体育总局、中国围棋协会的政策、要求、规范。五、出版标准。文字准确、精炼，图片清晰，体例、格式等符合出版社要求。

从2014年我组织调研到2019年主抓召开编写工作会议，历时七年，第一批43部书稿终于进入出版流程。在丛书编写过程中，各地体育部门、围棋协会的负责同志，以及具体的编写人员都本着积极奉献、责任担当、深入刻苦、包容大度、勇于创新、客观求实的态度，整合各方力量，调动各方积极性，很好地完成了各自的任务。山西人民出版社从承办会议到编辑设计，做了大量工作。作为身处伟大时代的围棋人，我们一起克服了很多困难，为解决棋迷的需要、国家的需要、时代的需要做出了贡献，承担了自己的责任担当，履行了自己的历史使命。我们要持之以恒，继续研究，不断改进，更好地完善这一无愧于时代，无愧于后人的基础性重要工程，为中华优秀围棋文化的传承发扬做出更大贡献。

中国围棋协会主席林建超

2021 年 6 月 12 日

目　录

序　言

　　围棋从表面来看是一个优雅的智力游戏，简单规则中展现出难以想象的深度和复杂，具有无与伦比的微妙和思维。围棋通过黑白子的博弈来演绎象、理与数关系从而证道，道不仅是宇宙之道、自然之道，也是人生之道。围棋能从天道、地道、人道的关系中去诠释道法自然，是一个模拟大千世界的完美模型。围棋是中国对世界文化非常重要的贡献，而我们都在低估围棋对于世界的文化价值。

　　围棋起源于中国，世人皆知。德国《约罗克豪斯百科全书》《美国百科全书》中都有这样记载。《大英百科全书》认为：围棋可能于公元前2356年诞生于中国。但由谁发明及发明的时间地点等，史料中却鲜有记述，这是历史上悬而未决问题，成为一个千古难题。近年来国际上不少史学家认为，没有等级观念的围棋，起源于我国原始社会末期。

　　千百年来，围棋把中华文化的精髓系统地包含在其中，因此围棋绝对不仅是一种单纯的智力游戏。高深莫测且包含着华夏文明大智慧的围棋，显然不可能与中国文化毫无关联地凭空突然出现，她肯定是一个良好且与之关联的原始文化下长期发展的产物。华夏文化生态母系统与围棋文化生态子系统之间相互关联与影响着，随着两种文化生态进一步成熟与发展，围棋顺理成章地把中华文化的纯正基因包含在其中。

　　陇山是中华文明发祥的祖庭之一，平凉及周边地区在八千年前至五千年前就已经形成华夏大地最重要的文化生态，华夏文明生态环境为围棋起源创造充分与必要条件，进而促使独特的围棋文化生态系统形成，让平凉成为中国围棋文化故事最丰富的地方之一。

汉代史学家班固在《弈旨》评论围棋：上有天地之象；次有帝王之治；中有五霸之权；下有战国之事；览其得失，古今略备。正如吴清源大师所说：中华文明，尽在一盘棋中。

本书通过梳理中国文化起源和上古经学文化的脉络，尝试分析围棋起源与中华文化的渊源关系。

第一章

围棋起源与平凉

第一节　平凉及周边地区的文化生态

从生态学的角度来看，人类的生存环境有两个方面，自然生态环境和文化生态环境。文化生态是一个比自然生态更为复杂的系统，既有长期历史文化积淀形成的传统和风俗，又要面临外来文化的冲击、对外来文化的抵抗和对外来文化的吸收与融合。作为传承五千年以上的中华文化，早期必然存在着一个完整的原始文化生态系统，古陇山文化生态系统是在特定的历史条件下，经过长期的部落联姻、部落战争、部落大联合等一系列的过程，逐渐融合形成中华文化的根基。

古陇山文化包含着八千年前至五千年前华夏文明的祖脉文化。国学大师、中国古文化传播者南怀瑾先生在《禅宗与道家》一文中讲道：我们都知道中华民族文化的发源地，先由西北高原开始，逐渐向黄河下游发展，到了三代以下，便形成中原文化。这一系统文化的老祖宗，大致都上推自伏羲画卦开始，以黄帝轩辕为中心，终于文王演绎八卦的《易经》哲学。我们姑且假定一个名词，叫它为《易经》学系的文化学术，或者称它为中国上古西北高原的文化思想：前者的名称，是以经学做中心，后者的名称，是以地理历史做代表。

黄河上游流域以南，与渭河流域及泾河流域环绕着陇山周边相邻的黄土高原沟壑、台地，大约五万平方千米的地域构成了古陇山区域。陇山呈南北走向绵延二百四十千米，是关中平原的重要屏障，古陇山山系由现在的关山、崆峒山、六盘山等富有特色的名山大脉组成。古陇山大文化圈由固原四分之三区域、平凉全境、天水三分之二区域、宝鸡二分之一区域及定西、陇南、白银、庆阳、中卫等小部分区域组成，平凉处在陇山的中心位置。平凉是古陇山文化的代表，古陇山是三皇五帝及周朝、秦朝、唐朝等生存发展的源头。

平凉位于古代陇山的腹地，历史悠久，现已发现旧石器时代遗址12处，考古说明早在60万年前辖境内已有人类的活动。从泾川县太平乡大岭上出土的旧石器早期先民生活的遗址，断定距今30万年以前有人类繁衍生息。泾川县泾明乡出土的3至5万年前的晚期智人头盖骨化石等重大考古发现，与平凉境内的2200多处仰韶、齐家、商周文化遗址以及3万多件馆藏文物等等，都印证了平凉远古人类对于人类文明进程所做出的重要贡献，足以证明平凉作为中华文明重要的发祥地当之无愧。从八千年前静宁古成纪的伏羲、庄浪古雷泽边的女娲，到约四千年前轩辕黄帝登临崆峒山问道于广成子与仓颉在洛河、汭河源头处（洛汭之间）造字；回山繁衍了数千年的西王母部落到黄帝在灵台荆山下铸九鼎，从汭鞠的公刘农耕文明到西周筑灵台，等等，既为华夏文化的起源奠定了基础，也为围棋等文化的起源提供了深厚土壤。崆峒山作为道源圣地构成了中华灿烂文明的重要组成部分，道文化起源与中华文明的发祥与肇启是相伴相随、相依相存的。黄帝问道说明五千年前平凉（古陇山）有着华夏最辉煌的时期，是中华文化集大成之地。

陇山区域宏阔，在八千年至三千年前之间，降雨量曾在1200~1600毫米，年平均气温高于现在平均气温5~8度，属于亚热带雨林气候，陇山的台地（当地人称作塬）非常适合植物生长和人类生存。《淮南子·地形训》凡地形，东西为纬，南北为经，山为积德，川为积刑，高者为生，下者为死，丘陵为牡，溪谷为牝。在秦汉时期的降水量仍在800~1200毫米左右，有60%左右的森林面积和一望无际的草甸；唐朝以后随着降雨量减少及气温变冷，逐渐形成半干旱气候，由西北形胜转变成东南形胜。古陇山历史文化悠久灿烂，农耕文明和游牧文明交相辉映，是中华祖脉文化的生发地、中华文明的源头。距今约五千年前陇山大地就已经竖起仰韶文化的旗帜，大地湾文化让人们对华夏文化有序传承有更加完整的认识。古陇山是华夏族先民农耕文明初期主要的繁衍生息地。

伏羲到炎黄时期，古陇山已经形成原始农耕文化和原始游牧文化，此地曾经生活着一万余个氏族部落，部落之间不可避免地开始兼并和融合。数百上千年后，陇山地区逐渐形成以陇山西南渭河中上游的炎帝部落、陇山东南的泾河流域至渭河中下游的黄帝部落、陇山东北泾河中上游的崆峒部落等三大部落，以及陇山西北的渭河上游的羌戎诸多部落等。炎帝部落、黄帝部落、广成子的崆峒部落等恰好是伏羲文化（古经学文化）的传承者和发扬光大者，随着他们进一步的融合，成就延续至今的华夏文化（炎黄文化），其核心就是道文化（古经学文化），道是华夏哲学之内核，道文化是中华文化之根柢。

人文始祖伏羲诞生于陇山区域的古成纪，他在这块神圣土地上获取河图洛书，画八卦、结网罟、取火种、制嫁娶、造甲历、创乐器、造书契；倡导媒聘婚，推动中华民族婚姻文化由杂居群婚到对偶婚的变革。伏羲氏族以蛇为图腾，通过扩张兼并等方式吸纳众多部落氏族成员及文化，同时在蛇图腾为基础上吸取其他部落图腾的一些特征而形成龙图腾。《列子·黄帝》：庖牺氏、女娲氏、神农氏、夏后氏，蛇身人面，牛首虎鼻，此有非人之状，而有大圣之德。古代陇山原被称作龙山，是中华民族作为"龙的传人"由来的一种说法。

据传说，女娲、神农、黄帝、广成子、赤松子、容成子、鬼臾区、仓颉、西王母、玄女、素女、岐伯、公刘、周文王等等华夏族先祖圣贤，他们在平凉及陇山周边地域诞生并长期生活。女娲在这里炼石补天、抟土造人；神农氏教人们开垦土地、打井取水、种植谷物，尝百草进而发明医药；黄帝统一天下后在崆峒山问道于广成子，广成子传授其《自然经》《阴阳经》《道戒经》等，黄帝悟道后给世人留下了《黄帝阴符经》等重要著作。黄帝得道后下山，又与岐伯等人给后世留下《黄帝内经》《黄帝外经》等中医经典。

有专家认为，中华民族血脉早期来自华夏、东夷、苗蛮三大族群，到夏商才形成以华夏为主流的主体血脉。中华文化亦如此，生活在陇山地域的炎帝、黄帝和广成子部落则是华夏族文化的代表。黄帝在降服炎帝打败蚩尤后，古陇山文化从此成为华夏文化的核心与基石。

博大精深的围棋在其起源与发展方面，同样需要良好的文化生态作为支撑，围棋的起源、演变和成熟是华夏文化起源与发展的产物，经历漫长的演变过程，最终成为中华民族优秀文化的传承之一。

第二节　华夏文明起源相关问题的探讨与思考

2011年起，在收集与整理陇山围棋文化资料时，笔者对遇到的一些相关问题进行过长期思考。对这些问题的探索与研究对解密中国文化起源及围棋起源，或许能提供一种全新思路。

一、黄帝问道广成子与道文化

《尔雅》云：北戴斗极为崆峒。清代平凉知府汪皋鹤在《元鹤歌》讲：崆峒北极粤戴斗。崆峒山位于古陇山（大荒山）东麓，其坐标正好位于北极星下。广成部落首领广成子在崆峒山修道，是黄帝时代一位大德圣贤，懂得"至道之要"。司马迁在《史记》开篇《黄帝本纪》中记述：东至丸山，登岱宗，西至空同，登鸡头……黄帝问道广成子的故事最早见于《庄子·在宥》，在《神仙传》《三洞群仙录》《广黄帝本行记》《仙苑编珠》《逍遥墟经》《历世真仙体道通鉴》等众多古籍中都有明确的记载。

《庄子·在宥》有载：黄帝立为天子十九年，令行天下，闻广成子在于空同之山，故往见之。曰："我闻吾子达于至道，敢问至道之精。吾欲取天地之精，以佐五谷，以养民人。吾又欲官阴阳，以遂群生，为之奈何？"广成子曰："而所欲问者，物之质也；而所欲官者，物之残也。自而治天下，云气不待族而雨，草木不待黄而落，日月之光益以荒矣。而佞人之心翦翦者，又奚足以语至道！"黄帝退，捐天下，筑特室，席白茅，闲居三月，复往邀之。广成子南首而卧，黄帝顺下风，膝行而进，再拜稽首而问曰："闻吾子达于至道，敢问，治身奈何而可以长久？"广成子蹶然而起，曰："善哉问乎！来！吾语女至道。至道之精，窈窈冥冥；至道之极，昏昏默默。无视无听，抱神以静，形将自正。必静必清，无劳女形，无摇女精，乃可以长生。目无所见，耳无所闻，心无所知，女神将守形，形乃长生。慎女内，闭女外，多知为败。我为女遂于大明之上矣，至彼至阳之原也。为女入于窈冥之门矣，至彼至阴之原也。天地有官，阴阳有藏；慎守女身，物将自壮。我守其一，以处其和。故我修身千二百岁矣，吾形未常衰。"黄帝再拜稽首，曰："广成子之谓天矣！"广成子曰："来，余语女。彼其物无穷，而人皆以为有终；彼其物无测，而人皆以为有极。得吾道者，上为皇而下为王；失吾道者，上见光而下为土。今夫百昌皆生于土而反于土，故余将去女，入无穷之门，以游无极之野。吾与日月参光，吾与天地为常。当我缗乎！远我昏乎！人其尽死，而我独存乎！"

《历世真仙体道通鉴》有云：广成子居崆峒之山石室之中，黄帝闻而造焉，曰："敢问至道之要。"广成子曰："尔治天下，云不待族而雨，木不待黄而落，奚足以语至道哉。黄帝退而闲居，三月复往见之，膝行而前，再拜请问治身之道。答曰：至道之精，窈窈冥冥。至道之极，昏昏默默。无视无听，抱神以静，形将自正。必静必清，毋劳尔形，毋摇尔精，乃可长生。慎内闭外，多知为败。我守其一而处其和，故千二百年未尝衰老。得吾道者上为皇，失吾道者下为土。予将去汝，入无穷之问，游无极之野，与日月齐光，与天地为常，人其尽死，我独存焉。"乃授帝《阴阳经》一卷、授《自然经》一卷、《道成经》七十卷。臣道一曰："广成子谓我守其一而处其和，故千二百年未尝衰老。"《道德经》曰："昔之得一者，天得一以清，地得一以宁，神得一以灵，谷得一以盈，万物得一以生，侯王得一为天下正。其殆以此乎。广成之意，欲轩辕抱一为天下式而已。厥后轩辕得道，白日升天。后世帝王，卒未能及，广成之功妙矣哉。"

两篇文章中都详细记述了黄帝来崆峒山向广成子问道过程，并最终得到广成子授予的《阴阳经》《自然经》《道成经》等重要著作。黄帝作为中华民族先祖专程拜广成子为师问道，充分说明广成子是华夏的大智慧者。据传黄帝第一次问道时，正好遇到广成子与赤松子在崆峒山棋盘岭对弈，这也是华夏最早的下围棋的故事传说。

黄帝向广成子问道后，又登荆山得取丹经，并向玄女、素女询问修道养生之法。采来龙首山的铜，在荆山下铸成了炼丹重器——三足丹鼎。"道"从伏羲画卦时已作为一种世界观和方法论出现，成为中国文化之根柢。道文化是伏羲女娲时代古哲学思想的初级形态，逐渐进入人们的意识形态中。黄帝问道广成子，已经成为中华文化发展史上的一座重要里程碑，确立了道文化作为治国安邦的重要主导思想。

《古三坟·太古河图代姓记》：清气未升，浊气未沉，游神未灵，五色未分。中有其物，冥冥而性存，谓之混沌。混沌为太始。太始者、元胎之萌也，太始之数一，一为太极，太极者、天地之父母也。一极易，天高明而清，地博厚而浊，谓之太易。太易者、天地之变也，太易之数二，二为两仪，两仪者、阴阳之形也，谓之太初。太初者、天地之交也，太初之数四，四盈易，四象变而成万物，谓之太素。太素者、三才之始也，太素之数三，三盈易，天地孕而生男女，谓之三才。三才者、天地之备也，游神动而灵，故飞走潜化，动植虫鱼之类必备于天地之间，谓之太古。

嘉庆年间，中宪大夫平凉知府张伯魁所作《崆峒山志序》时，对崆峒山历史及地位描写比较清楚：盖闻星分金野，正当斗极之垣，地近瑶池，直接昆仑之脉。是以北极。空桐，名已传于《尔雅》。西连泾谷，形曾附乎山经。况黄帝，广成之所居，昔闻至道。秦皇汉武之所到，代有仙踪也哉。尔其五台竞秀，万壑争流。泾水绕其前，涌出云涛石海，笄山耸其后，宛然雾鬟烟鬓。鹤洞元云，或翱翔乎缭岭；凤山彩雾，时掩映于朝阳。虹跨仙桥，海外飞来蟏蛛；龟浮莲叶，台中擎出芙蓉。狮子崖舔，肖狻猊之蹲踞；马鬃峰峻，俨骐骥之腾骧。翡翠屏开，绘出丹崖碧嶂；琉璃泉涌，喷来玉液琼浆。峰名蜡烛，游人不夜之灯；台号香炉，仙子长春之篆。嵌崎万状，有非郭璞之所能名；突兀千寻，亦非卢教之所能至者矣。乃于唐宋兵戈之际，久芜没于断梗荒榛。而自元明创建以来，遂大营乎。琳宫梵刹，羽客缁衣时往来而卧寓，文人学士多唱和以留题。于是李鹤崖创修斯志，流传已过百年。王秋浦手集成编，采访曾经廿载余也。钦承简命，出守名邦，见其山川秀拔，洵属神皋奥区。卷帙浩繁，如入琼林瑶圃，重加募修，爰授剞劂，非等齐谐之志怪，岂同庄叟之谈元。抑又闻之，名山作镇，每著风云雷雨之坊，维岳降神，诞生特达圭璋之彦，将见际金瓯而调玉烛，既为国家祝丰乐之休，赋鹿鸣而歌兔罝，更为朝廷庆人才之盛，岂徒效谢灵运之游山，柳宗元之作记云尔哉。嘉庆二十四年己卯夏正。

由于广成子在斗极之垣，地近瑶池，直接昆仑之脉，是以北极的崆峒山修成至道，黄帝专程来崆峒山问道，得到广成子授道，后"筑特室，席白茅"，又用三个月时间悟道和得道，这使得崆峒山成了世界道文化系统理论的创始地——道源圣地。有关黄帝问道广成子的详细内容，在吴烨老师编著的《道契崆峒》和安冠林、邓媛媛撰释的《崆峒问道》书中都有详细介绍。崆峒山以道文化源头而闻名于世，后人将黄帝问道广成子时间定为道历元年，也称黄帝纪元。

二、老子、尹喜与流传平凉的《姬氏道德经》

《道德经》是中国古代先秦诸子百家前期的一部重要著作，由春秋时期老子（李聃）撰写，是中国历史上最伟大的著作之一，对传统哲学、科学、政治、宗教等产生了深刻影响。以哲学意义之"道德"为纲宗，论述修身、治国、用兵、养生之道，文意深奥，包涵广博。

说从老子祖上第一任聃公（即周文王第九子）时起，聃公的继承者就一直担负着历代天子"礼"教职责；聃公后人在朝堂里担任各种礼教和祭祀大礼的司礼官职务，故而聃公后人多以"礼"为姓，为避讳"周礼"，多用"李"代替"礼"。

《列仙传》曰：老子姓李名聃，字伯阳，陈人也。生于殷，时为周柱下史。好养精气，贵接而不施。转为守藏史。积八十余年。史记云：二百余年时称为隐君子，谥曰聃。仲尼至周见老子，知其圣人，乃师之。后周德衰，乃乘青牛车去，入大秦。过西关，关令尹喜待而迎之，知真人也，乃强使著书，作《道德经》上下二卷。老子无为，而无不为。道一生死，迹入灵奇。塞兑内镜，冥神绝涯。德合元气，寿同两仪。

司马迁《史记·老子传》中记载：居周久之，见周之衰，乃遂去。至关，关（令）尹喜曰：子将隐矣，强为我著书，于是老子言道德五千言而去，莫知始终。尹喜的坚定感动老子，老子遂以自己的生活体验和以王朝兴衰成败、百姓安危祸福为鉴而溯其源，著上、下两篇共五千言的《老子》，后世称其为《道德经》。函谷关令尹喜对《道德经》的成书起了巨大作用，同时《道德经》也影响到尹喜三观，尹喜遂弃官追随老子在楼观台等地学习，后在陇县龙门洞修道，按老子所授经法精修至道，三年后悉臻其妙，并著《关尹子》九篇，进而发扬光大《道德》二经。

东晋葛洪《抱朴子》有云："老子西游，遇关令尹喜于散关，为喜著《道德经》一卷，谓之《老子》。……为向导，至伏娲祖地。"伏羲女娲祖地是指老子目的地，是想要到达庄浪、静宁华胥氏部落一带。西晋太安二年，葛洪在崆峒等地沿黄帝访道足迹广寻异书，行医、修道、炼丹、归隐于庄浪葛家洞十余年。王煊纂《静宁州志》载："葛家洞，距陈家洞南五里，或谓即葛先翁修道处，崇山峻岭，别开洞壑，峰高谷深，洞壁间时挂流云，与陈家洞俱称州南之大观也。"因葛洪长期在庄浪修道，对老子是否去过地处庄浪、静宁的伏羲女娲祖地祭奠之事，相对于后人更有发言权。

流传至今的《道德经》有许多不同版本，据考证，历史上一共出现过以下几个版本：

（1）河上公本

（2）王弼本

（3）傅奕本

（4）敦煌本

（5）马王堆帛书古本（分甲本和乙本）

（6）郭店楚墓本（分甲本、乙本和丙本）

（7）平凉姬氏本

《道德经》因为版本不同，字数有差异，内容也略有变化：马王堆帛书，甲本5344字，乙本5342字（外加重文124字）；河上公《道德经章句》

5201字（外加重文94字），王弼《老子道德经注》5162字（外加重文106字），傅奕《道德经古本》5450字（外加重文106字）等等。现代《道德经》通行本以王弼本为主，道教则以傅奕本为主。

平凉《姬氏道德经》现世后，着实让中国学界为之震惊。《姬氏道德经》与前面九个版本区别较大，《姬氏道德经》详细记录老子出函谷关西行，目的是回归祖源地灵台，华亭姬家庄周祖陵祭奠历代周先祖，莲花台等地祭奠黄帝。其间传给华亭姬氏守陵宗族一套《道德经》，并通过华亭姬氏宗室世代口口相传至今，世称《姬氏道德经》。

不同于通行版的结构分法，《姬氏道德经》不分八十一章，而分为六卷，分别是：道经、德经、道理、道政、道法、道术，是一种自形而上到形而下贯穿的结构，每卷再分初、中、上三节。道经、德经、道理属于形而上，道政、道法、道术属于形而下。该书前言内容涉及老子的诞辰、归安时日和归安之地，老子称呼的渊源等以及其他一些周王朝未被记载的历史，有非常高的学术价值。

《姬氏道德经》显然是不同于其他九种《道德经》的另类版本，由西周王室姬氏守陵传人持有，与简本、帛本和通行本在结构上差异较大。文字内容的排列顺序与众不同，文章整体逻辑关系显得顺畅自然，承前启后前后呼应，具有较完整较系统的学习与研究价值。

平凉境内能出现姬氏版本《道德经》绝不是一件孤立的事件，华亭境内的陇山支脉有着前十余代周天子的陵寝，而老子西出函谷关其中有个非常重要目的，就是要去祭奠历代周天子（姬氏宗室）及黄帝、伏羲、女娲等。

华亭姬家庄是世代守陵人形成的自然村落，"文革"期间，改名为纪家庄，《姬氏道德经》持有者姬英明先生就是守陵宗室的传承者，其中奥秘不言而喻。

三、道与围棋

围棋是具有五千年历史的中华文化瑰宝，围棋从形式上来看是一种竞技活动，从本质来讲是与华夏古老哲学"道"之间相互关联的，是华夏文明和文化起源的重要组成部分。围棋发明之初或许是认知世界的工具，或许是为了作为观测天文、作为占卜阴阳关系的工具而发明，或许围棋就是为证道的数理模型。

围棋棋子的设定非常简单，在同种形状中呈现黑白两种颜色，朴素简单的黑白两色，简洁明了地表现出中国古老哲学中"阴"和"阳"二气的关系，貌似简单的黑白两色却有包罗万象之含义。从物理光学角度上来讲，白色是一种包含光谱中所有有色光，是所有可见光同时进入视觉范围内产生的，白色有可以反射所有光而不吸收的特性，通常被认为是"无色"，白色明度最高却无色相。黑色则可以定义为没有任何可见光进入视觉范围，却是一个很强大的单一色彩，黑色能将光线全部吸收却没有任何反射，黑色的明度最低却有色相。在文化意义层面，黑色是宇宙的底色，代表安宁亦是一切的归宿。从科学角度来分析，它们也是一对充满辩证关系的有趣组合。黑白两色是极端对立的色，现实中令我们感到它们之间有着令人难以言状的共性和不可思议的个性。白色与黑色，都具有不可超越的虚幻和无限的精神，黑白又总是以对方的存在显示自身的力量。集有颜色光之大成的"白色"与超单纯的"黑色"，包含了我们这个奇妙的大千世界的诸多原理。

围棋对弈时表面上只有黑白简单的对立，事实上棋局内容包含着从无到有、简单到复杂的辩证关系，就像宇宙变化过程中"无"同样蕴含着"有"，混沌中蕴含着清晰，简单中蕴含着复杂。《淮南子·说山训》：魄问于魂曰："道何以为体？"曰："以无有为体。"魄曰："无有有形乎？"魂曰："无有。""何得而闻也？"魂曰："吾直有所遇之耳。视之无形，听之无声，谓之幽冥。幽冥者，所以喻道，而非道也。"魄曰："吾闻得之矣。乃内视而自反也。"魂曰："凡得道者，形不可得而见，名不可得而扬。今汝已有形名矣，何道之所能乎！"魄曰："言者，独何为者?""吾将反吾宗矣。"魄反顾，魂忽然不见，反而自存，亦以沦于无形矣。

单就围棋的棋理而言，围棋能体现出道的哲学内涵，简单地说就是"一阴一阳之谓道"。中国传统文化中已经明确地告诉我们：道为天地之本源，道为自然之法则，道为万物之根本。我们从道的特质入手，可以看出围棋内涵与道家思想是同构的，正是由于古人在道的视域下对围棋进行了解读和诠释，将道的特质赋予了围棋，才使得围棋从术上升到与道文化思想相通的载体，脱胎换骨，具有深奥的文化内涵和文化意义，使得围棋得以升华成为可以用来证道的工具。正是由于围棋与道文化内涵合拍，围棋拥有了哲学内涵和文化意义，围棋成为演绎道文化的最佳载体和工具。

围棋的最高境界便是追求和谐，对弈要求弈者双方创造出黑与白之间的和谐。只有围棋才有这种大道至简、万变不离其宗、变中求不变的内涵和无形无约束的品格，围棋体现了审时度势、因地制宜的智慧，体现出道的哲学精髓和智慧结晶。围棋与道文化是密不可分的。

围棋基本属性大体可以分为道、理、术三类，东汉著名史学家班固在《弈旨》一文中对围棋特性也有这样的描述：上有天地之象，次有帝王之治，中有五霸之权，下有战国之事，览其得失，古今略备。《玄玄棋经》中对围棋也有如此评价：夫棋之制也，有天地方圆之象，有阴阳动静之理，有星辰分布之序，有风雷变化之机，有春秋生杀之权，有山河表里之势。此道之升降，人事之盛衰，莫不寓是。惟达者为能守之以仁，行之以义，秩之以礼，明之以智，夫乌可以寻常他艺忽之哉！

文中的寥寥数语，完整地描述出了围棋文化具有的价值和属性，从围棋内涵来讲围棋应该分为三个层次：围棋的上之属性为道，包含着哲学层面；围棋的中之属性为理，包含着谋略和文化等层面；围棋的下之属性为之术，包含着技巧（算术）和游戏两个层面。

1. 上古开始至西周时期，古人崇尚对道的追求，喜欢"以道入棋，用棋来证道"，这个时期代表人物就是广成子、赤松子、容成子等。

从哲学的角度讲，道是道，理是理。简单朴素的理解，道是宇宙的本原，是万物之"所以然"的内在总规律。理是事物的外相、形象、条理、原理、真理与规则，也蕴藏着规律、规则的意思，在某些语境下甚至与"道"相通。

道为本原，理为具体；《韩非子》在解老篇上说：道者，万物之所然也，万里之所稽也。理者，成物之文也。道者，万物之所成也。故曰："道，理之者也。"物有理不可以相薄，故理之为物制。万物各异理。万物各异理而道尽稽万物之理。韩非子又说：凡理者，方圆、长短、粗糜、坚脆之分也，故理定而后物可得道也。也就是说，具体事物都有各自的属性、特质，他们存在长短、大小、方圆、坚脆等方面的差异，他们之间具体规律也各不相同，故此"万物各异理"。但是各种事物中特殊的理，又共同体现或者吻合于作为宇宙根本规律的道，因此"道尽稽万物之理"。朱熹在《周易本义》上谈道：散之在理，则有万殊；统之在道，则无二致。

2. 春秋战国开始，经历百家争鸣、百花齐放时期，尤其宋朝围棋"理"的兴起，使得围棋理之特性通过"形"的"观"上升到一个新高度：形而上者谓之道，形而下者谓之器。

围棋作为古代士人一种精神上的追求，它显然是非功利的，以自由快乐、和谐与美为指针，正好切合古代士大夫的群体追求，围棋成了他们精神寄托的一种最佳方式。

对弈就是对理的觉悟过程，对形的把控过程，对中华文化传承、融合和认知过程。棋理是对中华文化传承与融合过程，因对弈人不同肯定对棋的理解与觉悟是不同的。围棋高手可以通过对弈来入道和悟道，达到一定高度与境界的棋手就会通过棋去求道，像吴清源大师等人是其中的杰出代表。吴清源认为：棋盘不是胜负，是阴阳。在阴阳之前，是神。神在宇宙之内，宇宙在神之内。在远古无文字的时代，尧造棋问天。下棋本身不是为了胜负，是要调和阴阳。万物无生无死，只有文化。求胜的心理是多余的，是杂念，只要尽力就行了。

3. 目前过度重视竞技，脱离了围棋本质，应该让围棋回归文化本源与教育属性。

弈者，道也。围棋之于中国人，已远远不止是一种游戏，更是一种艺术，一种修养，一种纵横天地、物我两忘的人生境界。方圆动静，是非黑白，得失进退，输赢成败，世间万般变化，尽皆寓于小小一局棋中。洞悉先机，趋避如神者，固属难能；参透生死，宠辱不惊者，方为至圣。道文化是中国传统文化的根基之一，道学是中华五千年文化的思想核心所在，是中华文化之精髓所在。平凉崆峒山作为道源圣地，道在中国根在平凉。围棋与道文化的起源是一种相互关联、相互作用的关系，或许围棋与道文化应该是共生关系，至少围棋相对于道文化来讲是伴生的关系。上士闻道，勤能行之，中士闻道，若存若亡，下士闻道，大笑之，弗笑不足以为道。所以围棋肯定是道文化的重要组成部分。

四、关于"尧造围棋，以教子丹朱"之管见

上古围棋称作弈，围棋这种称谓是后来传播中发展变化而来的。西汉末扬雄在《方言》中说：围棋谓之弈，自关而东，齐鲁之间皆谓之弈。在西汉年间，弈已逐渐成了围棋的别称，使用该称呼的人越来越少，依然称弈的只剩北方部分地区。到了东汉围棋一词书面语已经普遍开始使用，比如在桓谭《新论·言体》，马融的《围棋赋》和李尤的《围棋铭》等。

《世本·作篇》有云：尧造围棋，丹朱善之。尧在以山西为大本营的北方生息。先秦著作《世本》中采用围棋一词，显然应该是后人辑注时意思，先秦时期赵国史官撰写的《世本》原著只会称弈而不该称围棋。《世本》原著并没有留传下来，现在能见到《世本》多是明清时期文人重新编辑的辑本与注本，"我注六经、六经注我"，辑本的准确性让原著真实性大打折扣，结论不言而喻。

西晋张华《博物志》：尧造围棋，以教子丹朱。或云舜以子商均愚，故作围棋以教之。有人字面解读"尧造围棋"认为是尧发明了围棋。可以分析"造"字，是不是指尧发明了围棋呢，显然不是。

古代"造"一词的意思从来没有发明创造的含意，"造"多指制作、制定、拜访等意思。比如《张衡传》：复造候风地动仪。《赤壁赋》：是造物者之无尽藏也。《察变》：计惟有天造草昧，人功未施。《屈原列传》：怀王使屈原造为宪令。宋朱熹《中庸或问》卷三：古语所谓闭门造车，出门合辙，盖言其法之同。《周礼·司门》：凡四方之宾客造焉。《仪礼·士丧礼》：造于西阶下。陶渊明《五柳先生传》：造饮辄尽。

"尧造围棋，以教子丹朱"，是指尧制作了一副围棋，并用它去教顽皮的儿子丹朱学棋，显然发明者另有其人。

《述异记》载："崆峒山中有尧碑、禹碣，皆籀文焉，伏滔述帝功德，铭曰尧碑禹碣，历古不昧。"民国张维《陇右金石录》按："尧碑、禹碣，世或疑为寓言。然岣嵝之篆出于衡岳，至今流播，远近人亦不疑其为伪也，而况崆峒名山，蚤著古史，黄帝问道之所古迹存焉，尧禹又在其后，安得谓为寓言乎？过而去之无宁过而存之也。"《甘肃金石志》中有载："崆峒尧碑"和"崆峒禹碣"，尧禹都前来崆峒山问道。魏晋南北朝的文化大师、伟大的书画家宗炳《画山水序》中也认为：尧有崆峒之游。说明或许尧、舜、禹来崆峒问道时都学习围棋，才会有"尧造围棋，丹朱善之""舜以子商均愚，故作围棋以教之"的传说。

第三节 中华文明起源生态下的平凉围棋文化故事

平凉围棋故事与围棋文化遗迹是中国最丰富的地方,独一无二,这些围棋故事之间都存在着千丝万缕的关联。

一、广成子与赤松子对弈崆峒山棋盘岭

据记载,上古仙人广成子长年居于崆峒山的混元洞修道,时常邀请仙友赤松子前来谈仙论道,品茶对弈。崆峒山棋盘岭上曾有一块古朴的青石棋盘,旁边有一株数千年伞形古松躬身而立,人们称其为"观棋松",传说此地便是广成子和赤松子经常下棋的地方。有道是:洞仙遗下石棋盘,人依奇松静处看;十九路上弹乌鹭,几千年间带云寒;坦如方罫自然平,未许人将黑白争;惟有紫阳招野鹤,沧桑一局寄闲情。

山不在高有仙则名,轩辕黄帝听说修得至道的广成子住在崆峒山,不顾千里之遥,一路风尘仆仆来拜师问道。当时广成子、赤松子二位仙师正在棋盘岭对弈,因为黄帝前来打扰,广成子、赤松子便留下一局没有下完的棋,后人称之为:亘古一盘棋,无人知胜负。

棋盘岭上的"观弈厅"有副对联:广成坐隐通大道,赤松忘忧为乾坤。是对两位上古仙师对弈的最好诠释。

《陕西通志》载:"崆峒山在府西四十里,上有问道宫,黄帝问道于广成子,盖在此山。又山有玄鹤洞、广成洞。"北宋诗人、书法家游师雄诗云:"崆峒一何高,崛起乾坤辟。峻极倚杳冥,峥嵘亘今昔。势将玉绳齐,位据金野窄。"又"笄头山在府西四十里,其山如妇人笄头之状,乃泾水所

出。见《方舆胜览》。《史记》:黄帝西至于崆峒,登笄头山,即此"。

《庄子·在宥》中有一段五百六十字关于黄帝向广成子问道的记述:黄帝立十九年,令行天下,闻广成子居于空同之山,故而往之……司马迁在《史记》开篇《黄帝本纪》中记述黄帝:东至丸山,登岱宗,西至空同,登鸡头……这两篇文章都记述黄帝来崆峒山向广成子问道过程。

黄帝作为中华民族先祖虔诚拜广成子为师以问道,广成子是华夏修得至道的大智慧者。崆峒山自古就是天下贤者修道第一山,为华夏道学之源头,称为道源圣地。

欧阳修《帝王世次图序》曰:"司马迁作本纪,出于《大戴礼》《世本》诸书。今依其图而考之,尧舜夏商周,同出黄帝。"《帝王世本》:"尧是黄帝玄孙。黄帝生玄嚣,玄嚣生侨极,侨极生帝喾,帝喾生尧。"广成子作为黄帝的老师,黄帝又是尧的高祖,相差大约三百年左右。显然广成子与赤松子对弈的故事要早于尧造围棋,以教子丹朱。平凉围棋出现时间要早于黄帝问道广成子,广成子和赤松子早已在崆峒山棋盘岭对弈。

在《赤松子中诫经》也有记载,黄帝同样向崆峒山修道的赤松子、容成子等大贤问过道、学过弈。《列子·汤问》:唯黄帝与容成子,居空同山之上,同斋三月,心死形废。

崆峒山除棋盘岭外,还有铁楸枰、着棋台等多处上古围棋遗迹。

二、华亭县烂柯山

《嘉庆重修一统志》中说明,地理上标记"烂柯山"者,就有沁州、河南府、平凉府、衢州府、肇庆府等多处。1933年的《增修华亭县志》的"山脉"篇中这样记述:皇甫山脉蜿蜒向东,逐渐高壮,至李家源分南北二支;北支为万子山、烂柯山,南支为齐山、皇甫山,至县城西北华尖山而终,其长度约四十里。

据《平凉府山川考》记载:华尖山位于县城西侧,泉家山在华尖山之西,烂柯山在泉家山之西。相传,古时有个樵夫上山砍柴时,正好碰见两位仙人正在山上弈棋，樵夫在旁边观棋。等棋下完后，樵夫发现自己斧柯和扁担已腐烂了，故后人就称此山为烂柯山或者烂担山。

明嘉靖年间，由时任陕西巡抚赵廷瑞主修《陕西通志》：烂柯山在县西三十里。

平凉府的烂柯山在华亭东华镇王峡口村，烂柯山上仍遗存石碑和烂柯庙，记述历史故事大致是这样：远古的石碑在明末清初被战火所毁，清康熙年间重新立碑，后又毁于"文革"期间。1992年，王姓族人重新立碑修庙，庙里有王质观看仙人下棋等壁画。烂柯山下前后有两个村庄，王峡口村和腰崖村。村子许多人姓王，他们自称是王质后人。专门修建有烂柯庙，拜先祖王质为烂柯神并立有碑为纪，《华亭烂柯山宝庙碑》原文如下：

考籍山名，烂柯其来久矣，亦来启肇于何代？但见华邑志书云，"城西二十里，有山曰烂柯。昔有一人，姓王名质，住居南村，入山樵采，见二人弈棋于松荫之下，傍立而视之，及弈毕而回，视柯担则已烂矣。"后尝闻余父言曰，当明季末年，战事纷扰，人无粟避。时有县令、旧公，见此山险峻，集民掘土为堡，以防盗贼。此时有余父中年，命作督工，见山已无祠庙，山顶上有大梨树一棵，下有石室，内有神位。掘土之时，掘得铜钱几文，上有诗一首，"局上观争战，人间任是非，任意采樵者，柯烂不知归。"堡成之日，上修官庭，官民以避盗患。乃至康熙十二年，吴三桂叛乱，重修堡寨，后建庙貌。又到雍正初年，众见庙宇破损，举余为会首，庙重装画，而未能挂匾勒碑。又过赛庙，思昔有深山，记唐诗一首："王子去求仙，丹成入九天，洞中方七日，世上几千年。"余尝观风景于崇阿，虽未临帝子之长洲，亦得见仙人之阿馆，层峦耸翠，上出重霄，飞阁流丹，下临福地，虽无桂阁兰宫，亦列冈峦之体。余所学浅疏，不顾贻笑于大家，窃取赞曰：山不在高，有仙则名，水不在深，有龙则灵。此山不高，烂柯成名。此水不深，波浪声灵。南山丽丽，悠悠接踵，峡若虎形；北山毓秀，益益高竿，势于龙腾。两山相向，汭水居中，风声水声，虎啸龙吟。

山清水秀，宜出真人，君有仙根，樵采山林，仙家度世，借棋传真，遁身一化，超凡入圣。神赴三清，烂柯留名。灵气不昧，永庇庶民。千年祭享，香火是奉。余年七十有七，庙在虔诚，恐世远年湮，以没神踪，颇出己资，故勒石以志，挂匾以献，以应久远。

原城固县训导族孙王化辉撰立
雍正十二年仲夏

可以看出，华亭的烂柯山是有传承关系的，雍正时期的族孙王化辉为先祖王质重新立碑修庙。

历史上有许多文化名人去过华亭的烂柯山，查阅资料后知道至少有两位。

一位是赵时春，明代嘉靖八才子之一，字景仁，号浚谷，是平凉城南浚谷村内（今纸房沟）人，嘉靖六年（1527年），赵时春参加礼部考试一举夺魁。他曾在《烂柯山》诗中说道：往时烂柯山，近在人寰内。之子矫鸿融，遂与风尘背。英名播九州，流芳被千载。忆昔皇王时，哲人犹自晦。夷齐辍周粟，巢由涤唐秽。苟无尧武心，畴能相假货。乃知古圣君，怀贤掩瑕额。匪娟嚘啃徒，而眤婀婷态。世道日陵夷，喧吓崇偷辈。岂无英特士，依稀存梗概。重以铄金石，不获终草莱。怅望名山云，俯仰曾叹慨。

嘉靖二十二年（1543年）冬天，赵时春贬官后来到华亭。岳父家在烂柯山和聚米山之间，他在这里生活了一段时间，曾写下："郡城南面众峰幽，家在高峰最上头；烂柯聚米皆陈迹，今日重来感旧游。"赵时春认为烂柯山和聚米山是秦汉时期的修道名山和古烽火台，再次目睹烂柯山和烽火台遗址时便用诗来抒发自己的情感。

米万钟字仲诏，号友石，陕西安化（今庆阳庆城）人，万历二十三年（1595年）进士，仕至太仆少卿。行草得米芾家法，与董其昌齐名，时有南董北米之誉，一生最大爱好就喜欢收集奇石。1597至1603年间因丁忧在家，期间多次到过平凉、泾川、华亭等地的泾河、黑河和汭河流域寻找奇石。据传，他曾在华亭写过一首绝句《烂柯山》："双丸阅世怪他忙，为羡仙翁岁未央。假尔片时成异代，人天却比洞天长。"

三、华亭县棋盘桥

华亭大名鼎鼎的棋盘桥位于马峡娄塘河上，据说在远古时是一座天然的大石桥，清代时天然大石桥损坏就改建为石阶桥，石阶桥又毁于解放战争。1960年改建成水泥行人桥，1980年重修拓宽成公路桥，传说古代两位仙人在桥顶对弈而得名。

相传在西汉时期，有一吕姓的壮年农夫去地里劳作，路过大石桥时，突然发现桥顶上坐着两位鹤发童颜的老翁，冒着小雨全神贯注地在弈棋。吕姓农夫也略懂围棋，见到两人棋行至中盘，相互搏击一时难分胜负，顿时来了兴致，连忙向两位老翁施礼作揖，蹲在一旁认真观棋。不知过了多久，突然雨过天晴，两位老翁已经分出胜负。老翁对意犹未尽的农夫说："贤师弟，今天时间不早，就此别过。"农夫立即作揖辞别老翁，走了几步回头一看，发现两位老翁竟不见了踪迹，这时他才恍然大悟，老翁原来是从仙界下凡的神仙。见天色已晚，待到进村返家时，竟然找不到家门。村人见到他东张西望、答非所问的样子也感到莫名其妙，反问陌生人何处来。原来，农夫观棋之际不经意间已经得到两位仙人提携而得道成仙，虽观棋半天，在人间却已过百余年，后人称农夫为吕得仙。绝景寥寥日更迟，人间甲子不同时。未知农夫终何得，归后无家为看棋。

据说在下雨天，还能隐约见到大石桥桥面上有一幅纵横交错的围棋棋盘，大家便将大石桥称之为"棋盘桥"。

四、庄浪县云崖寺棋盘峰

云崖寺主峰在古代时称为高山，《甘肃通志卷五·华亭》："高山，在县西北，山海经曰泾水出高山，府志笄头西北曰高山，即山海经所称，亦名老山。"俗话说：天下名山皆有修道者，高山也不例外。晋唐时期随着佛教的大量传入，高山渐渐成了道、释、儒共生的场所。后来佛教开始一枝独秀，加上高山的山崖悬空如云，高山名称也逐渐变成了"云崖寺"。千年来云崖寺香火兴盛，每个时代都有大量的僧、道云集，形成山峰上端为道教场所，下端则为佛教场所的布局。

上古高山是非常有名的修道圣地，其中有条支脉的山峰叫棋盘峰，据传赤松子与赤须子在此对弈而得名。曾有诗为证：洞里烟霞无歇时，洞中天地生灵芝。月明朗朗棋盘峰，神仙伯仲对弈忙。

相传很久以前有兄弟俩人相依为命，有一天弟弟在天台山附近放羊时遇到一位神仙，神仙将他带到高山附近的一处石洞里传经授道，弟弟一直修炼十多年才回家。哥哥听说后非常羡慕弟弟的机缘，于是兄弟俩便一起在天台山上修炼仙道，长年以松脂、茯苓、灵芝等为食，五百年后终于得道成仙。弟取名赤松子，哥取名赤须子。兄弟经常在棋盘峰弈棋，在高山顶的百丹坪上炼丹。这与赤松子登崆峒山与广成子对弈故事是遥相呼应的。

赤松子与赤须子是中国古代两位修道成仙的人物，其一生主要在西昆仑山里修道，有大量资料表明古陇山就是西昆仑，他们的修道地点在上古芮国的昆仑丘（现庄浪云崖寺附近）。

《列仙传》谓：赤松子者，神农时雨师也，服水玉以教神农，能入火自烧。往往至昆仑山上，常止西王母石室中，随风雨上下。炎帝少女追之，亦得仙俱去。至高辛时复为雨师，今之雨师本是焉。赤松子是炎帝小女儿精卫的师傅，说明赤松子真实修道之处，离炎帝的古陈仓和西王母石室都不应该很远，古陈仓在云崖寺南一百余千米处，西王母石室在云崖寺东一百余千米处。传说轩辕黄帝也向赤松子问过道，赤松子同样是帝师。《赤松子中诫经》：轩辕黄帝稽首，问赤松子曰：朕见万民，受生何不均匀，有宝贵，有贫贱，有长命者，有短命者，或横罹枷禁，或久病缠身，或无病卒亡，或长寿有禄，如此不等，愿先生为朕辩之。赤松子曰：生民穷穷，各载一星，有大有小，各主人形，延促衰盛，贫富死生。为善者，善气覆之，福德随之，众邪去之，神灵卫之，人皆敬之，远其祸矣。为恶之人，凶气覆之，灾祸随之，吉祥避之，恶星照之，人皆恶之，衰患之事，病集其身矣。人之朝夕，行心用行，善恶所为，暗犯天地禁忌，谪谴罪累事非，一也。人之朝夕为恶，人神司命，奏上星辰，夺其蒜寿，天气去之，地气著之，故曰衰也。

当地还有一种传说：吕洞宾与铁拐李曾在棋盘峰对弈。

五、庄浪云崖寺附近大石桥村

距离庄浪云崖寺向西不足一千米的地方，有个叫大石桥的村庄，村里因有一座巨大的天然石桥而得名。天然石桥高二十多米，长大约有五十米左右，传说上古时期，上面经常有仙人和仙童在弹琴、唱歌、对弈而闻名修真界。

六、左宗棠与平凉围棋

清朝名臣左宗棠非常喜欢围棋，据说棋艺较高，从南到北任职中鲜有对手。左宗棠平凉驻防期间有三件事比较出名，一是办学堂，现留有柳湖书院；二是种柳树，平凉包括柳湖公园旱柳都称左公柳；三是喜欢下围棋。

《陕西通志》："避暑阁在柳湖畔，宋蔡挺知渭州建，植柳数千株，绿阴成林，湖光映带，夏月人多避暑于此。""柳亭在府北五里柳湖上。"柳湖历史悠然，始建于唐代。据《柳湖志》记载，1876年左宗棠任陕甘总督，奉命率兵赴宁夏、新疆平叛。总督府设在现柳湖公园内，喜欢微服出巡。

有一天药王楼附近（一说柳湖公园内）看到一位六十岁左右的老人，在写有"天下第一棋手"六个大字的招牌下摆围棋擂台。左宗棠觉得老人自称"天下第一棋手"过于狂妄，萌发教训他的念头，便上前挑战。不出所料，这位老人不堪一击，在左宗棠的凌厉攻击下很快败下阵来。左宗棠在得意之余，命老人砸招牌，让其不要再自吹自擂。

1882年当左宗棠从新疆平叛归来路过平凉时，发现那块"天下第一棋手"的招牌依然竖在那里。他顿时很不高兴，决定再次教训这个不知天高地厚的老人。出乎意料的是，左宗棠被古稀老人杀得落花流水，三战三败。左宗棠自然不服，第二天又与之约战，结果输得一败涂地。左大人终于醒悟，对方绝对是弈林高手，他们之间棋力显然不在一个档次。

左宗棠百思不得其解，问老人为什么在不到十年的时间，棋艺会进步得如此之快、水平达到如此之高。老人微笑着回答：上次虽然您是微服出巡，我却早知道您就是那位为咱平凉百姓做了许多好事、善事的左大人。而且还听说大人您即将出征新疆，当然不能挫伤大军主帅的锐气，想让您作为一个击败"天下第一棋手"的胜利者去平叛立功。如今您已经凯旋，也就无所顾忌不用再谦让，也想让左大人能了解咱平凉人真实的围棋水平。

左宗棠听后对自己夜郎自大感到羞惭不已，同时感到平凉一位普通老人，不仅棋力深奥莫测，竟然如此深明大义，便主动上前虚心求教一二。正好应了：手谈无羁束，期君向社稷。

七、志公禅师与梁武帝萧衍

在平凉市灵台县城东，荆山东侧有座不大的小山，却称之为高志山（或志公山、方寸山），远观巍峨苍翠中峰突起，近看密林幽深蜿蜒伸展，日中（农历六月六日午时）无影，故也有"隐形山"之美誉，隐形山的"孤峰午照"被列为"灵台八景"之一。半山腰处有座寺庙，现名叫"云寂院"，民间相传，在南北朝时期称为菩提寺。南齐高僧志公和尚曾云游至此，掘洞修行，参禅悟道，弘扬佛法，志存高远，故山以高志为名，民间也俗称为志公山。据《重印灵台县志》（再版《灵台县志》）卷一山川篇（一八页）记载："隐形山即志公山俗称高志山，旧又有云寂院志公台。可考史料记载，现在高志山云寂院已有700多年的历史，创建于元皇庆年间，明洪熙、清咸丰、光绪年间云寂院曾历次重修，原建有志公洞、观音殿、钟楼、鼓楼等佛教建筑，历史上香火旺盛，游客云集。甘肃灵台县东北二里。"《方舆纪要》记载灵台县隐形山"以地形深奥而名"。《清一统志·泾州一》：隐形山"孤峰特起，苍松古柏，连抱参天。麓有泉，味甘馨，名曰香水"。

志公禅师（418—514年）是南朝宋、齐、梁时高僧，又称保志、宝志、宝公，人称志公禅师、志公祖师。俗姓朱，金城（今甘肃兰州）人，在兰州市皋兰山红泥沟至今有志公洞和志公道观，又说是江苏南京人，年少出家，参禅开悟，一生屡现神异。在刘宋泰始初年（465年），宝志禅师的行迹忽然僻异，居无定所，饮食也无定时，经常长发赤足，手执锡杖，上挂剪刀、拂扇、镜子等物，游行于街头巷尾间。

《唐书·艺文志》《江淮异人录》《传灯录》《南史·隐弘景传》："宝志禅师少年出家，止京师道林寺，师事沙门僧俭修习禅业。"灵台县《义复古迹隐形山庙地叙》云："隐形山者，为吾邑保障第一名胜古迹之地也，昔萧梁时期志公和尚之大涅槃，曾脱壳于兹，有骸骨在其像中焉。"由此可知，志公禅师在南刘时期萍踪无定，南齐时期在高志山修佛寺，灵台县历史上亦有志公禅师云游至灵台，并圆寂于高志山的记载。

菩提寺始建于齐武帝萧赜时期，为高僧志公禅师首创。云寂院重建于菩提寺原址，按佛教祖脉传承讲，志公禅师实际上为高志山云寂院的开山之祖。

永明八年（490年），正值齐武帝时期萧懿任雍州刺史（治今陕西省长安），萧衍则在兄长治下知泾州。相传在南朝齐时，精通道学、儒学与佛学的萧衍，在泾州经常与白鹤道人、志公和尚谈经论道。后来两人同时看上了灵台隐形山上的一块风水宝地，都想在此建道场，一山难容佛、道二家。俩人便找到萧衍帮忙，萧衍便命他俩人各施法宝识地得者居之。于是白鹤道人先放白鹤，志公和尚则紧跟着也抛出了锡杖，虽然鹤飞在前，将落地时却被急速而来的锡杖飞来的呼啸声所吓，惊叫着转飞远处，锡杖则卓立此地。志公和尚即在此建佛寺，初名称之为"菩提庵"，并承诺要将儒释道同时在"菩提庵"发扬光大。后来，灵台县民间百姓也将"菩提庵"称之为"三教寺"。

萧鸾去世后，萧宝卷继位，萧懿迎来了一生功业勋位的高光时刻。雍州受到北魏三路进攻，无奈萧懿放弃关中退守汉中，萧懿担任雍州刺史兼梁州刺史（原梁州，治今陕西省汉中），后解围南郑，攻取北魏六戍有功。永元二年（500年），萧懿平定豫州刺史裴叔业和护军将军崔慧景叛乱，授尚书令。由于功高震主，为东昏侯所杀。萧衍接替兄长担任雍州刺史（治今湖北省襄阳市），并被萧宝卷授封为梁公。虽然萧衍被升职，他仍决定与心腹们进行密谋起事，很快就大举起兵。

雍州刺史萧衍（治今湖北省襄阳市）攻入京城后，总揽军政，累加位号至梁王。于中兴二年（502年）三月接和帝萧宝融东归，途至姑熟（今安徽省当涂县），迫其退位，灭南齐。四月，萧衍在建康登基称帝，改国号为梁，即梁武帝。萧衍掌萧齐大权后，获得建立功业机会，已经无人能阻挡他称帝的野心。知心好友沈约、任昉、王融、谢朓、范云等人建议萧衍尽快登基，萧衍于是让他们负责筹划禅代事宜。萧衍由梁公被晋封为梁王，范云和沈约写信给萧宝融的中领军夏侯祥，要他逼迫萧宝融禅位，这就是"代齐建梁"的故事。

梁武帝萧衍，后世称其围棋皇帝，棋至逸品。萧衍与沈约、任昉、王融、谢朓、范云、萧琛、陆倕等都才思敏捷，博通文史，他们是南齐时期大名鼎鼎的"竟陵八友"。他们喜音律，精书法，善围棋。在他们倡导下，南齐、南梁的文学艺术以及佛学都得到长足发展。"竟陵八友"个个都是围棋好手，纷纷写下许多脍炙人口的围棋文论，如萧衍的《围棋赋》《棋评要略》，沈约的《棋品》，任昉的《述异记》等。

多才多艺、融合三教思想的志公禅师则被萧衍请到建康拜为国师，大同二年（536年）梁武帝萧衍赐名"菩提庵"为"菩提寺"，赐名"隐形山"为"方寸山"。宝公禅学思想集中在他所留给后人的那些偈颂，《景德录》卷二十九收有宝公的《大乘赞》《十二时颂》《十四科颂》等作品，是由佛入道的精华之作。方寸山下紧邻的村庄仍然称为"三教村"，是建立"菩提寺"千年间进行三教有机融合的真实写照与深层记忆。志公禅师通过对三教深度的融合，也为禅宗的起源与发展奠定了基础。

八、灵台方寸山

灵台方寸山是《西游记》中的地名，位于西牛贺洲。世外高人菩提祖师便隐居在"灵台方寸山斜月三星洞"，菩提祖师是孙悟空的启蒙老师。孙悟空的法名就是菩提祖师所取，传授了孙悟空筋斗云和七十二变。志公禅师与梁武帝萧衍的故事，以及菩提寺地位的提升，都为后人编写《西游记》准备了充分的优质素材。

《西游记》第一回，猴王为了参悟仙道，飘过西海，直至西牛贺洲地界。见一座高山秀丽，正观看间，忽闻得林深之处，有人言语，急忙趋步，穿入林中，侧耳而听，原来是歌唱之声。歌曰：观棋柯烂，伐木丁丁，云边谷口徐行，卖薪沽酒，狂笑自陶情。苍径秋高，对月枕松根，一觉天明。认旧林，登崖过岭，持斧断枯藤。收来成一担，行歌市上，易米三升。更无些子争竞，时价平平，不会机谋巧算，没荣辱，恬淡延生。相逢处，非仙即道，静坐讲黄庭。

美猴王以为这位樵夫是山中仙人，便称呼对方为神仙，要拜师学艺。樵夫说他只是普普通通一个砍樵人，这歌是山中一个老神仙教给他的。他与神仙为邻，神仙教他这首"观棋柯烂，伐木丁丁"的歌，一则散心，二为解困。于是就有了后面孙悟空拜居住在"灵台方寸山、斜月三星洞"菩提老祖为师的故事！

通常方寸指心，在围棋世界方寸则是围棋别名。《西游记》为传世经典民间神话故事，十万大山里一位老樵夫竟会唱观棋柯烂的围棋歌。以"灵台方寸山斜月三星洞"闻名天下的灵台方寸山，在平凉市灵台县的古灵台遗址旁，此处离华亭烂柯山仅有一百余千米。有道是：知黑守白方寸间，对弈问道法自然。

九、平凉西沟村的弈神庙与天元山

穿过崆峒镇的西沟村，爬上一座叫天元山（元顶山）的小山，半山腰上竖立着平凉市群艺馆在20世纪80年代立的仰韶文化碑和齐家文化碑，再向上行走二百多米赫然立着一块石碑，上面这样记述着：《重修弈神庙碑记》：赫赫中华，瑞肇万世文明，苍苍崆峒域，蕴启古国业兴物华。抚颂典籍，遥追先祖，吾西沟妙处崆峒之襟，前拥泾水裹玉，后披苍峰耸立，西挽鸡头道碧翠，东携龙尾山紫气。昔伏羲东迁，遗民斯壑。有巫神指山为穴，采玉祭天，牧耕稼菽，安业乐居。尝南登崆峒采药，北涉河湟狩渔，西上陇山祭祖，东行泾道运粟，游闲之暇采石为玉，碎博阡陌，娱称弈人。弈传遐迩，心乐寿长。有赤松子善博为王，引广成子喜决朝夕。弈乐五千年，乡民敬仰。辛丑岁五月出土弈族陶器多件，乡民宝之，捐资重修弈神庙，惟伏先祖魂降故里，抚度灵佑，圣兆不昧，永滋弈祥。西沟村民祭拜吉岁，辛丑五月五日。

西沟村的原支书王宗智先生说：老辈们讲过，村里的弈神庙在1920年的海原八点五级大地震时被毁坏，四十年前村里连续发现仰韶文化和齐家文化的遗址及文物，还有庙里的一些物件，大家准备开始集资重新修复弈神庙，已报民政部门备案并获批准，按照以前的老人们口传的碑文内容重新刻了一块《重修弈神庙碑记》。

另外王宗智还说到，西沟村这座小山完全独立，像只倒扣的碗（像一枚巨大的棋子），被周边大山环绕着，元顶山也叫天元山，弈神庙就在天元山上，或许又是一种惊人的巧合。从崆峒山最高处往下看，西沟村与相邻北岭村的山势地形竟然像一幅天然的太极图，天元山弈神庙遗址与北岭村大王庙正好处在鱼眼的位置，非常神奇，天工造物妙不可言。

十、《玄怪录》中的"橘中之乐"与牛僧孺对围棋、象棋的重要变革

牛僧孺（公元779—847年）字思黯，鹑觚人。中华书局出版的《辞海》：牛僧孺，鹑觚人。鹑觚位于现甘肃平凉市灵台县。牛僧孺才华出众，博览众书，青年时就显得多才多艺，颇有名望，在唐朝时期是最有才华的宰相。他和著名诗人白居易、杜牧等常有往来，在《唐诗纪事》中能见到他的一些轶事和诗作。尤其在家乡灵台邵寨镇等地关于牛僧孺奇文趣事非常多，其中就有牛僧孺撰写《玄怪录》和牛僧孺对围棋与象棋进行重要变革的相关故事。

牛僧孺的文学成就主要体现在传奇故事创作上，他大多喜欢写怪异奇幻的事情，现存有《崔书生》《齐推女》《郭元振》数篇。最突出的要数卷帙浩繁的《玄怪录》，曾有十卷达数百篇，大多遗失。鲁迅先生在《中国小说史略》中说：造传奇之文，荟萃于一集者，唐代多有，而煊赫者莫如牛僧孺之《玄怪录》。

牛僧孺传奇文集《玄怪录》多根据民间传说故事来写怪异奇幻之事，在人物塑造方面多着眼于动态描述，使人物更加鲜活更有层次感，充分反映《玄怪录》在唐代文学艺术上的创新，其思想内容至今仍有一定的教育意义和较高的艺术价值。传说牛僧孺在自己几处别墅收藏大量各类文物，尤其是太湖奇石居多。其中一处别墅就在家乡灵台县，位于县城南里许离山下的南寺洼，里面收藏有大量千姿百态、剔透玲珑的石头，《玄怪录》等书是被贬官期间在此写成，后人将牛僧孺在鹑觚别墅称为"玄怪斋"，现玄怪斋遗址仍在。

《玄怪录》中最著名的是"橘中之乐"篇。大意是：巴邛人家的橘园收完橘子后，剩下两个最大的橘子，摘下来剖开，每个橘子内有两个尺余长的老者在下象戏，一个老者说："橘中之乐，不减商山，但不得深根固蒂，

为愚摘下耳。"

许多解读文中"橘中之乐"，观点不一致，有专家认为是下象戏，也有的认为是在下象棋，经过种种演绎，后遂称"橘中之乐"是下围棋，这一称呼逐渐成了围棋的一个经典别名。

一千多年过去，关于"橘中"是什么棋的问题，一直争论不休演绎不绝，有意思的是在演绎过程中竟然产生大量与"橘中之乐"同源经典故事。比如：橘中戏、商山四皓、一橘两衰翁、对局玉袜输、柑中千岁、橘中仙、橘中四老、商山四皓、橘丸日大、橘外棋局、橘中商山乐、橘中四老、橘中乐、橘叟棋、橘里人、玉尘千斛、万斛玉尘、赌玉尘、隐橘观棋等，为中国文学创作、绘画创作提供了优质素材。

宋洪炎的《弈棋》：凝神迷远躅，致一有全功。皎皎妇姑月，冥冥鸿鹄风。置君愚甫子，议乐哂温公。谁谓商山老，飘然到橘中。

宋文天祥的《棋》：我爱商山茹紫芝，逍遥胜似橘中时。纷纷玄白方龙战，世事从他一局棋。

明高启的《围棋》：偶与消闲客，围棋向竹林。声敲惊鹤梦，局罢转桐阴。坐对忘言久，相攻运意深。此间元有乐，何用橘中寻。

据《灵台志》《牛僧孺家谱》《牛僧孺传记》等史料以及当地民间的传说，牛僧孺曾经对围棋与象棋进行过大胆的改进并进行推广。由此可见，牛僧孺在围棋与象棋方面的文化造诣是相当高的。在唐中期前围棋棋盘上，无论是十七道、十九道局制都只有五个星位，是牛僧孺将围棋盘中的五个星位变成了九个星位，虽然仅仅是小小的一种改动，是包含着中华文化大智慧的，这种变化对后世围棋的发展与定型起着积极的作用。

唐代象棋发生了很大的变化，唐早期象棋没有"炮"这一兵种，"炮"这一枚子就是由牛僧孺增加上去的，让象棋增加了新的趣味。《续藏经》有记载：昔神农以日月星辰为象，唐相牛僧孺用车、马、将、士、卒加炮，代之为棋矣，现代象棋棋盘也是牛僧孺重新设计的。

十一、歇马殿—中国围棋第一寺

公元67年，汉明帝派郎中蔡愔、博士秦景等十二人，带中国特产礼品到天竺国请佛取经。两年后汉使郎中蔡愔、博士秦景带着梵僧竺法兰、迦叶摩腾一行十多人，用八匹大白马驮载佛经回国。马队到安定（平凉）时恰逢连绵大雨，蔡愔决定马队在这里歇息。便在驿站旁边找一处干净宽敞的大院子，马队安顿下后，由他一个人先赶回洛阳向朝廷汇报。

博士秦景对梵僧竺法兰、迦叶摩腾讲解中土的风情及道学、儒学的经典，还有中国的琴棋书画。竺法兰、迦叶摩腾两位大师也与秦景等人交流佛经并开始着手翻译，三个月后离开安定（平凉）时，他们已经翻译了小部分佛经。安定（平凉）地方官员特意将取经马队住过的院子作佛殿，称之为歇马殿。让歇马殿无意间成了安定（平凉）的历史上第一间佛殿，也是中国的第一座佛殿，后在唐初改为道观——歇马殿老子庙。唐太子李亨在"安史之乱"时期同样在歇马殿住了较长一段日子，在平凉调集各路兵马，从而为战略反攻创造基础条件。

歇马殿后来成了被人们遗忘的一座道家名观，神奇在于历史上许多著名高僧大德和一位唐朝太子青睐过她；歇马殿让儒、释、道的文化在这里进行了一次次的交汇与碰撞，最终成为一处有着深厚佛根文化与棋缘文化的道教圣地。

歇马殿从东汉（公元69年）白马驮经算起，数百年间被佛界的知名高僧大德频频光临并分别住过一段时间。歇马殿作为佛教寺院显然比白马寺更早些，理论上讲早数月。

数百年间住过歇马殿的多位大名人，都是通晓"琴棋书画"的，对围棋颇有喜好。迦叶摩腾、竺法兰高僧在歇马殿也跟秦景学会下围棋，高僧会下围棋的历史，应该可以从东汉明帝时期算起。

因此，歇马殿完全可以称得起中国佛教第一殿、天下围棋第一寺。

十二、华亭县曾经有用棋子做嫁妆的风俗

2014年7月，笔者约多位朋友去崇信县五龙山风景区游玩，上古时期五龙山是一个修道的好地方，有传说广法子（道教称文殊广法天尊，后入释成佛称之文殊菩萨）就在五龙山云霄洞修道，茂密的森林郁郁葱葱，自然风景非常好。

一直想了解五龙山与围棋有没有关系。五龙山在"文革"期间已经完全破败，山上除了一些石洞窟和道观遗址外，地面建筑大都已经损坏，20世纪90年代封山后也鲜有人居住，几年前重新开始五龙山景区建设。除游玩更多是为了碰碰运气，瞧瞧附近有没有人知道一些围棋相关传说故事。

在五龙山入口不远的一处工地上，有二十多位农民工在汭河边干活。搭讪讨教有关五龙山遗迹和围棋文物的问题。他们都是华亭县人，对五龙山以前情况并不了解，十多分钟的交谈竟然获得意外信息。

其中一人说道，他听说在华亭安口、砚峡和马峡一带的一些村里，过去曾经有女儿出嫁时用黑白棋子做陪嫁的风俗，具体的细节也不是很清楚。

我好奇地问为什么嫁妆中要送黑白棋子？他们给出不同的说法，有说下围棋，有说是掐方，比较贴切的说法是今后能多子多福。描述的陪嫁棋子，分别由两只陶瓷碗盛着黑白子，每只碗里数量大约八十粒左右，据说棋子有石子磨的、玉石和陶瓷烧制的等。

至于为什么棋子黑白各有八十粒左右，在第一次听到时也是有点百思不得其解。后来与一些专家认真分析讨论后，初步认为：如果采用十九路围棋与半盒棋子数量相当，就感觉差距比较大。有人认为可能是占卜用的，毕竟陇山地区有众多修道名山，是修道者的圣地。如果采用十三路盘围棋，需要黑白棋子刚好就是个八十粒左右，说明这种风俗传承应该比较久远，至少在一千七百多年前采用十三路围棋时就流传下来了。如果用于当地的盛行掐方及狼吃娃等游戏来讲，显得棋子多了些。还有认为应该是八十一

子，表示九九归一周而复始哲学思想，等等；不过大家还是更倾向这些嫁妆围棋棋子就是采用十三路盘来下围棋用的。

近两年多次听说，华亭曾有人向外地文物贩子高价出售出土的陶瓷棋子之事。2017年和2018年又陆续听说平凉市静宁县和崆峒区四十里铺镇也出土过围棋子。一直没能见到这些实物，实为憾事。

据多方考证，华亭古代就出产过黑白石头，华亭安口镇作为古代陶瓷重镇，可能生产过陶瓷围棋。如果有这些前提，这个故事是完全可信。宋代韦骧的《赋石棋子以机字韵》：灵岩山下石，采拾比珠玑。圜璞生难小，文楸数可围。纷纭星并賨，黑白玉争辉。赋质神工妙，磨砻俗巧非。透关经手耐，争道转心稀。落落无情甚，谁为胜负机。明朝的赵时春的《重修灵岩寺记》一文中讲到灵岩寺就在华亭，文楸数可围，黑白玉争辉，就说明这些故事肯定是有关联的。

2016年底，在崆峒山大景区工作的朱永刚书记曾谈到过，他早年在华亭工作时也听说过送棋子做嫁妆的风俗。

无论如何，在结婚时用围棋子作为必备的嫁妆之一，不仅说明以前在民众中围棋的普及和广泛，也正好应了阴阳交合、多子多福、和睦相处、富贵长久的美好愿望。

十三、历史人物与平凉围棋

围棋与道文化存在着密切因果关系，崆峒山为世人公认的道源圣地，或许平凉才是中国围棋真正发源地。根据上面的一些史料分析及传说故事，就已经清楚地了解平凉地区在上古时期到秦汉时期在中国围棋界所处的地位。

魏晋时期平凉籍的前秦苻坚、前凉王张轨、后凉王吕光等人留下精彩的围棋故事。还有张三丰年轻时在崆峒曾修道学武五年、全真教的王重阳在平凉修道四年，医圣孙思邈在崆峒学医修道七年等等，他们基本上都是当时围棋的好手。北宋时期诗人、书法家游师雄创作过许多与崆峒山有关的诗作，如《崆峒仙人石桥着棋台》：石桥跨两岫，野叟尝远跖。旁有枰棋处，云是仙人弈。

清朝王辅臣驻守平凉时就有下围棋的故事；谭嗣同父亲曾在兰州做官，他去兰州探父多次路过平凉，并登崆峒留下诗篇和围棋佳话。康有为登临崆峒山时，曾经与一品大员在棋盘岭下棋，同时作诗《游棋盘岭感遇》：乱石青天里，悬崖枕藉时。仙人原有宅，醉语也成诗。夜静听虫鸣，山空闻鸟惊。平明出峡口，险尽尚惊疑。还有左宗棠与幕僚魏光焘在柳湖荷花池边下围棋的佳话，传说他们在此对弈超过千局的故事等。平凉七县区还有许许多多的围棋文化故事，仍需要进一步发掘和整理。所以平凉围棋故事之多之广在中国绝对独树一帜。

结束语

早期的华夏民族主要聚居在以陇山为中心的黄土高原上，被东夷、南蛮、西戎、北狄等众多部落所环绕包围着，这些部族在数千年中逐渐被黄土高原上的华夏民族所兼并与融合，形成中华民族。处在渭河、泾河和黄河上游环绕的陇山，就像黄土高原这艘巨型航母的舰岛，是华夏文明的灵魂所在。

有着阴阳八卦初创地、易经的诞生地和崆峒山道源圣地等深层次文化支持，陇山存在中国围棋起源中最重要最完整的生态链，平凉是其中最关键的环节。平凉有大量中国围棋文化遗存，同时也产生了大量的围棋故事。一个文明、一种文化、一种智慧的产生，都不会独立地、毫无征兆地出现，都需要大量的前期相关文化发展作为支撑。围棋也是如此，只有平凉及周边区域才最有可能成为围棋发明、发生和发展的摇篮。平凉区域的围棋文化故事之多之广在中国绝无仅有，不仅自成体系，并与华夏文明发祥相互关联，相互印证。

笔者在2011年提出，古陇山华夏文化起源生态下，平凉存在着"围棋起源生态"的观点。这个观点在2018年分别得到了围棋文化大家何云波教授、中央五台资深记者许迅等专家的肯定与支持。

陇山围棋文化资料的艰难收集，为平凉2018年7月份举办"世界围棋发源地高峰论坛"，提供了较为系统的理论支持。2018年在平凉市委、平凉市政府和市文广局、市体育局、崆峒山大景区等部门的大力支持下，同时也在中国围棋协会领导及中国围棋文化大家们的肯定与支持下，平凉市崆峒山三元堂成功举办了"世界围棋发源地高峰论坛"，让平凉的围棋文化为世人所知。

随后又经过一年多时间的努力，笔者以"围棋起源与平凉（陇山）文化的渊源研究"一文参加杭州举办的"2019年国际棋文化高峰论坛"，受到大会的关注与重视，并被特邀在大会上以"围棋起源与平凉（陇山）文化的渊源研究"为主题作了专题发言，同时"围棋起源与平凉（陇山）文化的渊源研究"一文被收录入《中国围棋论丛》第四辑中。中国最大的围棋网络平台"弈客"对此文进行过连载。

2019年9月在平凉举办的第四届"陇塬杯"全国业余围棋大赛的开幕式上，中国围棋协会主席林建超先生高度评价平凉在围棋文化发掘方面所作的努力，称赞其为"围棋起源平凉学派"；2019年11月份，国家体育总局在衢州举办的"世界围棋文化博览会"上邀请杭州、晋城、平凉三座在围棋文化上拥有卓越历史地位的城市共同组成"智运名城"交流展区，加深博览会历史底蕴，扩大博览会影响力……

如何传承华夏文明以及发掘、保护相关的围棋文化，是一项重要课题。本人学识有限，时间有限，精力和能力也有限，同时能查阅到的资料有限。仅仅凭个人花费七八年时间进行走访、收集、分析、推理而整理出来的文章，难免会有许多不足或者有谬误。梁漱溟先生强调"三军可夺帅也，匹夫不可夺志"；马寅初先生认为"宁鸣而死，不默而生"；陈寅恪先生也指出"独立之精神，自由之思想"。本文志在抛砖引玉，希望能引起更多国内外专家学者的关注，对平凉（陇山）围棋文化无论继续发掘也好，争论也好，探讨也好，批驳也好，总而言之就一个目的：我们不能让中国围棋起源相关研究湮灭在历史长河中。

对弈仅是小道，以棋证道才会通向大道。

第二章

崆峒天下围棋第一山

在黄土高原之腹地、大陇山之中央，峰峦叠嶂、翕岭郁葱；崖石突兀、洞穴遍布；山势峻拔、峰林耸峙；云海翻滚、玄鹤飞舞；上古名山崆峒既有北国之雄壮，又兼南国之秀丽。只见沟谷中流水潺潺，仿若多雨湿润的南方，葱茏之地宛如一颗镶嵌在金黄色王冠上的绿宝石般璀璨夺目，一改黄土高原苍凉雄浑的样貌，强烈的地貌反差让崆峒山成为神奇色彩的秘境之地："上通璇玑（北斗），元气流布，五常玉衡。理九天而调阴阳，品物群生，稀奇特出，皆在于此。天人济济，不可具记。此乃天地之根纽，万度之纲柄矣。"《崆峒志·原序》："造守泾原，流览王会，知雍凉形胜甲寰宇。而崆峒绵亘朔方，《尔雅》云位应北极。其地当扼塞，峭拔尤称佳胜。登临其上，遥看松际云岚，石桥岩瀑，五峰岳立，福庭鸟道，辄不禁流连景光，飘飘乎有驭气乘风之意。因慨然而叹，何须更问蓬岛，别觅仙踪哉。"雍指雍州，就是关中及陇山地区；凉是指凉州，河西走廊及周边区域。这里的雍凉特指平凉。

《汲冢周书》载："崆峒为大夏、莎车、姑地、旦略、貌胡、其尤、戎翟、匈奴、楼兰、月氏、奸胡、北秋等十二个氏族方国的首领。"在《史记·赵世家》和《姓氏考》等也有记载："商代始祖契的后代分封于空桐，遂以国为姓。"由此可以断定，崆峒是周朝及周前期的一个强大氏族部落称谓或者十二氏族方国的宗主国。崆峒山名最早载于中国第一部辞书《尔雅》，在《山海经》《庄子》《穆天子传》《史记》《汉书》《淮南子》《魏书》《通典》《五经正义》《括地志》等古籍中出现过"空同""钚山""空桐"

"鸡头山""笄头山""薄落山""牵屯山"等异名，现"崆峒山"称谓则始于唐代。《括地志》："笄头山一名崆峒山，在原州平高县西百里，《禹贡》泾水所出。《舆地志》云或即鸡头山也。郦元云盖大陇山异名也。《庄子》云广成子学道崆峒山，黄帝问道于广成子，盖在此。"《古今图书集成·崆峒山部》中收录了明代许孚远的《游崆峒纪事》："帝王贤圣屈指数，雍州形胜何其尊。吁嗟轩辕氏，下问广成子。御世本元灵，静者握其纪。轩辕广成不可作，纷纷议论徒穿凿。大道若容私智求，乾坤炉鼎宜销烁。兴尽归来已夕阳，五台云气复苍黄。阴晴昼夜理如是，羽化难期空断肠。"

《庄子·在宥》中讲道：黄帝以帝王之尊在崆峒山吃了闭门羹，但为了天下苍生与国家前途，"捐天下，筑特室，席白茅，闲居三月"，即用三个月时间去觉悟，当黄帝再次拜访广成子，广成子才决定传授道，使得黄帝领悟了华夏最高的哲学思想——至道，回朝后便选贤任能、励精图治、忧国忧民，在一大批能臣贤士的帮助下，造宫室、舟船、弓箭，创天文、历法、书契等等，用因势利导、顺其自然的方法，使天下实现了大治。黄帝后来根据自己一生的经验和广成子等高人的指点，不仅写出《黄帝阴符经》等书，还在岐伯、鬼臾区、伯高等人的帮助下完成了华夏最早的医学经典《黄帝内经》与《黄帝外经》。

明代学者萧练在《崆峒怀古》称赞："邃古崆峒称绝奇，轩皇曾此拜尊师。广成洞里金经在，问道宫前玉辇移。西望萧关通紫塞，东流泾水注瑶池。至今真气钟元鹤，不向人间赋别离。"唐代诗人、思想家、著名道士吴筠认为至道就是："虚无之系，造化之根，神明之本，天地之源，其大无外，其微无内，浩旷无端，杳冥无对，至幽靡察而大明垂光，至静无心而品物有方，混漠无形，寂寥无声，万象以之生，五音以之成，生者有极，成者必亏，生生成成，今古不移，此之谓道也。"崆峒就是座能化生元气的太虚之境，这是对崆峒能作为道源圣地的一种解读。崆峒山山脉东西数十公里长，龙头在望驾山，左右各有两条岭作为四肢，崆峒山山形就是条活脱脱的华夏神龙。

《史记·秦始皇本纪》："二十七年，始皇巡陇西、北地，出鸡头山，过回中焉。"鸡头山是崆峒山之别称。公元前220年秦始皇西巡登崆峒时，曾命丞相李斯书写"西来第一山"刻于崆峒巨石之上。清末进士、书法大家廖元佶撰《甘肃金石志》有云："崆峒西来第一山铭。"说明崆峒历来就是帝王们心中的圣地。超然远览、渊然深识的自然环境，使得崆峒山区域早在五千年前就罕见地出现过一大批华夏圣贤："仙真人出入，道经自一路。"崆峒成了上古华夏伟大思想家的聚集地。有广成子、赤松子、容成公等圣贤的加持，加上黄帝、尧舜禹、秦皇汉武等许多帝王曾来崆峒上问道、悟道，崆峒山自然成为修道界洞天福地的祖庭地。随着晋朝道教快速传向全国，上古圣贤的修炼之地成为所有道士们的追求之圣地，同时在名山寻找类似可生发灵气的修道之处："观世间万物，夺天地造化；洞阴阳之道，明万物之理；参满天星斗、修内丹大道。"这就是大家后来熟知的三十六洞天和七十二福地的标准。唐朝的哲学家、思想家、道教学者杜光庭在他的《洞天福地记》详细列出了全国各洞天福地，考虑崆峒山作为华夏"洞天福地的祖庭地"身份，显然是不会列入三十六洞天与七十二福地之中的。

崆峒山孕育出早期华夏文明，涵养着以龙为图腾的民族，是华夏文化起源的核心地域，伏羲画卦到广成子时期道文化理论思想的建立与形成，成就了文字、古天文、古代历法、古代医学、古代音乐、古围棋以及祭祀方式等的哲学思想形成与发展。史学家曾赞道："用一座神奇的山脉，写下华夏半部上古史。"崆峒山作为中国文化祖脉当之无愧。中国古代伟大思想家出现最为集中的时期，首推炎黄时期，其次为春秋战国时期。上古时期独特的崆峒道文化对华夏文化的历史演变、繁衍成熟和发展壮大等起到了至关重要的作用，在华夏文明史上占据着十分重要的地位，是华夏文化重要的组成部分。

第一节　崆峒山——华夏文化之灵魂

十多年前，笔者作为一名围棋文化爱好者，在平凉区域内苦苦寻找上古围棋文化传说故事，曾经几次问过对崆峒文化颇有研究的专家学者们：在《崆峒山志》中有没有记载过围棋的相关故事？留下的答案都是：崆峒山棋盘岭等围棋故事属于民间传说，《崆峒山志》没有这方面记载。

2021年春季，笔者有幸从平凉市道学文化研究会会长吴烨老师处得到了上、下两本《崆峒山志》，如获至宝。通篇的繁体字，木板印刷质量差等问题，加上《崆峒山志》已有些破损，笔者花费了整整两年的时间来系统整理和学习，书中细细描述着崆峒山得天独厚的自然景观，历史悠久的人文景观以及物产、诗赋等。洋洋洒洒数万言，记载着崆峒山五千年的沧桑历史，记载着佛道儒三教的兴衰，当然也找到了梦寐以求的崆峒围棋文化记载。

只有多次到过崆峒山且已认真研究过崆峒文化的人才能真正明白，为什么如此多的圣贤与帝王将相对崆峒山顶礼膜拜。崆峒山作为华夏上古时期的文化圣地，诞生了充满神奇色彩的道家思想，用伟岸身躯记录着上古时期华夏非常重大的历史故事。《庄子·在宥》："黄帝立为天子十九年，令行天下，闻广成子在于空同之上，故往见之。"《史记·五帝本纪》："（黄帝）西至于空桐，登鸡头。"南朝梁沈约《为武帝与谢朏敕》："羲轩邈矣，古今事殊，不获总驾崆峒，依风问道。"后人常以崆峒一词来特指神山仙境。唐朝曹唐《仙都即景》诗："旌节暗迎归碧落，笙歌遥听隔崆峒。"宋代沈遘《真宗皇帝忌日醮文》："真宗皇帝伏愿登御崆峒，从游汗漫，锡羡上灵之福，延洪后嗣之休。""一缕灵气衍法力，一点真灵生万法。"

一、崆峒——当之无愧的天下围棋第一地

《周髀算经》有云："天圆如张盖,地方如棋局。"《黄帝内经》:"天圆地方,人头圆足方以应之。"《尹文子·大道上》:"命物之名,方圆白黑是也。"《大戴礼记·曾子》:"天道曰圆,地道曰方,方曰幽而圆曰明。"刘安在《淮南子》谈道:"天道曰圆,地道曰方"和"天圆地方,道在中央"。可以看出,"天圆地方"是古人对宇宙的一种认识,"天圆地方"的思想隐含着"天人合一"的精髓,"天圆地方"本质上是《易经》中阴阳体系中对天地生成及其运行的解读,是对"道生一,一生二,二生三,三生万物"中阴阳二气变化规律的最好诠释。同时也可以充分说明,自古以来围棋的白黑(阴阳)二气与道思想是紧密相连的。

宋朝刘攽的《棋赋》:"惟夫太朴之未判兮,圆方浑而无际。倏物生而有象兮,乃置同而立异。迨数起而滋生兮,纷万汇而多事。此弈棋之始置器也。于是乎经纬纵横,封畛远迩。包穹昊之度数兮,极厚地之疆理。局有上于方罫兮,信宇宙之异此。"元代虞集的《玄玄棋经·序》:"夫棋之制也,有天地方圆之像,有阴阳动静之理,有星辰分布之序,有风雷变化之机,有春秋生杀之权,有山河表里之势。此道之升降,人事之盛衰,莫不寓是。惟达者为能,守之以仁,行之以义,秩之以礼,明之以智,夫乌可以寻常他艺忽之哉!"诸葛亮的《围棋歌》:"苍天如圆盖,陆地似棋局。世人黑白分,往来争荣辱。"这些诗句都是借围棋来阐述人生哲理。

在《崆峒山志》一书中发现许多重要的崆峒文化线索同时,也找到多处与围棋有关的记载。后来在《陕西通志·平凉府》《甘肃通志·平凉府》和《永乐大典·平凉》中也找到有关崆峒山围棋的一些记载。可以确定,崆峒山除棋盘岭外,还有铁楸枰、着棋台等多处古代围棋遗迹,在中国名山大川中实属罕见。

（一）棋盘岭

清朝杨景彬的《崆峒山初游记》："南转过雷声峰。峰支生于马鬃山，路如鱼脊，缩足而下，栈为廊，前列三刹。从刹底穿穴而过，径尤奇绝，出穴前立。下插香台，再进则石丛累累惟鸟道而已。其南棋盘岭，石枰依稀可见。"枰专指下围棋用的棋盘，后来各种类型棋也有借用"棋枰"一词表述棋盘。石枰就是石质围棋盘，中央五台有套已经开播三十多年的围棋节目就叫"纹枰论道"。清代诗人、书法家陈恭尹就写过一首《棋枰》的诗："终古纷争地，当年克让风。画如分易象，度亦合天工。疏密群星似，纵横末俗同。无穷机与巧，不出数行中。"

崆峒山棋盘岭位于雷声峰之南翼，孤岩上呈现的兀立悬壁，直面弹筝峡，依稀可见泾河水从西向东流过。棋盘岭三面凌空，占地约三百六十平方米，平台中央有数株千年巨松高耸云天。纵目四望：早霞迟晖，风来风往，云卷云舒，使人心旷神怡、有一览众山小之感。矗立在四海龙王殿处的《棋盘岭碑记》记述着："棋盘岭胜状在雷声峰之末端，衔七台紫霄之幽妙，右吞粼泾水之银光，环居悬崖峭壁之半。五棵千年古松，根盘系锁崖间傲天屹立，整观其状如塔形，平置雷峰末端之右侧圣母殿，居南端龙君殿。置北极中凿石室，深约二丈许阔一丈，相传轩辕登崆峒问至道，三造在此，而遇二仙下棋，传至道后返，后人故称棋盘岭，石室为广成子修炼处。"

清朝道光举人蒋湘南，曾在关中书院讲学，并修有《全陕通志》一书，他在《崆峒山》一诗中写道："矗地弥天道气屯，脉先太华近昆仑。虎娴人性凝仙佛，鹤诩皇初训子孙。呼吸九重摇北斗，盘回一线醉西门。广成石室如堪借，莫笑劳形尽钝根。"

古代所绘有关"崆峒问道"题材作品传世很多，最为著名的则是故宫博物院所收藏的两幅，即北宋杨世昌的《崆峒问道图》和明代戴进的《洞天问道图》，都是艺术水平极高的国宝级文物。山不在高有仙则名，轩辕黄帝听说修得至道的广成子住在崆峒山，不顾千里之遥，一路风尘仆仆来拜师问道。来时广成子、赤松子二位仙师正在棋盘岭对弈，因为黄帝前来打扰，广成子、赤松子便留下一局没有下完的棋，后人称之为："亘古一盘棋，无人知胜负。"东南悬壁上沿，有一株奇松拱围石枰棋，犹如位观者，后人称之为"观棋松"。此处便是上古圣贤广成子与赤松子对弈的地方，棋盘岭由此得名。距今近五千年的棋盘岭，成为历史上最早的对弈之地，世称天下围棋第一地。

黄帝是尧的高祖，两人大约相差三百五十年左右。广成子是黄帝的老师，显然广成子与赤松子对弈的故事要早于"尧造围棋"。围棋出现时间还应该要早于黄帝问道广成子。《历世真仙体道通鉴》记载："广成子乃授帝《阴阳经》一卷、授《自然经》一卷、《道成经》七十卷。"值得我们探究的是《阴阳经》是不是专门研究阴阳二气的，无论古天文、古医学、历法以及围棋都与阴阳二气有着密切关系。

廖元佶为清末进士，1912年曾任泾川县县长，1931年又担任过甘肃省主席马鸿宾的政府秘书长，他主持编撰的《甘肃金石志》中有载"崆峒尧碑"和"崆峒禹碣"，有秦以前传世拓片为证。《述异记》载："崆峒山中有尧碑、禹碣，皆籀文焉，伏滔述帝功德，铭曰尧碑禹碣，历古不昧。"民国张维《陇右金石录》按："尧碑、禹碣，世或疑为寓言。然岣嵝之篆出于衡岳，至今流播，远近人亦不疑其为伪也，而况崆峒名山，备著古史，黄帝问道之所古迹存焉，尧禹又在其后，安得谓为寓言乎？过而去之无宁过而存之也。"魏晋南北朝的文化大师、伟大的书画家宗炳《画山水序》中同样认为："尧有崆峒之游。"上述记载充分说明尧是来过崆峒山问道的。东晋张华在《博物志》中尝试说明尧、舜制作围棋的动机："尧造围棋，以教子丹朱。或云：舜以子商均愚，故作围棋以教之。"或许尧、舜、禹在来崆峒问道时也都学习了围棋，才会有后来的"尧造围棋，丹朱善之"和"舜以子商均愚，故作围棋以教之"之传说。

1921年7月，康有为在陕陇复汉大都督张钫一行四人陪同下登上崆峒山游览，在香山寺住宿两日。康有为曾与张钫对弈于棋盘岭，即兴写有《游棋盘岭感遇》一诗："乱石青天里，悬崖枕藉时。仙人原有宅，醉语亦成诗。夜静听虫鸣，山空闻鸟惊。平明出岭口，险尽尚惊疑。"康有为喜欢在对弈中讨论时政，并在平凉期间写诗多首，后收录《入陇笔记》一书中。其中的"仙人原有宅"与《棋盘岭碑记》中"置北极中凿石室，深约二丈许阔一丈……石室为广成子修炼处"说法是一致的，现此石室仍在。

棋盘岭宜于练功养气、静心悟道，自然成为广成子与赤松子修心对弈、谈经论道的最佳去处。唐诗人李白在《古风五十九》中写道："世道日交丧，浇风散淳源。不求芳桂枝，反栖恶木根。所以桃李树，吐华竟不言。大运有兴没，群动争飞奔。归来广成子，去入无穷门。"据说李白看破世事，渴望像广成子一般能嬉于玄门、乐于智弈。

广成子、赤松子与容成子都是上古时期得道的圣贤，他们创立的道文化思想奠定了华夏的哲学基础。黄帝专程来崆峒山分别向三位大贤者问过道，学习治国与养生等道理，使得崆峒山成为天下修道名山洞天福地的祖庭地。广成子、赤松子与容成子是按照道家的思想理念发明了围棋，还是用围棋丰富了道家思想？或许在广成子、赤松子与容成子眼里的围棋，最初就是推演天道运行的符号或者是启发人生智慧的代码，因此围棋起源与崆峒道家思想一脉相承也就在情理之中。

清朝的文学家、史学家、诗人杨芳灿，有一种特殊癖好，每到一地为官，辖区内凡有古代先贤遗迹，必定会想方设法修葺。在甘肃、陕西等地任职地方官二十余年，他曾多次登临崆峒山，并修葺过多处上古遗迹，包括棋盘岭、着棋台等。《崆峒山志》记载了杨芳灿写下的《崆峒山纪游一百韵·节选》诗句："帝台尚置棋，仙人亦耽弈。巨碣谁磨治，方罫自刻画。"

据传黄帝建立过许多不相同的"帝台"，是专门为众神们创造的聚会、交流、娱乐、下棋等场所。《中山经》有云："高前之山，其上有水焉，甚寒而清，帝台之浆也，饮之者不心痛。"又云："鼓钟之山，帝台之所以觞百神也。" 有意思的是《山海经》还有这样的记载："休与之山，其上有石焉，名曰帝台之棋，五色而文，其状如鹑卵，帝台之石，所以祷百神者也，服之不蛊。"另外《初学记》引张华《博物志》曰："桃林在弘农湖城县休马之山，有石焉，名曰帝台之棋。五色而文，状如鸡卵。"说明休与山上有一种石子，就是帝台上神仙下的棋，所以神仙下围棋的故事源远流长，杨芳灿则用诗文将崆峒山神仙对弈的故事演绎到了极致，非常精妙。从而说明众神们不仅喜欢琼浆玉液，也喜爱下围棋。

"碁"和"棊"在古代都是专指围棋子，古代围棋子通常是用石头或者玉石所磨制而成的，也会有用木头来制作。汉代以前的刻石没有固定形制，大抵刻于山崖的平整面或独立的自然石块上，后人将刻有文字的独立天然石块称作"碣"，石鼓文即是一件猎碣，刻石中的一类形制。《后汉书·窦宪传》注："方者谓之碑，圆者谓之碣。"如今存之石鼓文，镌刻于鼓形圆石上，形体与围棋子相似，在此借巨碣来特指围棋子。崆峒供神仙们对弈论道的巨型围棋子，是由谁来磨治的呢？

方罫则是围棋盘的别名，东吴名臣韦曜在《博弈论》云："然其所志不出一枰之上，所务不过方罫之间。"宋代刘敞的《与邻几对棋戏作》："碌碌无用智，玩此方罫间。君乘百战馀，胜气不可攀。"宋代黄庶的《下棋》诗云："古人欲写得丧形，万事尽在方罫内。黑白胜负无已时，目送孤鸿出云外。"还有清朝钱谦益的《京口观棋》："渭津方罫擅长安，纱帽褒衣揖汉官。今日向君谈古事，也如司隶旧衣冠。"方罫自刻画，是借方罫一词告诉使用的棋盘也都是神仙自己刻画成的。

原甘肃省作协副主席，原平凉市文联主席姚学礼先生经过数十年的考证认为：陇山有以玉为图腾的弈族人，弈为一种陇山产的古玉，弈族人爱玉以弈为姓。弈族人以碎玉对博，称"执玉为兵"，广成子敏物善学，从弈族学得弈术，多次与酋长弈王对博，最终成为胜手。跟随广成子修道的赤松子也学得弈术，两人多次对弈于崆峒山的棋盘岭，终留下千古佳话。

有人说过崆峒山最美风景是在天梯，崆峒山的天梯坡度最陡处竟然达到70多度，并需要经过361级台阶才能登顶。明朝诗人、文学大家赵时春《上天梯》有云："谁攻穿溜石，砌作上天梯。面壁烟霞近，憩岩日月迷。"天梯的正中处有条向左能走向棋盘岭的小路，或许是天意或许是巧合。中国围棋协会前主席王汝南老师曾风趣地说道："我们只要用半副棋的功夫，就能到棋盘岭了，崆峒山真是非常神奇。"

（二）铁楸枰

在《崆峒山志·寺观·混元阁》有这样的记载："峰杪悬岩上，南有苍松岭，松下有铁楸枰，相传有仙人常弈此。"苍松岭上端为道观静乐宫，传说静乐宫是无量天尊父母的道场，道士们也称之为"圣父圣母宫"。民间也有认为无量天尊就是玄帝，静乐宫则玄帝父母的道场。《神仙传》称："黄帝降生于有熊之国，赤帝降生于厉山氏之国，玄帝降生于静乐之国。盖为玄帝神功圣德，万物悉资润泽发生，不欲以有麋之国称之，而取其人民安静乐善，易之曰静乐，可知矣。"《太和山志·图经》载："净乐治麋，'玄帝降生于净乐之国'。"可见静乐宫在道教中的地位非常之高，其旁苍松岭的古松下存有铁楸枰，也算是一段神仙佳话。

楸枰是一种独具特色的围棋棋盘，采用楸木制作而成。楸树属于落叶乔木，干高叶大，木材质地致密，非常耐湿可造大船，也可做各种器具。《埤雅》："楸梧早脱，故楸谓之秋。楸，美木也。一作萩。"《史记·货殖传》："淮北常山巴南河济之闲，千树萩，其人与千户侯等。"《述异记》："越人多橘柚园，岁出橘税，谓之橙橘户。中山又有楸户，著名楸籍者也。"曹植《名都篇》："走马长楸闲。"黄铭功《棋国阳秋》："楸木质轻而文致，故枰用楸。"楸木呈金黄色，质轻而坚韧，不容易翘曲变形，纹理细腻微妙，投子盘上会发金石之声，古代的达官贵人都喜欢选楸木来制作精美的围棋棋具。楸枰制作始于西晋，近两千年来一直深受帝王将相、王公贵胄、名人逸士的喜爱，直到现在仍受到广大围棋爱好者们追捧和青睐。

楸枰也称之楸局、纹枰、纹楸、文楸等，文人们喜欢将下棋称"纹枰论道"，把围棋比赛开局称作"开枰"。有关楸枰一词的诗歌相当多，唐代温庭筠《观棋》："闲对楸枰倾一壶，广羊枰上几成卢。"宋朝杨万里《括东坡观棋诗引》："五老峰前松荫庭，风光清美日华明。独游略不逢一士，时有纹枰落子声。"宋朝韩维的《弈棋》："君家何所乐，棋弈侑清兴。帘垂虚堂肃，子落文楸静。机心久已忘，胜势安敢竞。吾知霍将军，固亦有天幸。"还有元代王恽题《谢大傅弈棋图》："怡然一笑楸枰里。"明代唐寅的：

"一局楸枰对手敲。"清朝钱谦益的《京口观棋》："年来复尽楸枰谱。"尤其唐代杰出的诗人、散文家杜牧的："玉子纹楸一路饶，最宜檐雨竹潇潇。"元朝著名学者、诗人兼政治家王恽的："怡然一笑楸枰里，未碍东山上娇情。"

还有用苍青色玉石制的围棋盘，因为条纹类似楸木也称楸玉局或者楸玉枰。唐代苏鹗的《杜阳杂编》卷下："日本国王子来朝……王子善围棋，上勅顾师言待诏为对手。王子出楸玉局、冷暖玉棋子。"明朝解缙《观弈棋》："木野狐登玉楸枰，乌鹭黑白竞输赢。烂柯岁月刀兵见，方圆世界泪皆凝。河洛千条待整治，吴图万里需修容。何必手谈国家事，忘忧坐隐到天明。"

楸枰有纹楸与侧楸之分，整块楸树木料制作的楸枰叫纹楸，侧楸枰最早出现于南北朝，失传于明末清初。侧楸枰的出现使得我国围棋棋盘制作达到巅峰水平，对提高围棋棋具制作产生过质的飞跃。侧楸枰棋盘显得更为古朴典雅，棋盘表面用324块刮削得很薄而又匀等的楸木片，根据楸木片自然纹纵横排列编织而成，自然形成十九条棋路，然后在棋盘四周雕刻有各种吉祥图案。唐朝李洞《对棋》就有"侧楸敲醒睡，片石夹吟诗"妙句。侧楸枰浑然天成的棋路，充分展示出古代匠人十分精湛的工艺，自然成为历代王公贵胄、达官贵人们梦寐以求的佳品。

南北朝的南齐开国皇帝萧道成就是一位围棋大家，史书说他弈棋水平能达到"第二品"，当时天下围棋二品者不过区区五六人而已。萧道成常与褚思庄、周覆两人弈棋，从不拘于君臣之礼，在封建社会的皇帝能开明至此非常难得，一直为后人所称道。萧道成的第五子叫萧晔，武陵王萧晔受其父影响也十分热衷于围棋，同样棋力非常高，据记载与当时围棋高手萧子良对弈，竟杀得对手大败而归。唐代刘存《事始·侧楸棋盘》中有记载："自古有棋即有棋局，唯侧楸，出齐武陵王晔，始令破楸木为片，纵横侧排，以为棋局之图。"不仅指出侧楸枰的发明者，同时简单叙述侧楸枰的制作方法。据《南史》记载，萧晔"乃破荻为片，纵横以为棋局"，从荻片棋盘到侧楸棋盘一脉相承。武陵王萧晔创新发明的侧楸枰围棋盘，对后世的棋具制作工艺产生了深远影响。

《崆峒山志》中记载，清朝西安教授王肇衍（郡人秋浦）登崆峒山时写道："杖策登灵山，忽遇山中客。山上来赤松，山下逢黄石。洞里看残棋，不知日已夕。归来城市变，满山云无迹。"在《赤松子中诫经》也有类似记载，黄帝同样向崆峒山修道的赤松子、容成子等大贤问过道、学过弈。《赤松子中诫经》："轩辕黄帝稽首，问赤松子曰：'朕见万民，受生何不均匀，有宝贵，有贫贱，有长命者，有短命者，或横罹枷禁，或久病缠身，或无病卒亡，或长寿有禄，如此不等，愿先生为朕辩之。'赤松子曰：'生民穷穷，各载一星，有大有小，各主人形，延促衰盛，贫富死生。为善者，善气覆之，福德随之，众邪去之，神灵卫之，人皆敬之，远其祸矣。为恶之人，凶气覆之，灾祸随之，吉祥避之，恶星照之，人皆恶之，衰患之事，病集其身矣。人之朝夕，行心用行，善恶所为，暗犯天地禁忌，谪遣罪累事非，一也。人之朝夕为恶，人神司命，奏上星辰，夺其蒜寿，天气去之，地气著之，故曰衰也。'"

《搜神记·卷一·雨师赤松子》："赤松子者，神农时雨师也。服水玉散，以教神农，能入火不烧。至昆仑山，常入西王母石室中，随风雨上下。炎帝少女追之，亦得仙，俱去。至高辛时，复为雨师，游人间。今之雨师本是焉。"唐孟浩然《宴梅道士山房》："忽逢青鸟使，邀入赤松家。"赤松子在芮国的主山（现在的平凉市庄浪县云涯寺）修道说法应该是比较可信的，据传赤松子经常往来昆仑山（古陇山）与崆峒山等地之间，与广成子谈经论道。途中要经过回山西王母的石室并小住几天，西王母有青鸟作为使者。另外炎帝的小女儿从陈仓（现在的宝鸡）追随赤松子学习道法，显然赤松子修道地方离宝鸡也不会太远。

经崆峒文化专家分析推断，苍松岭松下的铁楸枰应该是赤松子弈棋之处，理由是苍松岭另外一个俗称叫"赤松岭"。据大家研究后推测：山峰上最初应该是一块普通石棋盘，隋唐后才会换成带有条纹的石质楸枰，而后在明清又变成铁楸枰。目前无论石质楸枰还是铁楸枰，历史久远现在早已不见踪迹。但崆峒山能用金属铁来制作高大上的楸枰，非常罕见与难得，无论铁楸枰工艺是采用锻打或者铸造，估计在世界上应该算独一份，期待制作铁楸枰的工艺能重现天日。

（三）着棋台

《陕西通志》："石桥在崆峒山西峰之间，有巨石横亘，名仙人桥。峰顶有石棋盘纹，俗呼为仙人着弈棋台。"在《永乐大典·平凉·崆峒山》也有类似记载："在府西三十里，一名笄头山。广成子学道崆峒山，黄帝西至山问道，上有问道宫。绝顶有香山，有广成洞。峰之最高者为翠屏峰，山有圆石。累累如珠者，名垂珠峰。上平下锐者，名蜡烛峰。层崖窦密踞绝岩间者，名雷声峰。巨石横亘两峰之间，名仙人桥。有石棋盘，名仙人弈处。东台下有岩洞，名皂鹤洞。又有青龙洞，雨后将晴，云辄归洞中，亦谓之归云洞。山之西北谓之望驾山，下有撒宝岩。西岩有泉，又有琉璃泉，俱甘。"

北宋游师雄为此写过经典诗作《崆峒山·着棋台》："石桥跨两岫，野叟尝远踯。旁有枰棋处，云是仙人弈。"

《尔雅》："山有穴曰岫。"《说文解字》："岫，山穴也。"岫指山洞：岫居、岩岫。嵇康《忧愤诗》："采薇山阿，散发岩岫。"崆峒山奇洞石室非常多，许多石洞高居悬崖之上，有特色的多达七十余处，著名的有：玄鹤洞、广成洞、青龙洞、归云洞、朝阳洞、三教洞等，适合上古圣贤们修行。传说崆峒山第一洞位于太和宫神座之下，深不见底可直通陕西省陇县的龙门洞。唐代吴筠《高士咏·广成子》："广成卧云岫，缅邈逾千龄。轩辕来顺风，问道修神形。至言发玄理，告以从杳冥。三光入无穷，寂默返太宁。"陶渊明《归去来兮辞》诗句："云无心以出岫，鸟倦飞而知还。"就是用来形容"崆峒山归云洞"的。游师雄用"岫"字巧妙写出了崆峒山石桥旁古圣贤居住的石室。

远踯，意思是远行。汉张衡《西京赋》："缀以二华，巨灵赑屃，高掌远踯，以流河曲。"薛综注："河水过之而曲行，河之神以手擘开其上，足蹋离其下，中分为二，以通河流，手足之迹，于今尚在。"

"锡倚山根重藓破，棋敲石面碎云生。"着棋台或称弈棋台，是在石头上刻下棋盘的山峰上。着棋台位于崆峒山西峰的仙人桥，与天台山相望，显然与东南边的棋盘岭与西北边的苍松岭都不是一处地方。这座巨大仙人桥也非常有特色："石桥在崆峒山西峰之间，有巨石横亘，名仙人桥。"与烂柯山石桥、棋盘桥等故事中形制极为相似。据研究分析，着棋台应该是黄帝与容成子下过棋的地方。

《列子·汤问》记载："唯黄帝与容成子，居空同山之上，同斋三月，心死形废。"西汉末年刘向所撰的《列仙传》："容成公，自称黄帝师。见于周穆王。能善补导之事，取精于玄牝，其要谷神不死，守生养气者也。发白更黑，齿落更生。事与老子同，亦云老子师也。"清代的曹寅《游仙诗》："空同未出人间世，更听容成说大丹。"

《列仙传》则称其为老子之师，又曾为黄帝之师，见于周穆王，擅辅导之事，居太姥山修仙，后转徙崆峒山，年二百余岁，善导引之术，保精炼气，老而转少，面带幼容。又《云笈七签·轩辕本纪》曰："有容成公善补导之术，守生养气，谷神不死，能使自发复黑，齿落复生，黄帝慕其道，乃造五城十二楼，以候神人即访。"《崆峒山志》有载："狮子岩：在凤凰岭西，隔重壑。苍岩亘峙，兀然右障。两山断处夹一巨石，其状如狻猊，势腾壁欲上，复反顾岩纯石，其下凹处堵之为室。路艰远，人迹罕至。羽士之习，静者时居之，近亦无居者。"容成子，黄帝时期的人物，创历法，久居住于崆峒山西北的狮子岩修道，曾去天姥山炼丹，去青城山等处游历修炼仙道，探求长生不老之术，因此全国许多地方都有容成子是黄帝围棋老师的传说故事。

明朝杰出的围棋史学家、围棋编纂家林应龙认为，围棋就应该是容成公发明的，他在《适情录》指出："右诸图见王仲宣弈旨，故号混元局者。其数以九乘八得七十二，内函三百六十一以生无穷之变，乃数学之纲维，围棋之关键也。粤自伏羲，画卦由数起，至黄帝尧舜而大备，三代稽古，法度章焉。下逮汉晋，以迄于今，世修其法，较若画一，曰备数，曰和声，曰审度，曰嘉磊，曰权衡，五者虽实切于世，然皆可以按图推之，是知弈者非特为游戏设也。易统云：围棋作于容成公，其黑白输赢之机，即阴阳消长之道，盖因历法而错综之耳。"

须要注意的是，五音、五行、五位三局图，中间均为纵横十九路方局，恰似一具围棋盘，所以说"右诸图见王仲宣弈旨，故号混元局者。其数以九乘八得七十二，内含三百六十一以生无穷之变，乃数学之纲维，围棋之关键也"。那么，"数学之纲维，围棋之关键"起源何时呢？答曰："粤自伏羲，画卦由数起，至黄帝尧舜而大备，三代稽古，法度章焉。下逮汉晋，以迄于今。"也就是说，围棋源自伏羲画卦。而且"是知弈者非特为游戏设也。"围棋并不是专为游戏而设定的，肯定与古代历法有关联。之所以认为围棋源于容成公，不仅仅只根据《易统》的记载，更是因为围棋所反映出来黑白输赢之机变，也是阴阳二气消长之大道，正是历法所反映出这种错综复杂的阴阳交替。因此，小小黑白子中早已承载起了独特的华夏智慧。

《世本·作篇》中亦有记述："容成作历，大挠作甲子。"宋衷注曰："容成，黄帝史官。"由此可证，容成子作为黄帝时期的人，即使不是黄帝的老师，也应该是黄帝的臣子，并对天文历法颇有研究。崆峒山狮子岩边的天台山应该是座古代观星台，有着容成公著历法的工作条件。容成公在历史上应该确有其人，容成公发明围棋一说也不会是空穴来风，明朝林应龙认为"围棋作于容成公"是有一定根据的。

东晋著名道家葛洪《神仙传》有："容成公，行玄素之道，延寿无极。"历史上大多学者认为"玄素之道"就是房中术。但在唐太宗李世民的《五言咏棋·其一》："手谈标昔美，坐隐逸前良。参差分两势，玄素引双行。舍生非假命，带死不关伤。方知仙岭侧，烂斧几寒芳。"诗中的"玄素"却是指围棋。"容成公，行玄素之道"这就是仁者见仁、智者见智的问题了。

（四）白黑相分的弹棋

唐代诗人李颀的《崆峒山志·弹棋歌》云："崔侯善弹棋，巧妙尽于此。蓝田美玉清如砥，白黑相分十二子。联翩百中皆造微，魏文手巾不足比。缘边度陇未可嘉，鸟跋星悬危复斜。回飙转指速飞电，拂四取五旋风花。坐中齐声称绝艺，仙人六博何能继。一别常山道路遥，为余更作三五势。"王褒《弹棋诗》也有："投壶生电影，六博值仙人，何如镜奁上，自有拂轻巾，隔涧疑将别，陇头如望秦，握笔徒思赋，辞短竟无陈。""灵岩山之极峰，有棋盘石，仙人尝弈棋于此。"都是讲到仙人下弹棋的事，"弹棋玉指两参差，背局临虚斗著危。"

弹棋相传始于西汉，流行于王公或士大夫中间，《汉书注》云："两人对局，白、黑子各六枚。"南朝宋临川王刘义庆所撰写的《世说新语》中则认为弹棋始于三国时期的魏宫之内，书中写道："弹棋始自魏宫内，用妆奁戏。文帝于此戏特妙，用手巾角拂之，无不中。有客自云能，帝使为之。客着葛巾角，低头拂棋，妙逾于帝。"魏文帝《弹棋赋》曰："惟弹棋之嘉巧，邈超绝其无俦，苞上智之弘略，允贯微而洞幽，局则荆山妙璞。"晋朝夏侯惇《弹棋赋》曰："嬿深宇以舒情，遒众艺以广娱，观奇巧之竭丽，伟弹棋之妙殊。"梁简文帝《弹棋论序》曰："观夫模穹苍而挺质，写博厚而成形，峙五岳而摽奇，停四海而为量，协日月之数，应律吕之期，总玄黄之武略，校孙吴之应变。"

在唐朝弹棋非常兴盛，基本上可以与围棋相媲美，甚至有人认为弹棋是围棋的孪生兄妹，可与围棋一动一静相互呼应。唐朝的围棋爱好者们也大都喜欢弹棋："弹棋击筑白日晚，纵酒高歌杨柳春。"李商隐诗曰："玉作弹棋局，中心最不平。"白居易诗云："弹棋局上事，最妙是长斜。"唐朝的卢谕《弹棋赋》中对弹棋评价很高："下方广以法地，上圆高以象天；起而能伏，危而不悬。四隅咸举，四达无偏；居中谓之丰腹，在末谓之缘边。"曾经风靡一时的弹棋，虽然在《梦溪笔谈》中也有记载，但宋朝已经鲜有人下，如今早已失传。

（五）围棋文化的基因与崆峒山

清代松龄《弈理析疑》云："天地生成之数具于河图洛书，前圣因之而作《易》，盖有是数即有是理。弈虽小数理实寓焉：言乎对待，如乾坤之阖辟也；言乎布置，如八卦之成列也。其一气相生，如引申而为六十四卦也，其迎机而动,如触类而为四千九十六卦也。其余起伏对照,脱卸断连诸法,与易之承乘比应,无不吻合。惟是数无纪极,理有要归,自非精研其理,则毫厘疑似之间,能洞彻者鲜矣。"施襄夏的《弈理指归》曰:"弈之为道,数叶天垣,理参河洛,阴阳之体用,奇正之经权,无不寓焉。是以变化无穷,古今各异,非心与天游、神与物会者,未易臻其至也。"清代钱长泽《残局类选》序中认为:"弈也者,易也。易有不易之义,有变易之义。方罫直道,凛若经常;分奁对局,屹如匹耦;以争先得地、摧锋陷敌而致胜,以迟缓失算、拘挛局促而取败;知进知退,知存知亡。此其不易者也。倏忽之间,俶诡万状;收纵协乎阴阳,行止参乎动静;离合互异,奇正迭乘;之死而致生之,之生而致死之。此其变易者也。甚矣!数之通乎理也。"清代吴天寅的《弈括·序》中也谈道:"棋本太极,法象乎天地,统归于河图,有阴阳至德之臻,无微而不在是也。"

汉代史学家班固在《弈旨》评论围棋:"上有天地之象;次有帝王之治;中有五霸之权;下有战国之事;览其得失,古今略备。"吴清源大师所说:"中华文明,尽在一盘棋中。"唐代傅梦求的《围棋赋》:"夫其取法,象于天地,分刚柔于阴阳,参骈罗于列宿,措经营于四方,衍图书之定位,非巧历之能详。"古天文、古历法、古医学、古音乐等都与阴阳二气有直接的关系,而围棋则是为古天文、古历法、古医学、古音乐等模拟阴阳二气的变化最佳模型,或者说围棋就是证道的工具。围棋与易、河图洛书等中华文化基因有着非常密切关系,现在绝大多数人仅是观其表象,认为围棋是一个游戏和竞技。

《孙子兵法》云:"庸者谋事,智者谋局。"清朝的陈澹然在《寤言二·迁都建藩议》中认为:"不谋万世者,不足谋一时;不谋全局者,不足谋一域。"后晋刘昫的《旧唐书·元行冲传》:"当局称迷,傍观见审。"唐朝杜甫《江村》诗云:"老妻画纸为棋局,稚子敲针作钓钩。"学习围棋就是要让人们懂得全局与局部的关系,要明白为什么要顾全大局。

古往今来围棋把中华文化的精髓系统地包含在其中,因此围棋绝对不仅是一种单纯的智力游戏。围棋能从天道、地道、人道的关系中去诠释道法自然，是一个模拟大千世界的完美模型。围棋是中国对世界文化一个非常重要的贡献。千百年来我们都低估了围棋的文化价值。崆峒山是华夏道文化的发源地，对围棋文化传承发挥的作用，在中国绝对是独树一帜的，与围棋起源密不可分。

二、崆峒在北斗文化中的重要地位

《黄帝内经·素问》："上经曰：夫道者，上知天文，下知地理，中知人事，可以长久，此之谓也。"在古人的概念里，天文是最深奥神秘的学科，始终是华夏哲学思想的先导，也是与人类的生存和发展最为密切相关。"斗极之下为崆峒"，自古至今崆峒大多数时间都是位于中国版图几何中心。围棋中的天元也是寓意为天地之中央，有意思的是崆峒山脚下有座小山竟然叫天元山，众山环抱之中天元山像一粒巨大的围棋子，孤峰突起的天元山同样与北斗相互呼应着，研究围棋文化必须了解北斗文化。

我们仰望星河，星光在旋转中闪烁着，是北斗率领众星宿巡视苍穹，天空旋转的中心便是北斗七星。了解与研究北斗文化，对进一步研究道文化思想、古天文、古历法、古代医学起源以及围棋起源都有重大的意义。古人们认为北斗便是天帝的居所也称之为紫微垣，如果从北斗对应地映射到人间就是大地之中心，就是历代圣贤们最理想的修身悟道之地，这里可以"仰则观象于天，俯则观法于地"，同样也成了后世天下修道人的洞天福地选择之标准。

《崆峒山志·序》曰："盖闻星分金野，正当斗极之垣，地近瑶池，直接昆仑之脉，是以北极。空桐，名已传于《尔雅》；西连泾谷，形曾附乎山经。况黄帝，广成之所居，昔闻至道。秦皇汉武之所到，代有仙踪也哉。"《尔雅》云："北戴斗极为空桐。（桐，庄子作同，或作洞，古字通用，后为崆峒。疏云：斗者，北斗也；极者，中宫天极星也；北斗拱极，故云按禹贡，雍州分野，斗极枢为雍州。司马彪注庄子：空同当北斗下是也）。"

《晋书·天文志上》有云："斗为人君之象，号令人主也。"又云："北极，北辰最尊者也，其纽星，天之枢也。"《说卦传》曰："帝出乎震，齐乎巽，相见乎离，致役乎坤，说言乎兑，战乎乾，劳乎坎，成言乎艮。万物出乎震，震东方也。齐乎巽，巽东南也。齐也者，言万物之絜齐也。离也者，明也，万物皆相见，南方之卦也。圣人南面而听天下，向明而治，盖取诸此也。坤也者，地也，万物皆致养焉，故曰致役乎坤。兑，正秋也，万物之所说也，故曰说言乎兑。战乎乾，乾，西北之卦也，言阴阳相薄也。坎者，水也，正北方之卦也，劳卦也，万物之所归也，故曰劳乎坎。艮，东北之卦也，万物之所成终而所成始也，故曰成言乎艮。"《甘石星经》："北斗星谓之七政，天之诸侯，亦为帝车。"《史记·天官书》也认为："斗为帝车，运于中央，临制四方，分阴阳，建四时，均五行，移节度，定诸记，皆系于斗。"《鹖冠子·环流》："斗柄东指，天下皆春，斗柄南指，天下皆夏，斗柄西指，天下皆秋，斗柄北指，天下皆冬。斗柄运于上，事立于下，斗柄指一方，四塞俱成。此道之用法也。故日月不足以言明，四时不足以言功。"北极星在上古被认为是帝星，俗称为"天帝"，为天上星星中最尊贵者。

唐代孔颖达《书·说命中》疏："北斗环绕北极，犹卿士之周卫天子也，五星行于列宿，犹州牧之省察诸侯也，二十八宿布于四方，犹诸侯为天子守上也，天象皆为尊卑相正之法。"《尚书》："北斗七星各有所主，……日月五星各异，故曰七政。"汉代桓谭《新论》："天以转周匝，斗极常在，知为天之中也。"盖天说认为：北极是宇宙中心，天道之源。璇玑玉衡齐七政，总天经地纬。在中国传统中北极星有非比寻常的意义，古人将北斗和极星作为一个整体来认识称为"斗极"，斗极处于星空旋转的中心，是天空的主宰，是多维的基点坐标，群星绕其旋转。魏晋时期的杨泉在《物理论》指出："北极，天之中，阳气之北极也。"古人以北斗斗柄周旋四指来厘定节候，北斗又成为天地秩序的制定者，春生夏长秋收冬藏似乎都是随北斗指向而来临，北斗成为天地万物的化生中心。

《观象》载："北极星在紫微宫中，一曰北辰，天之最尊星也。其纽星天之枢也。天运无穷，而极星不移。故曰：'居其所而众星拱之。'"汉代桓谭《新论》："天以转周匝，斗极常在，知为天之中也。"《晋书·天文志》认为："北极五星，钩陈六星，皆在紫微宫中，北极，北后最尊者也；其细星，天之枢也。"《后汉书·卷四十八》云："天有紫微宫，是上帝之所居也。"《宋史》："极星之在紫垣，为七曜、三垣、二十八宿众星所拱，是谓北极，为天之正中。古圣有言：大道行之，人道循之。周天四野二十八星宿皆以北斗七星为天枢，众星拱之而周天旋转不已，各有章法轨迹，亘古不变，大道行之，天地有位有成，始有众生而孕育之。人循道而生，故贵为万物之灵，大成于天地之间。"又云："北斗七星在太微北，杓携龙角，衡殷南斗，魁枕参首，是为帝车，运于中央，临制四海，以建四时、均五行、移节度、定诸纪，乃七政之枢机，阴阳之元本也。"清朝游艺撰写的《天经或问》："天体浑圆，内以中分，南北为赤道圈，两头尽处为南北极，极犹枢纽运转全天星斗也，古天文学家唯以北极为心，目所见旋绕诸星为图，不列南极是中华处赤道北，不及见南极诸星故也，世人则以北极为天心，周罗诸星为边幅，以南极为空名耳。"说明古人都将北斗与天帝相比喻，其地位之高无出其右。北斗为天之中心，同时认为北斗就是定方向、定季节、定时辰的基准与标尺。

太微垣、天市垣陪伺在紫薇垣的两旁，太微垣类似于天庭的行政机构，位于紫薇垣的东北方向，北斗之南，包含二十个星官，而天市垣类似于天庭的街市，位于紫薇垣的东南方向，包含十九个星官，呈屏藩之状。三垣就代表着天庭，有了天庭就得有护卫者，所以古人就把天庭四周的恒星划分为二十八星宿，紧紧拱卫保护着，并按东、西、南、北方向均分，每个方位有七宿，按照古人的方位和观星习惯，进一步对二十八宿进行很形象的划分。在古天文学中，古人是以北极星为中心，将天球上我们所能观测到的恒星所在的范围划分若干区域，称为星官或星宿，并按照人间的思维习惯将这些恒星区域分为：三垣、四象、二十八宿。古人认为的天之中心是北极星，北极星附近的北斗七星，三垣的分布相当于是围绕着北极星呈三角形状排列，垣相当是城墙，其中紫薇垣位居中央，就类似于我们的紫禁城，代表着天庭的中枢所在，包含三十九个星官，有对应着人间皇帝的紫微星，号称"斗数之主"，古代天文研究者都把紫微星当成帝星，紫微星就是北极星另外一个称谓。

　　所谓"浑天"就是把天地想象成一个鸡蛋的样子，天就像蛋清，地就像蛋黄。王蕃的《浑天象说》谈道："天地之体，状如鸟卵，天包地外，犹壳之裹黄也。"张衡的《浑天仪图注》有曰："浑天如鸡子。天体圆如弹丸，地如鸡中黄，孤居于内，天大而地小。天表里有水，天之包地，犹壳之裹黄。"这种用鸡蛋比喻天地宇宙，是比较形象好理解的。让古今天文学者们一直百思不得其解的是，在浑天学说中，古人将北极的高度定为三十六度左右。

　　《虞书·浑天象说》："北极在正北，出地三十六度；南极在正南，入地亦三十六度。"《晋书·天文志》云："南极入地三十六度，北极出地三十六度，天形倚侧。盖半出地上，半还地中，万星万炁悉皆左旋，惟南北极之枢而不动，故天得以动转也。世人望之在北而曰北极，其实正居天中。为万星之宗主，三界之亚君，次于昊天，上应元炁是为北极紫微大帝也。"张衡在《浑天仪图注》中也认为："北极乃天之中也，在正北，出地上三十六度。然则北极上规径七十二度，常见不隐；南极天之中也，在南入地三十六度，南极下规径七十二度，常伏不见。两极相去一百八十二度半强。天转如车毂之运也，周旋无端，其形浑浑，故曰浑天也。"蔡邕的《月令章句》也说："天者，纯阳精刚，转运无穷，其体浑而包地。地上者一百八十二度八分之五，地下亦如之。其上中北偏，出地三十六度，谓之北极，极星是也。史官以玉衡长八寸，孔径一寸，从下端望之，此星常见孔端，无有移动，是以知其为天中也。其下中南偏，入地亦三十六度，谓之南极。从上端望之，当孔下端是也。此两中者，天之辐轴所在，转运之所由也。"

　　北极之北纬三十六度之说显然非常神奇，古人到底是怎么推断出来的呢？古籍中从未有过记载。当代著名天文学家江晓原对"三十六度"曾有过深入研究，认为三十六度的"度"应该是中国古度量单位，中国这种古度量单位与西方的圆周等分为三百六十度之间，对应中国的阴阳历法应该存在如下的换算关系：中国古度量单位是360/365.25即0.9856度，因此北极

"出地上三十六度"转换成现代的度量单位就是：北极的地平高度为35.48度。北极的地平高度并不是一个常数，它是随着观测者所在的地理纬度而变。由于北极的地平高度在数值上恰好等于当地的地理纬度，浑天说的理论极有可能是创立于北纬35.48度地区范围的。参考江教授的研究成果，我们先假设浑天说创立于黄帝的时代，显然创立北极出地三十六度的地点也就可以呼之欲出了——崆峒山的纬度，正是北纬35.52度附近，与江晓原的测算北纬35.48度以及古籍中的记载几乎是完全吻合的。

敦煌经卷中发现的敦煌古星图，是现存世界上最早的星图，此卷绘十二时角星图各一幅，北极区星图一幅，展示出中国可见的整个北天星空，标注了约一千三百三十九颗星星的位置，另有云气图二十五幅，星图后还画有一电神。敦煌经卷竟然采用原始的三维画法。从十二月开始，按照每月太阳位置沿黄、赤道带分十二段，先把紫微垣以南诸星用类似墨卡托圆筒投影的方法画出，再将紫微垣画在以北极为中心的圆形平面投影上。全图按圆圈、黑点和圆圈涂黄三种方式就绘出一千三百五十多颗星，绘制者用不同的颜色区分了甘、石、巫三家星官。这种高超的绘星图技法，比欧洲要早一千多年。《敦煌星图》的注释中有"臣淳风言"的字样，说明这位杰出数学家、天文家、占卜家、历史学家和著名道士李淳风曾参与过星图制作。根据许多专家们的反复推演，这幅星图观测地点的地理纬度在北纬35.5度和东经106.5度左右，除去观察与描绘时出现细微的误差，可以准确清楚地判断出星图观测点也是应该在崆峒山一带。华夏文化中有"北戴斗极为空桐"这种说法，也是因为古天文中北斗对星空定位观测的重要性，北斗星的可视范围，就是北斗指季授时的地方，上古崆峒出现华夏至关重要的北斗文化也就显得顺理成章。

《夏小正》是最早系统记载星象物候的古籍，司南盘凭借定盘，把"天道左旋，地道右旋"凝固下来，反映天道的二十八宿，是逆旋周始序；反映天道造就地道时点的十二地支，以及反映地上感知天空方位的十天干，是顺旋周始序。司南盘凭借动盘，把北斗星规定为视动标识。

《后汉书·李固传》："今陛下之有尚书，犹天之有北斗也。斗为天喉舌，尚书亦为陛下喉舌。斗斟酌元气，运平四时。尚书出纳王命，赋政四海，权尊势重，责之所归。"东汉的李固，曾用北斗为天的喉舌比喻尚书为皇帝的喉舌。他的意思是陛下身边有尚书，就像上天有北斗一样。北斗是上天的喉舌，尚书也是陛下的喉舌。北斗斟酌元气，运行四季；尚书秉承王命，负责中枢，拟定诏书颁布四方，他们位尊权重。如果尚书不能出于公心，会给朝廷带来灾难。尚书作为陛下的辅佐，一定要慎重选择。唐杜甫《上韦左相二十韵》："北斗司喉舌，东方领搢绅。"

华夏的数千年里北斗思想大行其道，这种执简驭繁方式支配着任何文化理念。由此产生天人合一的太一（太乙）思想，形成得其一万事毕的观念。因此道家也认为北斗七星与人体相互对应密不可分，在道经《云笈七签》中就说南北斗掌握着除病免灾的力量。在佛教的《佛说北斗七星延命经》中谈道：北斗七星是药师七佛在天空中的示现。道教更是如此："南斗主生，北斗主死。"明朝罗潮的《崆峒山志·香峰斗连》："山下望北斗，仰天但翘首。直上香山望，斗枢如在手。""香峰斗连"号称崆峒十二景中的第一景，可见民间对北斗文化的崇拜与信仰之极。

同样在道教的道经中也赋予紫微北极大帝崇高的职能：执掌天经地纬，以率三界星神和山川诸神，是一切现象的宗王，能呼风唤雨，役使雷电鬼神。《上清灵宝大法·卷四》指出："北极大帝则紫徽垣中帝座是也。"认为北辰是永久不动的星辰，位于上天的最中间，是地位最高、最为尊贵的"众星之主"和"众神之本"，因此道士们对紫微北极大帝极为尊崇。《北阴酆都太玄制魔黑律灵书》同样认为："昔北极紫微玉虚帝君，居紫微垣中，为万象宗师，众星所拱，为万法金仙之帝主，上朝金阙，下领酆都。"《犹龙传》有云："紫微北极玉虚大帝，上统诸星，中御万法，下治酆都，乃诸天星宿之主也。北极驱邪院是其正掌也。"《玉枢经》有曰："斗中复有尊帝二星，大如车轮，若人见之，留形住世，长生神仙。"如果修道之人能借助北斗的力量去做某些事情，就好比开了外挂，使得自身变得法力无边，所以道教在术数中有着许多可以向北斗借能量的方法。比如在做驱魔降妖法事时，要按照北斗的排布"踏天罡北斗步"；诸葛亮和刘伯温都用七星灯来续命；如果遇到强敌，象全真七子们就会组成"天罡北斗阵"；在道袍、符纸、拂尘、桃木剑上画上"北斗"等等增加法力。

中国古天文中最为重要的天体就是北斗，数千年来人们认为北斗存在着一种巨大神秘力量，始终影响与改变着我们的人类世界。北斗七星玄妙的能量，让古人产生对其神格化的信仰。古人用观察北斗七星来确定季节，通过观察北斗七星的斗柄所指向的方位，就可以准确判断出春夏秋冬。中国自古到今对北斗的崇拜一直没有改变，北斗星自古以来，在人们心中的地位极其的高。古人认为阴阳二气的分判，春夏秋冬的流转、金木水火土相生相克、二十四节气的推移变化，乃至年月星辰的历数变迁，都有着北斗星的那股神圣力量在推动。

曹魏时期著名的术士管辂也说过："凡人祈求，皆向北斗。"北斗信仰是我们先祖自然崇拜中规格最高的信仰，也是中华文化体系中重要的根文化。上古就将北斗看作是方向、季节、时间的标尺，并通过对北斗运行规律的观测，慢慢地参悟出一套中国特色的时空观和价值观，并抽象成应用在风水、占卜、数术、兵法等方面的理论体系。北斗七星究竟蕴含着什么神秘力量，目前仍知之甚少；但如果掌握了北斗背后的奥秘，就好比拿到了打开中华传统文化宝库的金钥匙。

北斗衍生的文化从远古时期就已经开始，人类对北斗七星的认知非常深刻，北斗文化的内涵非常深邃。可以毫不夸张地说，中华文明的起航，与北斗七星的指引密不可分。《易·贲·象》云："刚柔交错，天文也。文明以止，人文也。观乎天文，以察时变。观乎人文，以化成天下。"前蜀的杜光庭《马尚书本命醮词》："悬命籍于天关，系生死于斗极。"当我们仰望星空时，大部分人唯一能叫出名字的星象大概就只有北斗七星了，如果在野外迷了路，看到北斗七星就可以用它来确定方位，北斗七星所指向的北极星就是古人说的紫薇星，她的方位是不变的，永远指着地球北极轴。

《尔雅》认为"北戴斗极为崆峒"，崆峒山位于北斗星座的正下方，是上古圣贤所居之处。人们看到斗转星移，其实整个北半球的星空都是围绕北极星在旋转。斗极之下的崆峒山便是上古华夏元气生发的核心地带，广成子、赤松子和容成子一大批思想家不约而同地汇聚并选择崆峒山悟道和修道也就合情合理。充分说明崆峒山及陇山地区在人类文化发展和文明起源中的重要性，在这个区域能创立华夏的古天文、古医学、古历法、文字、围棋、音乐等也就顺理成章、水到渠成的事。黄帝在崆峒山问道于广成子、赤松子和容成子等圣贤，随后尧、舜、禹等帝王也问道于崆峒，才会奠定华夏文化与社会发展的基础，"黄帝问道"留下了上古文明史上耀眼的文化里程碑。

三、浅谈阴阳二气与崆峒文化

《列仙传》："老子西游，关令尹喜望见有紫气浮关，而老子果乘青牛而过也。"清代洪昇《长生殿·舞盘》："紫气东来，瑶池西望，翩翩青鸟庭前降。"古代认为紫气是种祥瑞之气，观察到紫气的移动就可以断定帝王或者圣贤将出现的预兆。

西方文明则是靠原子论达到从局部来看整体，同样西方的物理学、自然哲学体系中依靠的仍是原子论，原子论是西方讨论宇宙世界构成的基本形态，所以西方处处展现的是科学思维。华夏文明则是依据阴阳二气推演由整体来看局部，使得包含着阴阳二气元素的华夏古天文、古医学、围棋、音乐等中都展现出了博大的哲学思维；中国古代讨论宇宙的结构和构成，基本元素就是气，气是一个根源性的、物质性的元素，认为固定形体的"质"都是由"气"构成，构成方式是"聚"或"散"。因此气与原子一样，是不同文明体系里关于存在、运动、宇宙观的最基础、最核心的概念。

《庄子》有曰："天地者，形之大者也，阴阳者，气之大者也，道者为之公。""人之生，气之聚。聚则为生，散则为死。故曰，通天下一气耳。""至阴肃肃，至阳赫赫，肃肃出乎天，赫赫发乎地，两者交通成和，而物生焉。"至阳从天生发，至阴从地生发，阴气和阳气二者交通成和，万物才能产生。天地万物以气相通，气聚则生、气散则灭。气看起来虚无缥缈，却在统摄世间万物。阴阳二气的不断变化才形成一个完整的宇宙，整个宇宙的内在秩序和自身的内在规律与气的变化是一致的。阴阳二气不仅是道家文化的一个重要基因，也是天文学、中医学以及围棋等不可或缺的重要元素。气贯穿于整个中国上古文化的思想体系，气作为万物最本质的基质，蕴涵着无限的潜能或能量，它可以辅助人们去理解"不可思议"的道。中国哲学认为事物都是相互联系不可分割的，任何存在都是整体事物的一部分而已，每一部分都在相互作用相互影响。因此，华夏文明的特点就是通过气的演化达到"阴至阳生，阳至阴生""相生相克，相反相成"。因此《河图》《洛书》《易经》等是华夏文明的源头，而道与阴阳二气则是华夏文明的魂魄。

明朝程允升《幼学琼林·夫妇》："孤阴则不生，独阳则不长，故天地配以阴阳。"文天祥《正气歌》："天地有正气，杂然赋流形。下则为河岳，上则为日星。于人曰浩然，沛乎塞苍冥。"宣夜说认为：气无处不在，是化生天地万物的本原，日月星辰包括地球自身，都漂浮在气中。道家哲学中认为人类与一切生物具备的生命能量或动力就是气，宇宙间的一切事物均是阴阳二气的运行与变化的结果。这是古人对气的一种基本认识，气是一切之本源，无处不在，从山川河流到日月星辰都充满着气。气成为华夏文明思想体系中的最基础、最重要、最核心的概念，认为气这种极细微幽深的东西，构成了世界万物的本源。

张介宾的《类经·运气类》："盖天地万物皆由气化，气存数亦存，气尽数亦尽，所以生者由乎此，所以死者亦由乎此。此气不可不宝，能宝其气，则延年之道也。"《素问》："夫人生于地，悬命于天，天地合气，命之曰人。"《系辞》："精气为物。"《祭义》："气也者，神之盛也。"《吕氏春秋·尽数》："生，精气之集也，必有入也。"气孕育着生命，气乃生之根因，生乃气之魂魄，气与生相连，揭示出了宇宙生命运化流行的规律，构成了中国生命文化的底蕴。

《文子·守弱篇》："形者，生之舍也。气者，生之元也。"《后汉·明帝纪》："升灵台，望元气。"《庄子·逍遥游》："乘天地之正，而御六气之辨。"《内经》："五日谓之候，三候谓之气。"《淮南子》："万物皆乘一气也。"《管子》："精也者，气之精也"又云："凡物之精，此则为生，下生五谷，上为列星。"《老子道德经校释》："意谓道生一气，一气分为阴阳，气化流行于天地之间，形气质具，而后万物生焉，故曰'三生万物'。"《太极图说》："二气交感，化生万物。"阴阳二气的对立、交融与互补，便构成宇宙存在与发展的根本法则。《荀子》则认为："水火有气而无生，草木有生而无知，禽兽有知而无义。人有气有生有知亦且有义，故最为天下贵也。"

气作为万物之源、天地之本的思想在古代已相当流行。《老子》将气纳入道学说的核心体系："道生一，一生二，二生三，三生万物。万物负阴而抱阳，冲气以为和。"《易传·系辞》也认为："一阴一阳之谓道。"《列子·天瑞》观点更为深刻："夫有形生于无形，则天地安从生？故曰，有太易、有太初、有太始、有太素。太易者，未见气也；太初者，气之始也；太始者，形之始也；太素者，质之始也。气、形、质具而未相离，故曰浑沌。"古人认为气之清轻者上为天，浊重者下为地，冲气和者为人。西汉思想家、教育家董仲舒《董子文集·雨雹对》："阴阳虽异，而所资一气也。阳用事，则此气为阳；阴用事，则此气为阴。阴阳之时虽异，而二体常存。"《黄帝内经》："天地合气，命之曰人"等等，都与上古道家阴阳二气思想一脉相传。东汉思想家王符的自然观则是二元论，《潜夫论》中认为："道者，气之根也，气者，道之使也。必有其根，其气乃生；必有其使，变化乃成。"

东汉思想家和教育家王充提出"元气自然论"概念，他认为天地之间存在气，万事万物皆由气构成，气的运动导致了万事万物的生成与变化。天、地与气三者都是无意识的存在，天地通过气对万物产生的影响都是自然发生的。《孟子·公孙丑》："其为气也，则塞于天地之间。"明朝罗钦顺《困知记》："盖通天地，亘古今，无非一气而已。"气处于一种恍恍惚惚、莫可名状的状态。"天地合气，万物自生。"气的本质是特定的、不变的，而气状态又是不断运动变化的。例如由水可以领悟气之道。《管子·水地篇》："人，水也，男女精气合，而水流形。"《论衡·寒温篇》中更明确提出："水之在沟，气之在躯，其实一也。"由水之清浊、水之畅阻、水之沟泽、水之涨落、水之运行可推知气之相关，他物亦然。

北宋思想家、天文学家张载在崆峒山对天道观察与地道理解的思考中，才形成一套相当完整的"气学"理论体系，横渠办学影响等原因，后世也称"气学"为"关学"。张载《正蒙》："所谓气也者，非待其蒸郁凝聚，接于目而后知之。苟健顺、动止、浩然、湛然之得言，皆可名之象尔。""气之聚散于太虚，犹冰凝释于水，知太虚即气则无无。""凡可状，皆有也；凡有，皆象也；凡象，皆气也。"张载关于气本质的研究达到了一个新高度。认为看不见的并不等于不存在，凡呈现有某种状态的现象，不论其虚实，均可确认其存在。清朝王夫之《正蒙注·卷一》："阴阳二气充满太虚，此外更无他物亦无间隙。天之象，地之形，皆其所范围也。""人之所见太虚者，气也，非虚也。虚涵气，气充虚，无有所谓无者。"

《淮南子》有云："视之不见其形，听之不闻其声，扪之不可得也，望之不可极也。"气聚则显，气散则隐，显则可见，隐则不可见。明朝方以智的《物理小识》："气凝为形，蕴发为光，窍激为声，皆气也。而未凝、未发、未激之气尚多。"这些未凝、未发、未激之气则属于未知范畴。已知者毕竟是有限的，而未知者却是无限的，安能以有限确指无限。唐朝刘禹锡的《天论》："以目而视，得形之粗也；以智而视，得形之微者也。""所谓无形者，非空乎？空者，形之希微者也。"表现了古人高超的预知能力、伟大的求实精神。这里的"以智而视""取象比类"就是采取思辨和推理的方法。天文、中医、音乐、围棋甚至书法、武术都是采用这一种方法来把握气机的变化。《素问》："观其冥冥者，言形气荣卫之不形于外，而工独知之。以日之寒温、月之虚盛，四时气之浮沉，参伍相合而调之。……通于无穷者，可以传于后世也。"虽然气是着意象的产物，不可能为实体结构，但却真实存在，古人并未因气之不可见和气含无限就放弃了对气的认识与探讨，更未出现武断地臆想地认定感觉不到的就不存在。

清代黄宗羲《明儒学案》："草木之枯荣，寒暑之运行，地理之刚柔，象纬之顺逆，人物之生化，夫孰使之哉，皆气自为主宰也。"气化是一种自我运动的过程，气本身就具有化育运动的能力，不同于机械是由人工赋予的。在古人的所有论述中，也从未对气加以量化，却对气感受与应用有充分的把握。古人为此提供了两条识气的途径，一是识机，二是法道。古人认为气化是事物发展变化的一个内部运动过程，并将其内部的动因称作机。《列子·天瑞》："万物皆出于机，入于机。"北宋张载《正蒙·参两》："凡回转之物，动必有机。既谓之机，则动非自外也。"认为把握住机，就是把握住气的关键。中医学也正是采用了这一方法来把握气机变化的。《素问·离合真邪论》云："知机道者不可挂以发，不知机者，扣之不发也。"这里讨论的机显然是气之升降出入。《老子》云："人法地，地法天，天法道，道法自然。"古人也认为气化流行生生不息就在道中。要想深入地把握好气，就应当深入地体悟道，充分地发挥主体的主观能动作用。万物皆有共性，"道法自然"，可以通过对自然的体悟来把握气之运化。

《文子·守弱篇》："形者，生之舍也。气者，生之元也。"元气被认为是天地由以产生的原始的气。《四讳篇》云："元气，天地之精微也。"《白虎通义·天地》："天地者，元气之所生，万物之祖也。"汉朝于吉《太平经·名为神诀书》："元气自然，共为天地之性也。"《鹖冠子·泰录》："天地成于元气，万物成于天地。"《论衡》："元气未分，浑沌为一。""万物之生，皆禀元气。"宋代张澡的《元气论并序》："三一合元，六一合气，都无形象，窈窈冥冥，是为太易，元气未形；渐谓太初，元气始萌；次谓太始，形气始端；又谓太素，形气有质；复谓太极，质变有气；气未分形，结胚象卵，气圆形备，谓之太一。元气先清，升上为天，元气后浊，降下为地，太无虚空之道已生焉。道既无生，自然之本，不可名宣，乃知自然者，道之父母，气之根本也。"张衡在《灵宪浑天仪》有云："夫覆载之根，莫先于元气；灵曜之本，分气成元象。"杨泉的《物理论》："元气皓大，则称皓天。皓天，元气也。皓然而已，无他物焉。"

"混沌者元气未分，混元为一时元气之始也；玄气之阴生于空，玄气之阳生于洞；故有'混沌生元气，空洞生玄气'。"也有人认为："玄气所生在于空，元气所生在于洞。"阴阳二气与崆峒，与崆峒的道源文化肯定存在着某种联系。《云笈七签》："混元者，记事于混沌之前，元气之始也。元气未形，寂寥何有？至精感激而真一生焉，元气运行而天地立焉，造化施张而万物用焉。混沌者，厥中惟虚，厥外惟无，浩浩荡荡，不可名也。"《尔雅·释地》："崆峒之人武。"晋郭璞注云："地气使然。"说明充满地气的优良环境中方能培育英武俊杰。崆峒为何千秋兴盛，其根由是地气丰沛；古人认为北极星居天之中，斗极之下的崆峒天气通畅，这种环境下才有条件产生与气有关的哲学体系的基础。崆峒山才能让如此多的圣贤注目、向往，应该是天下最佳"地气"源头，非常适合修道，具有超凡入圣的条件。出现上佳风水的区域也就是人们通俗说法"风水宝地"，只有风水宝地能够"道气长存"。

当然，历代思想家对气的认识与理解也不尽然相同，南宋及以后的客观唯心主义者则认为"气"是一种在"理"之后的物质。比如南宋朱熹在《答黄道夫》："天地之间，有理有气。理也者，形而上之道也，生物之本也；气也者，形而下之器也，生物之具也。是以人物之生必禀此理，然后有性；必禀此气，然后有形。"明朝何景明在《内篇之二十》认为："气者，形之御也。气以神动，形以气存，不存而存，故曰难老。"形成宇宙万物的最根本的物质实体。

邵谔在《望气经》谈道："郁郁葱葱，隐隐隆隆，佳气也。绵绵绞绞，条条片片，兵气也。泽泽焰焰，女子气也。如藤蔓挂树者，宝气也。紫氛如楼者，玉气也。"《墨子·号令》："巫祝史与望气者，必以善言告民，以请上报守。"望气观星象，可以预知王朝气数、战役胜败、人物吉凶。

东汉王符、北宋邵雍、程颢、程颐、南宋朱熹、陆九渊，明代的王廷相、罗钦顺、吴廷翰，清代的王夫之、黄宗羲等学者对阴阳二气都有深刻的研究，同时他们也是易经、中医与围棋等方面的好手。《玄玄棋经》有云："昔像山陆先生（陆九渊）之于观弈不云乎：河图、洛书，正在里许。尧舜之作，岂徒然哉！或者以为纵横之术者，非知道者也。余故辩而明之。然则动静方圆之妙，因是而悟，精义入神，则又存乎观者。"

古天文、古音乐、古历法、古医学和古围棋，都是观察与研究阴阳二气的气机变化的学问。"易、医、弈"三者思想之所以同源同构，是与阴阳二气的变化思路一致。同样与崆峒山的道文化也息息相关，可以相互印证。

气的思想贯穿于中国数千年古代传统哲学体系，气被用来说明万物的形成、发展、变化以及所呈现的状态。气已远远超越原先的自然形态而成为宇宙的本体和万物构成的基原，从而形成中国哲学的一大特色。气的思想伴随着中国传统哲学发展的全部历程，其他哲学概念在历史发展中，或有变化或被怀疑，唯独阴阳二气的概念始终如一，岿然不动且愈臻丰实。气的思想和气的知识被华夏人广泛地应用于日常社会活动和各个文化领域，因此气学思想已深深地扎根于中国传统文化之中，已构成传统文化不可缺少的一个组成部分。因此在学习中国传统文化时，若不能正确地对待、理解、领会、把握气的概念和气的思想，就不可能真正地认识和理解中国传统文化独具一格的特色，也不可能自觉地掌握传统易学思想、中医、武术之内功、古代天文学、古代音乐和围棋。同样，掌握气之思想也能促进对道文化的理解，可以由中医学、武术之内功、古代天文学、古代音乐和围棋等来入道。这也体现气与中国传统文化本源一体、血肉相连的密切关系。

四、道、道家与道教的本质区别

"道为万气之祖，德为百物之宗。"道，作为华夏最为古老的哲学概念，首先出自黄帝时期《广成子·自然经》："至道之情，杳杳冥冥。无视无听，抱神心以静。形将自正，心净心清。无劳尔形，无摇尔精，乃可长生。慎内闭外，多知为败。我守其一，以处其和，故千二百年，而形未尝衰。得吾道者上为皇，失吾道者下为士。予将去汝，入无穷之间，游无极之野，与日月齐光，与天地为常，人其尽死，而我独存焉。自然之道常清，阴阳之道常静，为人之道常经，名曰：自然经。"

在数千年的中华文明的创造和文化积淀中，黄帝被确认为华夏民族的祖先、五帝之首、中华文明的缔造者，都离不开道这个概念。因此道与汉字同在，道与中华文明同在，道与华夏民族精神同在。黄帝问道广成子的故事，无论对于道家起源还是道教的发展都具有重要的影响。

中国传统文化可以分为"道"和"术"两个层面。"道"是人对宇宙万物的根本认识，"术"则是这种认识反映出来的实践。"道"与"术"的关系是形而上与形而下的关系。"道"在中国文化中具有特殊意义，甚至居于至高无上的地位，中国传统文化的任务就是明道、行道、传道，其人生境界以求道、悟道、证道为根本。许多人将道、道家与道教本质始终相互混淆，造成理解上的重大错误，对道、道家与道教几个方面若能准确区分与认真探讨，或许对围棋起源、中医起源等的取象比类都有重大意义。

（一）什么是道？

我们中国传统文化的最高境界，如果用一个字来代表，那就是道。无论华夏任何文化学派，它的思想源泉都离不开道。

宇宙中存在一种神奇的力量，天地万物都包含在它的范围之内，都在它的法则下运行，也指引着何去何从，这便是"天道"。如果能用一个字概括中华文明五千年的智慧，这个字便是道。道能揭示的是宇宙与人生的真相，道呈现宇宙与人生的法则和规律。道体现的是一种自然秩序，一种宇宙视角，一种人生智慧。

在炎黄时期，广成子、赤松子、容成子、仓颉以及岐伯等圣贤已经创立了上古道家理论体系。春秋时期聚集了老子、孔子、墨子、杨朱、庄子等新一代的圣贤们，经过百家争鸣，他们总结了古老的道家思想的精华基础上，又创建了新的理论体系。这标志着道家思想已经进一步成熟与发展，对后世哲学、文学、宗教等等产生了深远的影响。道家是一门研究生命学，宇宙学，物理学，社会学的哲学思想体系，包括了天文地理，医疗养生，命理风水术数，军事政治等各个方面，是涵盖内容最广，影响力最大哲学思想体系之一。《庄子·天下》：道"至大无外，谓之大一；至小无内，谓之小一。"

《易经》言："天一生水。"这里的"天"是形而上的天，指的是道，而不是天文所指的"天"。在中国道家看来，宇宙地球的形成同希腊哲学讲的类似，是一股气流让人类这个生存的空间转了起来。所以"天一生水，地六成之"，一加六是七，这是《易经》的数理。著名道学家胡孚琛先生在

《21世纪的新道学文化战略》："是道学文化中关于宇宙和演化的基本图式，……其中'一'指先天混沌一气……是宇宙创生之始混沌状态中隐藏着的秩序，是产生万物普适的内在节律的信息源。"古人是从对天文历法的观测中发现天道的。合于天地万物，即天人合一与心身合一，方能得道。《道德经》云："昔之得一者，天得一以清，地得一以宁，神得一以灵，谷得一以盈，万物得一以生，侯王得一以为天下正。"庄子则一言以蔽之："通于一而万事毕。"

《管子·君臣》："别交正分之谓理，顺理而不失之谓道。"《淮南子·道应训》："太清问于无穷子曰：'子知道乎？'无穷子曰：'吾弗知也。'又问于无为'吾知道有数。'曰：'其数奈何？'无为曰：'吾知道之可以弱，可以强；可以柔，可以刚；可以阴，可以阳；可以窈，可以明；可以包裹天地，可以应待无方。此吾所以知道之数也。'太清又问于无始曰：'向者，吾道于无穷。'曰：'吾弗知之。'又问于无为，无为曰：'吾知道。'曰：'子之知道，亦有数乎？'无为曰：'吾知道有数。'曰：'其数奈何？'无为曰：'吾知道之可以弱，可以强；可以柔，可以刚；可以阴，可以阳；可以窈，可以明；可以包裹天地，可以应待无方。吾所以知道之数也。若是，则无为知与无穷之弗知，孰是孰非？'无始曰：'弗知之深，而知之浅；弗知内，而知之外；弗知精，而知之粗。'太清仰而叹曰：'然则不知乃知邪？知乃不知邪？孰知知之为弗知，弗知之为知邪？'无始曰：'道不可闻，闻而非也；道不可见，见而非也；道不可言，言而非也。孰知形之不形者乎？'故老子曰：'天下皆知善之为善，斯不善也。'故：'知者不言，言者不知也。'"《易经》中讲道："天地定位，山泽通气，风雷相薄，水火不相射，八卦相错，天道左旋，地道右旋，数往者顺，知来者逆。是故，易，逆数也。"

天地观是中国文化的重心，是中华传统文化的总纲。《黄帝阴符经》："观天之道，执天之行，尽矣！"天行，就是天道。遵行天道的天人之学，至少从万年前就开始成为中华文明的标志。天人合一，是中华文明从万年前以来始终遥遥领先于人类的至道。

老子道德经的核心内容也是"道"，《道德经》曰："有物混成，先天地生。寂兮寥兮！独立不改，周行不殆，可以为天下母。吾不知谁之子；吾不知其名，字之曰道。"易经的核心内容是"大道分阴阳"。如果把中华传统文化比作一棵大树，那么"道"就是中华传统文化的根，如果把宇宙万物比作一棵大树，那么"道"就是宇宙万物的根，如果把人类比作一棵大树，那么"道"就是人类文明的根，人类本是生命共同体。道是一切文化的营养源泉，孔子则曰："朝闻道，夕死可矣。"

（二）道教是一种宗教实体

《太上老君说常清静经》言，老君曰："大道无形，生育天地。"道教不仅有其独特的经典教义、神仙信仰和仪式活动，而且还有其宗教传承、教团组织、科戒制度、宗教活动场所，道教是术数的集中体现。东汉至魏晋南北朝，是道教形成和确立的时期。东汉后期黄老道形成实体，太平道、天师道等民间原始教团相继成立。后经魏晋南北朝数百年的改造发展，道教的经典教义、修持方术、科戒仪范渐趋完备，新兴道派滋生繁衍，得到统治者的承认演变为成熟的正统宗教。

隋唐至北宋时期，由于统治阶级的尊崇，道教极为兴盛，社会影响极大，道教的哲学、养生术、符咒法、科仪规章也更为完善。晚唐北宋以后，道教内部出现一些新的变化，主要表现在儒释道三教合一思想的出现和以修持内丹术为主的金丹道派开始兴起。到了南宋金元时期，道教发生变革。出现了全真道、太一道、真大道、金丹派南宗、天心、神霄、清微、净明等新道派，早期的天师道、上清派、灵宝派在教义和道法上也有革新，宣传三教合一，注重内丹修炼。

曾有专家解读过：大多数中国人的性格中最吸引人的因素都来自道家思想，道是中华民族传统文化的内核。道家的思想以"道"为核心，是诸子百家中一门极为重要的哲学流派，它对世界的文化都产生了巨大的影响。道教与道家的根本区别就在于道家是一种哲学流派，而道教只是作为一种宗教信仰流传于世，道教是脱胎于道家。道教作为一种宗教信仰它不仅具有意识形态上的功能，它还具有严密的组织以及宗教活动，试图以一种超现实的力量来改变世界从而得到永生。老子在《道德经》中所阐述的核心思想是道，而道教的核心思想也是道。但道家追寻的是无为而治，而道教所追求的是长生不老之道，以得道成仙为最终目的。

道教在理论上蕴含着大量的道家思想，甚至奉老子为太上老君。但是这还是不能和道家的思想混为一谈，这也就表明了道教与道家之间的区别。直到道家与众多方术进行结合，才形成道教的主要思想内容。而道教产生后，正是以道家之道为信仰的核心，以道家思想为重要的思想指导，同时又继承了早期固有的数术、方技内容，为了"得道"成仙而开展众多的技术化的探索与实践。

（三）道家与道教

相当多的人严重混淆了道与道教截然不同的概念，认为道文化就是宗教，是迷信思想。近代思想家、教育家冯友兰先生在《中国哲学简史》中讲："道家和道教是不同的两回事，道家是一种哲学，道教才是宗教，它们的内涵不仅不同，甚至是互相矛盾的。道家哲学教导人顺乎自然，道教却教导人逆乎自然。举例来说，按老庄思想，万物有生必有死，人对于死，顺应自然，完全不必介意，而道教的宗旨却是教导长生术，这不是反乎自然吗？道教含有征服自然的科学精神。如果有人对中国科学史有兴趣，《道藏》里许多道士的著作倒是可以提供不少资料。"

中国道文化的历史是从河图洛书与伏羲画卦开始，而道教则是由东汉末的张道陵正式创立了教团组织，相差近六千年。第一，道家文化是中国古代传统文化形成最早的一个流派，首先是从伏羲八卦开始形成雏形，形成了原始的符号哲学体系；第二，随后又经历了黄帝向广成子问道，到《易经》（包含连山易、归藏易、周易等）产生；第三，春秋时期老子《道德经》与百家争鸣，都是道文化发展里程碑式的大事件。

道教跟道家其实是有本质区别的，道教是在道家文化的基础建立起来的本土宗教，是一个民俗文化与社会团队组织，属于道家文化的一部分。道教起源于东汉末年，由张道陵天师所创，以道为最高信仰，在神鬼观念上首先以黄老道家为理论根据，以春秋战国时期的神仙方术地方神话为基础，结合当时的巫术，中医形成了道教思想和科仪体系。道教是多神崇拜，尊奉的神是将道教对道的人格化体现。神学本来就是建立在哲学基础上的，再加上当时崇尚道家文化之人都有一颗济世为怀的仁心，造福社会的观念与抱负，从老子，庄子，鬼谷子，到后来的张仪，苏秦，道家代表人物，再到后来深受道家文化影响的张良，诸葛亮等。道家文化大可治国平天下，小可治家安居乐业。

四川大学教授、博士生导师卿希泰先生在《中国道教史》一书中谈道："《在宥》篇关于广成子向黄帝传授'至道'所说的'守一'长生术，当是传说的黄帝成仙的主要途径。"显然黄帝问道广成子的精彩故事就是黄帝与道家思想的完美结合，这种结合充分显示出道家思想在治身与治国的巨大价值，黄帝和圣贤广成子的特殊身份，非常有利于道家思想的传播，后来也推动了东汉时期道家思想向道教思想的演变过程。

南北朝时期，著名文学家刘勰就把道家思想和道教之间的区别整理成系统的文章，在《灭惑论》中谈道：道学，一共分为三品，分别是上标老子的正宗上品道学，其次是记叙转述或借用神仙之语的中品道学，最后则是以张道陵为首的下品道教思想。

（四）崆峒文化对道教影响

黄帝崆峒山问道对华夏文化的认同与发展有着重大意义。在中国的历史上，黄帝是最早被认为有真实存在的神话人物之一。黄帝被誉为中华民族的始祖，是中华文明的开创者。他统一了华夏大地，开创了中华文明。黄帝作为中华民族的始祖和代表人物，在中国历史和文化中占据着极其重要的地位和影响，其故事和传说成了中华民族的精神财富和文化遗产。

《陕西通志》："崆峒山在府西四十里，上有问道宫，黄帝问道于广成子，盖在此山。"《庄子·在宥》中有一段五百六十字关于黄帝向广成子问道的记述：黄帝立十九年，令行天下，闻广成子居于空同之山，故而往之。司马迁在《史记》开篇《黄帝本纪》中记述黄帝："东至丸山，登岱宗，西至空同，登鸡头。"南朝梁沈约的《为武帝与谢朏敕》："羲轩邈矣，古今事殊，不获总驾崆峒，依风问道。"都是记述黄帝来崆峒山向广成子问道过程。黄帝作为中华民族先祖虔诚拜广成子为师以问道，广成子为华夏修得至道的大智慧者。崆峒山自古就是天下贤者修道第一山，为华夏文化之源头，后人称为道源圣地。黄帝治理国家采用道的思想和道家的政治制度对中国历代王朝产生了深远的影响。道思想的根源来自崆峒山广成子、赤松子和容成子等，后人将黄帝问道广成子时间定为黄帝纪元，也称之道历元年。

"斗极之垣，地近瑶池，直接昆仑之脉"的崆峒山，不仅有深远悠久的人文历史，也有着雄秀幽奇的自然景观。周穆王周行天下，巡游崆峒而得八骏；《史记·秦始皇本纪》：在二十七年（前220年）"始皇巡陇西、北地，出鸡头山（崆峒山），过回中焉"。汉武帝则六次出陇中，两次登上了笄头山（崆峒山）。司马迁、王符、苻坚、吕光、杜甫、白居易、赵时春、林则徐、左宗棠、谭嗣同等大量名人墨客也在崆峒山留下了精彩的诗词、华章、碑碣和铭文。什么使得崆峒山成为历代帝王将相、文人墨客竞相登临拜谒的名山？原因只有一个，道家思想的发源地，是中华文化的圣地。

东晋葛洪所著《神仙传》首篇："广成子者，古之仙人也。居崆峒山石室之中。黄帝闻而造焉，曰：'敢问至道之要。'广成子曰：'尔治天下，云不待簇而飞，草木不待黄而落，奚足以语至道哉？'黄帝退而闲居三月，复往见之。广成子方北首而卧，黄帝膝行而前，再拜，请问治身之道。广成子蹶然而起曰：'至哉！子之问也，至道之精，窈窈冥冥，至道之极，昏昏默默，无视无听，抱神以静，形将自正；必静必清，无劳尔形，无摇而精，乃可长生。慎内闭外，多知为败。我守其一，以处其和。故千二百岁而形未尝衰。得吾道者，上为皇；入吾道者，下为王。吾将去汝，适无何之乡，入无穷之门，游无极之野，与日月齐光，与天地为常，人其尽死，而我独存焉。'并传授给黄帝《自然经》一卷。"

据正统道教说法，广成子就是太上老君的化身，《太上老君开天经》记载："黄帝之时，老君下为师，号曰广成子。消息阴阳，作《道戒经》《阴阳经》。黄帝以来，始有君臣父子，尊卑以别，贵贱有殊。"

《封神演义》中描述："广成子为玉虚宫元始天尊门下，为阐教'十二金仙'之一，是古代传说中的著名神仙，长年居住在崆峒山的石室中，自称以养生得以道法，达一千二百岁而未曾衰老。传授给黄帝《自然之经》一卷，《阴阳经》一卷，《道戒经》七十卷。"《阴阳经》应该与阴阳的理论肯定有关，至于《阴阳经》是不是与围棋理论有关就不得而知了。

黄帝虔诚拜师问道于广成子，让崆峒山成了历史上有记载的中国哲学发源地——道源圣地以及道教圣地。"道"早从伏羲画卦时已作为一种认识理解世界的世界观和方法论出现，道文化从伏羲女娲时代的初级形态，开始进入人的意识形态中，黄帝问道广成子已经成为中华文化发展史上一个重要的里程碑事件，牢牢确立了道文化作为华夏民族治国安民的主导思想。

五、道契崆峒

（一）契约文化

现存的契约原件和金石文字中的契约资料，都未接触到原始社会的契约问题，这些资料所反映的都是后代的契约。在原始社会末期，由于交换关系产生并发展，萌芽状态的契约也已产生。陇山地区当时的人类使用什么样的契约，还无具体资料可供论证。考古工作中虽发现了一些画在陶器上的符号，但表示何种意向无从考查。从文献记载来看，许慎《说文解字·后叙》曰："古者庖牺氏……始作《易》八卦，以垂宪象。及神农氏结绳为治，而统其事。"此八卦、结绳是否已用于契约关系中，目前不得而知。孔子曾说过："大约也。约取缠束之义。周礼有司约。大约剂，书于宗彝。小宰。听取予以书契。大郑云。书契，符书也。后郑云。书契谓出予受入之凡要。凡簿书之冣目。狱讼之要辞。皆曰契。引春秋传王叔氏不能举其契。按今人但于买卖曰文契。经传或叚契为挈。如爱契我龟传曰契，开也是也。又叚为挈字。如死生契阔传曰契阔，勤苦也。又契契窹叹传曰契契，忧苦也。皆取提挈勤苦之意也。从大。韧声。苦计切。十五部。易曰。后世圣人易之以书契。世各本作代。避唐讳也。今正。易辞传文。"

"契"是象形字。甲骨文左边是三横一竖，右边是"刀"，像用刀契刻之形。小篆的形体基本上同于甲骨文。隶变后楷书写作"契"。《说文·大部》："契，大约也。从大从韧。《易》曰：'后代圣人易之以书契。'"（契，邦国之间的契约。由大、会意。《易经》中说："后代的圣人用契券来更替它。"）"契"的本义指契约。如"房契""地契"。引申指盟约、邀约。如繁钦《定情诗》："时无桑中契，迫此路侧人。"契约为两半相合，故引申指切合、投合。如"默契"。古代符契刻字之后，剖为两半，双方各收存一半以作凭证。故由符契两分引申指聚合分离。如《诗经·邶风·击鼓》："死生契阔，与子成说。"

古同"锲"，用刀子刻。甲骨文的"契"是"像纵横交错的刻纹"加上"刀"，指刻刀、用刀刮刻。造字本义：古人用刀具在龟甲、兽骨上刻画记号、标志。篆文承续甲骨文字形。篆文异体字加"大"（成年人），强调"契"为成年人的行为。

《说文》："栔，刻也。"《诗·大雅·緜》："爰栔我龟。"《吕氏春秋·察今》："其剑自舟中坠于水，遂契其舟。"《后汉书·张衡传》："斯契船而求剑，守株而伺兔也。"

（二）道契崆峒的出处

中国人文始祖轩辕黄帝曾在崆峒山向神仙广成子求问治身之道。黄帝年近百岁，弃帝位，从列仙游采首山之铜，铸鼎于荆山（现平凉市灵台县）之下，鼎成之日，年已百岁，有龙从天而降，接引黄帝，升天而去，成为天上五帝之一，称为元圃真人轩辕黄帝。后来有"道契崆峒"的说法。

在江西龙虎山天师府有一块袁世凯题"道契崆峒"悬匾，当地导游这样向游客介绍："崆峒"即崆峒山，位于甘肃平凉，黄帝问道于神仙广成子之地。契，合契，默契，指的是天师道符合广成子所传之道，1914年赐给第六十二代天师张元旭的。龙虎山和崆峒山为中国南北道教名山，"道契崆峒"悬匾，印证了崆峒道学的源远流长和博大精深。

陈抟（371—989年），字图南，自号扶摇子。北宋初期一位有相当影响的道教思想家，尤其是在易学、内丹、养生领域，其影响颇大。

陈抟自幼好学，早年熟读经史百家之言。宋庞觉《希夷先生传》说："年十五，《诗》、《礼》、《书》、数及方药之书，莫不通究……唐士大夫揖其清风，欲识先生面，如景星庆云之出，争先睹之为快。"后唐长兴年间应考不弟，遂访道求仙，寻求精神上的解脱。《宋史·陈抟传》说："遂不求禄仕，以山水为乐。自言尝遇孙君仿、獐皮处士，二人者高尚之人也。语抟曰：武当山九室岩可以隐居。抟往栖焉，因服气辟谷，历二十余年，但日饮酒数杯。移居华山云台观，又止少华石室，每寝处，多百余日不起。"陈抟也认为他的道家思想传承也是"道契崆峒"。

后晋天福年间，陈抟返归四川，师事邛州天庆观高公何昌一，学锁鼻术。文同《丹渊集·拾遗下》说："闻是州天师观都威仪何昌一有道术，善锁鼻息飞精，漠然一就枕辄越月始寤。遂留此学，卒能行之。后归关中，所修益高，蜕老而婴，动如神人。"入宋，陈抟数次入阙，太宗礼待甚厚，赐号"希夷先生"，令增葺所居华山云台观，数月后送还归山。陈抟在京之时，宋太宗多延入宫中与语："自契崆峒之问，八素九真之要诀，四觉七缘之妙门。"

（三）道契崆峒的含义

龙虎山是第一代天师张道陵最初修道炼丹的地方，为道教正一派的祖庭。天师府全称"嗣汉天师府"又称"大真人府"，为历代天师起居之所。天师府大堂是天师处理教务的公堂，前厅为客厅，堂壁上方悬匾三块："道契崆峒"一匾位于正中央，"仙派名裔"排于东，"纳甲周呈"列于西。香港有广成宫，殿内对联写有"道契崆峒"。契，合契，默契，"道契崆峒"指的是天师道符合广成子所传之道，是正统黄老思想的传承者。《西川青羊宫碑铭》："泊乎有熊氏之王天下也，我太上圣祖隐身于崆峒之中，放心于杳冥之外。帝乃亲降辇辖，礼展师资，能枢衣以趋隅，遂屈膝而问道。"

唐朝王昌龄《宿灞上寄侍御玙弟》："道契非物理，神交无留碍。知我沧溟心，脱略腐儒辈。"有关道家哲学思想的课程，先从广成子、赤松子和黄帝等继承，再到《老子》《庄子》《列子》的学说，道家思想是一系列连贯下来的。道在中国，根在崆峒，道家思想的源头就在崆峒山。

第二节　历史上与崆峒山结缘的围棋人

　　崆峒山是上古文化之经典，是华夏历史之巨著，或许是凡夫俗子永远无法完全读懂的伟大经典，千年万年伫立于此，静候着一代代一拨拨的人们前来"问道"。崆峒山给人以无穷的遐想和思考，给人以无限的启迪和感悟。

　　北宋后期和南宋时期社会大动乱，加速了各民族之间的大融合，促进了各民族之间文化的交流和发展。他们在文化上相互影响、相互渗透、相互吸收，创造出独具特色的宋朝文化，在中国文化史上具有独特的地位，成为中国传统文化发展的又一个高峰。两宋时期文化上取得最大成就，是创建新的儒学体系——理学，理学又称为"新道学"，它是以儒学为主体以"理"为宇宙最高本位，将佛家和道家的思想渗透到儒家教化思想中去的理论体系。理学是哲学思想的又一次飞跃，对宋代的文学、史学创作及社会生活的各个方面都产生重要的影响，并作为一种文化现象，影响主导了人文教化的进程。

　　宋朝的十几代皇帝都十分喜爱围棋，宋太宗赵光义的棋艺据称"棋品至第一"。《石林燕语》有记载："太宗当天下无事，留意艺文，而琴棋亦皆造极品。"贾玄为太宗时的"棋待诏"，《杨文公谈苑》曾说："待诏有贾玄者，臻于绝格，时人以为王积薪之比也。"宋太宗不仅自己嗜好弈棋，也大力倡导围棋。宋太宗写过围棋诗《缘识》："凡棋妙手不可得，纵横自在能消息；不贪小利远施张，举措安详求爱力；曲须曲，直须直，打节斜飞防不测；潜思静虑一时间，取舍临时方便逼；牢己疆场煞三思，不骄不怯常翼翼；势输他，勿动色，暗设机筹倍雅饰；恒持自固最为强，尤宜闲暇心先抑。"宋太宗不仅下棋，还自制许多棋势，据说最著名的有"对面千里""独飞天鹅""海底取明珠"三个。王禹偁《筵上狂歌送侍棋衣袄天使》诗中有云："太宗多才复多艺，万机余暇翻棋势；对面千里为第一，独飞天鹅为第二；第三海底取明珠，三阵堂堂皆御制；中使宣来示近臣，天机秘密通鬼神。"

宋徽宗赵佶则多才多艺，酷爱围棋且造诣很深，在他的倡导下，围棋活动极为盛行，涌现出一大批围棋国手，他曾写下《宫词·第八十四》诗："忘忧清乐在枰棋，仙子精工岁未笄；窗下每将图局按，恐防宣诏比高低。"前御书院棋待诏赐绯李逸民重编《忘忧清乐集》一书，书名就出自宋徽宗《宫词》诗句。宋徽宗在一次与大国手刘仲甫交锋后，写下一首词《念奴娇》记录此局："雅怀素态，向闲中、天与风流标格。绿锁窗前湘簟展，科日风清人寂。玉子身干，纹揪色净，星点连还直。跳丸日月，算应局上销得。全似落浦斜晖，寒鸦游鹭，乱点沙汀碛。妙算神机，须信道，国手都无敌。玳席欢余，芸堂香暖，赢取专良夕。桃源归路，烂柯应笑凡客。"

宋朝官员们常常在宫廷中下棋，成为一种高雅的社交活动，有助于加强官员之间的关系，官员们可以通过下棋来锻炼思维、提高智慧和推理能力，成为当时考核官员的重要手段之一。围棋在文人士大夫中也非常流行，在对弈中寻找灵感和启示。围棋好似文人雅士们的玩物，却包含着天地机理，围棋既能表现出雅士的风范，也可以借此来呈现文人超凡脱俗。围棋不仅是一种娱乐方式，更是一种精神追求和文化传承。

杜甫、刘禹锡、范仲淹、欧阳修、黄庭坚、陆九渊、陆游、戴名世等文人大家对围棋也是喜爱有加。他们的诗作中，常常能看到对围棋称颂的辞章。欧阳修自称为"六一居士"，六一就是指"琴棋书画诗酒"。王安石言："每与人对局，未尝致思，随手疾应。觉其势将败，便敛之，谓人曰：本图适性忘虑，反苦思劳神，不如且已。"苏轼有着"胜固欣然，败亦可喜"的豁达，道出了围棋的奥妙所在。尤其是范仲淹在《赠棋者》中发出了"一子贵千金，一路重千里；精思入于神，变化胡能拟"的感叹，说明范仲淹的围棋素养应该是很高的，在庆州、泾州等地抗击西夏李元昊的数年中，曾多次对幕僚们说过要著《大宋围棋史》，最终没有兑现，"成败系之人，吾当著棋史"，从中也能看出他对围棋用情之深。

回顾围棋历史，对于认识当下和展望未来都有着重要的意义。宋代除了大名鼎鼎《棋经·十三篇》等，还留下了大量围棋文化遗产，这些遗存极大地丰富了我们对历史文化的研究。限于篇幅，只讲述宋代有代表性的三位围棋资深爱好者张载、游师雄和夏元鼎在崆峒山修行的事迹。

一、崆峒山——张载的"气学"主场

张载，字子厚，祖籍大梁（今河南开封），出生于长安，北宋思想家、天文学家、教育家、理学创始人之一，与周敦颐、邵雍、程颐、程颢合称为"北宋五子"。少年时期父亲去世，全家便侨寓于凤翔府眉县横渠镇，张载一生中大多时间在此地传道授业。为张载冠以"横渠先生"雅号的竟然是英国陆军元帅蒙哥马利将军，他在参观张载祠时，对陪同周恩来总理说道："横渠先生所创唯物主义，比笛卡尔早了五百多年，世界唯物主义哲学之父，张横渠当之无愧。"

张载的名言"为天地立心，为生民立命，为往圣继绝学，为万世开太平"被当代哲学家冯友兰称之为"横渠四句"，千古绝句言简意赅，历代传颂不衰。

宋仁宗庆历二年（1042年），二十一岁的张载只身来到泾州，向当时任陕西经略安抚副使、主持西北防务的范仲淹上书《边议九条》，陈述自己的见解和意见。张载试图联合焦寅组织民团去夺回被西夏侵占的临洮和陇西失地，达到为国家建功立业，为自己博取功名的目的。明嘉靖《陕西通志》中记载："范仲淹，字希文。仁宗庆历二年，元昊势益猖獗，以仲淹为陕西经略招讨使，置司泾州。仲淹谢曰：'泾州重地，恐臣不足以独当此路，愿与韩琦同经略泾原。'遂与琦开府泾州。二人在兵间久，名重一时，人心归之，朝廷倚以为重，天下称为'韩范'。"当时担任着知永兴军、陕西经略安抚招讨副使、兼知延州的范仲淹，在泾州（现甘肃省平凉市泾川县）军府召见这位志向远大的年轻儒生。张载《边议九条》的观点虽得到了高度赞扬，通过交谈范仲淹认为张载儒学功底已经非常扎实，因此劝他暂时不要花费过多的精力研究政治与军事，应该继续做好学问方可成大器："儒者自有名教，何事于兵？"

同样有过多次落榜经历的张载，在他三十八岁时又一次赴汴京赶考。宋仁宗嘉祐二年（1057年）科举可谓人才云集，张载与苏轼、苏辙、曾巩、程颢、程颐等竟然同榜及第。张载在易学方面展现出非常深厚的造诣，因此候诏待命时在宰相文彦博支持下，就在开封相国寺设虎皮椅讲《易》，一时让张载名声大振。

张载进士登第后，先后任祁州（今河北安国）司法参军、云岩县令（今陕西宜川境内）著作佐郎、签书渭州（今甘肃平凉）军事判官等职。在渭州期间与环庆路经略使、知渭州蔡挺的关系很好，才华出众的张载深受蔡挺的尊重和信任，在蔡挺支持下撰写了《经原路经略司论边事状》和《经略司边事划一》等文章，展现出非凡的军事与政治才能，以致蔡挺在关于军府的大小之事都会认真向张载咨询。张载曾说服蔡挺在大灾之年取军资数万救济灾民；在边防军民联合作战训练方面创建了"兵将法"；还提出用招募当地民众参军取代戍兵（中央军）换防以降低大宋国防开支等一系列建议。

张载最大的成就是在渭州（平凉）任职的几年间，对天文学研究作出重要的贡献和唯物主义方面研究取得重大突破。张载充分总结先秦以来的人性论，广泛吸取了各家学说的优点和长处，并用崆峒道家正统思想重新研究儒学，重视在研究天文历法、地理、医学、围棋等学问中，抓住一个共有的重要概念"气"，在坚持和发展朴素的唯物主义基础上，创立了具有显著唯物主义观点的重要学说——"气学"而流芳百世。

（一）"气学"的重要思想

宇宙和世界的本原究竟是物质还是精神的，历来是哲学范畴中最基本的论题，也是哲学家们必须去面对的问题。中国古代唯物主义哲学家们对此认知大体分为两类：一类认为"心"才是宇宙本原；二类则以"气"为本原。在北宋之前的一些思想家认为世界的本体是自然界某一具体的物质，而另些思想家则认为物质世界统一于物质现象背后的精神本体，或称之为"无"与"虚"，或称之为"理"与"太极"。

1.气本论——太虚即气与气化万物

《庄子·知北游》："若是者外不观乎宇宙，内不知乎太初，是以不过乎昆仑，不游乎太虚。"面对本体论上思想路线的重大分歧，张载坚持认为宇宙万物的本体是气，一切都是由气生成的。

《正蒙·乾称》写道："凡可状，皆有也；凡有，皆象也；凡象，皆气也。"从宇宙的本体来讲，万物的始基是气，一切都是由阴阳二气变化而来的，形态万千的世间万物都是气的不同表现形态。不论聚成象的"有"还是散无形的"无"，究其实质都是有而不是无，明确提出"太虚即气，则无无"。在《正蒙·太和》："太虚无形，气之本体。其聚其散，变化之客形尔。""太虚不能无气。气不能不聚而为万物，万物不能不散而为太虚。"太虚与气的关系就是"气之聚散于太虚，犹冰凝释于水。知太虚即气则无无"。如果人们能意识到太虚乃气存在的一种形态，自然不会把它理解为无，进而可以论证"道"为"气化"之规律，从而推演出"道不离气""理在气中"等哲学命题，气学自然会形成不同于程朱理学思想的基本特征。

张载表示物质存在的基本形式和物质运动基本状态，旗帜鲜明地提出"太虚即气、气为本体、气化万物"的唯物主义宇宙观，同时论证出气无生灭的物质永恒论。关于世界的物质统一性和物质的永恒性思想，是古典朴素唯物主义思想的最高成果。不仅继承和发展古代"太虚"的理论范畴，并对它加以改造和扬弃，张载哲学思想体系已经改变古人关于物质世界的认识，其形成的气学理论达到了系统化，是中国古代朴素唯物主义哲学思想史上最杰出的代表。

明代的王廷相全面继承张载的哲学思想，将"太虚即气"重新解释为"天地未形，唯有太空，空即太虚，冲然元气"。王夫之又充分继承发扬了

"太虚即气"这一哲学命题，明确提出宇宙就是由元气构成物质实体的观点："阴阳二气充满太虚，此外更无他物，亦无间隙。天之象，地之形，皆其范围也。""气"或"元气"就是人和万物产生的最高体系和最初始基，包含了阴阳二气的对立依存、相辅相成、升降互变的关系，在阴阳二气的交互运动中产生了宇宙万物，促使了张载的元气本体论理论进一步趋于成熟。

2. 一物两体，动必有机

气学是创立在"太虚即气"的元气本体论基础上，对宇宙万物之间的矛盾与运动关系，发展变化及其规律，以及解决矛盾的方法等重新做出了探讨与研究。太虚是阴阳未分的混沌状态，也称之为元极。阴阳分化为太极，太极生两仪——阴气与阳气。阳气的特性是清、浮、升、动；阴气的特性是浊、沉、降、静。气的基本状态是运动与静止之间相互交替变化，充满宇宙混沌无间的太虚之气，在不断在"郁蒸凝聚、健顺动止"等不同形式中发生变化。太虚之气之所以能不断地运动变化，是因为太虚之气是阴阳之二气的合和体，即阴阳二气处同一个统一体中。阴阳二气既相互对立，相互斗争，相互激荡；阴阳二气又在相互联系，相互依存，相互渗透，相互生发。阴阳之气包含着阴与阳相互矛盾的两个方面，阴阳二气在交互变化而生万物。"独阳不生，孤阴不长"，万物的生死，动静的改变，都是阴阳二气变化的体现和变化的结果，阴阳二气的运动变化，才是万物的生与灭的根本和动力。

3. 认识论——闻见之知与德性之知

张载在"气学"理论中提出"闻见之知"与"德性之知"两个基本概念，这是中国古典哲学有关认识世界的理论新创举：人的知识是由耳目鼻舌身等感官接触外界事物而获得意识，即为"闻见之知"。但仅凭"闻见之知"并不能全面认识天下有形有象之事物，也不能穷尽无形的天下事物之理。要穷尽必须有一种比"闻见之知"更广泛、更深刻的知识体系，这就是"德性之知"。只有"德性之知"才能到达真知，方能充分反映出万物的本性与本质，《正蒙·诚明》有云："诚明所知，乃天德良知，非见闻小知而已。"在探讨人的认识来源时，已经明白了感性与理性、有限与无限、相对与绝对、现象与本质的辩证关系，"气学"从理论上作出如此精辟的哲学论述，使得中国古代文化在认识论上达到一个新的阶段。

4. 天地之性与气质之性

"气学"认为人和万物都是由阴阳二气产生或者由阴阳二气构成的，可以肯定人和物都是有本性，而且人和物的本性同出于"太虚之气"。气有清浊、精粗、明昏、偏全、厚薄的之分，便产生了千差万别的物和人，因此气的本性就是人和物的本性。人和物的本性是永恒存在的，先天之性的本源代表着纯善、纯清、纯洁，当人出生之后，受到身体条件、生理特点、家庭环境和自然环境不同的影响。这些外在因素对于每个人来讲也都是与生俱来的，先天禀赋与天地之性之间的有机结合、交互作用和相互影响，从而形成了后天之性也称之为"气质之性"，便是张载创立的人性二元论。气质之性中的善恶、清浊，都决定了人性的千差万别。

天地之性诚明至善，是善良的来源。气质之性有善也有恶，气质之恶，才是恶的来源和人欲的体现。气学理论的产生，对于从春秋至北宋争论了一千多年的性善论与性恶论，才有一个合理与全面的解释。人但凡出现错误，就是气质之性中的恶性显现，人要成为圣贤君子，必须优化气质之性，去掉气质之性的遮蔽，回归和彰显天地之性。变化气质之性的方法和途径是要接受良好教育，学习礼义道德，养气才能集义。"养浩然之气须是集义，集义然后可以养浩然之气。义者，克己也。"坚持不懈积善克己，不断优化气质，从而获得正直刚大的浩然正气，达到圣贤君子的思想境界。气学就是对天地之性和气质之性重新研究所产生的学说，既为人性善恶找到一种合理的解释，又为天理、人欲之辨供了理论依据，是张载对古代人性论研究的重要贡献。

朱熹在《朱子类语》一书中高度称赞张载的人性论："极有功于圣门，有利于后学，前此未曾有人说到此。"

5. 《易》理的辩证之探

《周易》作为"群经之首，大道之源"，是中华传统文化的源头活水，北宋诸子将《周易》的研究推向了一个新高度。张载的《横渠易说》传世，关于唯物辩证法的思想，内容丰富、论证全面、寓意深刻、理论精确，成为北宋时期大家公认的辩证法大师。张载作为有非凡成就的易学大家显得非常谦虚，在《书斋自儆》一诗中自嘲："书前有易不知易，玄上求玄恐未玄。白首纷如成底事，蠹鱼徒自老青编。"

（二）北宋天文学大家

张载不仅在儒学继承和《周易》研究中独树一帜，对文化贡献卓越，同样在天文方面研究上也成绩斐然，成为中国历史上屈指可数的著名天文学家。天文方面研究上也得到环庆路经略使蔡挺的大力支持，经常登临崆峒山之天台山，夜观天象，从而对浑天说与宣夜说有了更加深入的研究与极大的创新。《崆峒志》："天台山：狮子岩之北，岭中断而独立者是。方而削无径，惟樵人攀缘蹑石齿或一上，虽山僧久居于此，不能至也。以其高而绝人迹，故名曰天台。"

1. 从地心说到恒心说

"恒星不动，纯系乎天。日月，五星逆天而行，并乎地者也。间有缓速不齐者，七政之性殊也。"张载已经突破远古的地心说，开始把天体看作以恒星为中心，金、木、水、火、土诸星及地球围绕恒星"运旋不穷"的一个整体，是人类历史上对宇宙认识的一次重大突破。

2. 天体运行说

张载已经认识到：日、月、星、辰等天体有各自的运动规律，其运动的快慢、升降等皆取于自身的机制，而非外力使然。认为"动必有机，动非自外"。

3. 天体左旋右旋说

《正蒙·参两》："恒星不动，纯系乎天，与浮阳运旋而不穷者也，日月五星逆天成果行，并包乎地者也。地在气中，虽顺天左旋，其所系辰象随之，稍迟则反移徙而右尔。"日月星辰顺着天体左旋，只是旋转稍微迟缓一点，肉眼观察起来似乎向右旋转了，左旋右旋其实是相对的，发上文中谈到的就是地球自转与其它天体公转的相对关系。每天日行一度，月行十三度，故月"右行最速"而日"右行虽缓"。张载这种表述方式虽然不算非常精准，但在一千年前却是一个非常了不起的成就。

4. 以气化论解释天文历算地理现象

"日质本阴，月质本阳，故朔望之际精魄反交，则自为之食矣"，在月朔时月精对日发生作用产生日食，在月望时日精对月发生作用产生月食。《正蒙·参两》："地有升降，日有修短。地虽凝聚不散之物，然二气升降其间，相从而不已也。阳日上，地日降而下者，虚也；阳日降，地日进而上者，盈也。此一岁寒暑之候也。"这种创新的理论就能比较合理地解释清楚：四时更迭、寒暑往来、潮汐涨落、风云雷霆、霜雪雨露等许多自然现象。

谭嗣同登临崆峒山时，曾对张载在古代天文学上作出的贡献大加推崇："不知西人之说，张子皆已先之，今观其论，与西法合。不知张子，又乌知天？"谭嗣同的观点充分表明，张载在古代天文研究方面的造诣的确是相当深厚的。

（三）气学对后世影响

"俯而读，仰而思。有得则识之，或半夜坐起，取烛以书"，张载一生博览群书，其学问以《易》为宗，以《中庸》为体，以孔、孟思想为法，著有《正蒙》《横渠易说》《经学理窟》《张子语录》等传世著作。张载认识到世界万物的一切存在和一切现象都是气即"太虚"，主张"理在气中"，这是张载对理学的重要创新。同时指出，只有"德性之知"才能认识"天下之物"。

张载在中国哲学史上第一次建立起相对完整的"气一元论"的思想体系，开辟了朴素唯物主义哲学的新阶段。树立起中国哲学史上第一个探讨思维与存在关系的哲学理论高度，批判唯心主义的哲学家。张载哲学思想的内容十分丰富，对中国哲学史和关陇思想文化史的贡献是多方面的，在中国文化发展史上占有突出的地位，对十一世纪后的"新道家"思想发展产生了积极的影响。

张载的"气一元论、本体论"产生的哲学思想，是唯物主义哲学发展的重大成果，对后世的儒家思想产生了深远影响。明代的王廷相，极力推崇张载"太虚即气"的学说，在《横渠理气辨》谈道："横渠此论，阐造化之秘，明人性之源，开示后学之功大矣。"

"气学"理论体系由张载创立，学术传播途径主要以关陇为基地而形成的，成为儒学方面的重要学派。后来以其关中弟子及南宋、元、明、清诸代的气学传承者，皆改称"气学"为"关学"。"关学（气学）"与程颢和程颐的"洛学"、周敦颐的"濂学"、王安石的"新学"、朱熹的"闽学"齐名，共同构成了大宋时代儒学的主流哲学思想。"关学（气学）""洛学""濂学""新学""闽学"等诸学派皆根源于《易经》和孔孟，同时在发展过程中学派之间互相吸收、相互融合，又互有批评与创新，包括对佛学思想的批评和禅宗思想的吸收，属于北宋与南宋整个儒学史的一个共性特点。在本体论、认识论、辩证法、和谐论和教育见解等方面，这几家学派与张载创建的"气学"思想又有明显的不同。张载研究天文学和吸收崆峒学文化的同时，经过创新与发展才形成独具特色的"气学（关学）"学派。因此，张载与周敦颐、程颢和程颐兄弟均是理学奠基者。

张载对中华传统文化影响最大的在于创立气学（关学）理论，从北宋时到清代，历代都有大量学习者与传承者。其中以宋代的吕大钧、吕大临、苏昞、范育、李复等为代表，对关学（气学）的成熟与发展起了非常重要作用，尤其是明末的冯从吾则全面继承了张载思想，并全面总结了五百余年的关学（气学）发展历史与学术成果，先后创建关中书院、首善书院，关学又呈现出繁荣景象。

王夫之是明清时期的唯物主义哲学家，他全面地总结过中国古代朴素唯物论和辩证法思想，以至达到了一个时代的高峰。王夫之对古代哲学思想家最为推崇就是张载，自认为受张载思想影响最深，平生治学以张载思想为宗，并全面继承和发展了张载思想，尤其是在"气本论""气化论"方面，一再宣称自己是张载气一元论的继承者："张子之学，上承孔孟之志，下救来兹之失，如皎日丽天，无幽不烛，圣人复起，未有能易焉者也。"认为自己平生的志向就是"希张横渠之正学而力不能企"，对张载的气学思想崇拜之极。他在《国史儒林传》一文中大加称赞："杜门著书，神契张载，从《正蒙》之说，演为《思问录》二篇。"

（四）张载为生民立命的一生

张载少年丧父，生活历尽艰辛，一生大部分时间与穷苦百姓在一起，在时间不长的仕途生涯中对民生问题非常重视与关注，十分重视民间疾苦和社会矛盾。范仲淹在张载人生中起了导师的重要作用，对张载一生的影响非常深刻。"先天下之忧而忧，后天下之乐而乐""处庙堂之高则忧其民，处江湖之远则忧其君"的胸怀和气节，在张载一生中表现十分明显。

治平二年（1065年），蔡挺由陕西转运副使、司封员外郎进位为工部郎中、直龙图阁、知庆州（甘肃庆阳），为环庆经略安抚使。治平四年（1067年）宋神宗即位后，蔡挺奏请筑荔原堡，分属羌三千人守之，获准。加天章阁待制、知渭州（甘肃平凉）。蔡挺在平凉任知州期间（1067—1072年）多有建树。在平凉城北建勤武堂，五日一训整顿军纪，"治军有方，甲兵整习，常若寇至"，数次打败西夏进攻；又自制渡河大索及兵械镰枪皆获其用，"树勋戎马间"，成为大宋一代良将。蔡挺在渭州任职长达六年时间，处于边关工作压力很大，写过《喜迁莺·霜天清晓》一词："霜天清晓。望紫塞古垒，寒云衰草。汗马嘶风，边鸿翻月，垅上铁衣寒早。剑歌骑曲悲壮，尽道君恩难报。塞垣乐，尽橐鞬锦领，山西年少。谈笑。刁斗静。烽火一把，常送平安耗。圣主忧边，威灵遐布，骄虏且宽天讨。岁华向晚愁思，谁念玉关人老。太平也，且欢娱，不惜金尊频倒。"《宋史》本传称："挺，渭久，郁郁不自聊，寓意词曲。"

蔡挺为平凉地方建设经济做出过很大成绩：开发土地，募人佃种一千八百顷，分给民兵八千顷，募卒开地二千顷以增加收支；推行青苗、助役法。另《平凉府志》记有柳湖："宋蔡挺植柳数千株，绿阴成林，湖光可掬，夏日人多避暑于此，旁有柳亭。"《陕西通志》也有："避暑阁在柳湖畔，宋蔡挺知渭州建，植柳数千株，绿阴成林，湖光映带，夏月人多避暑于此。"由此可以看出，柳湖并不是蔡挺开建，他只是在柳湖畔新建一座避暑阁，同时植柳数千株，柳湖的历史应该可以追溯到唐代才是。

期间张载也被朝廷派往渭州任职，蔡挺与张载一见如故、成亦师亦友，蔡挺因为爱才心切，在张载观天象著书立说期间，无论在人力还是物力等给予较大支持与帮助。

张载无论居官从政，辞官回乡试验井田、兴修水利，还是在著书讲学中，无不贯穿这种"为生民立命"的思想，与同时代的其他学者官员是有区别的。张载认为人生在世上，就要尊顺天意，立天、立地、立人，做到正心、格物、致知、明理、修身、齐家、治国、平天下，努力追求以达到圣贤境界。著书与讲学的主旨，集中地体现在四句中："为天地立心，为生民立命，为往圣继绝学，为万世开太平"。他在《送苏修撰赴阙四首》中坦白出自己的人生心态："阖辟天机未始休，衫衣胝足两何求。巍巍只为苍生事，彼美何尝与九州。"

张载一生的大部分时间和精力都放在继承和发扬儒家的教育理念上，重视对气学的研究、天文学的研究、易学的研究，并在著书立说方面投入大量精力。在关中长期兴教的过程中，始终坚持以德育人才，不仅使后继学者人才辈出，也使得关陇地区民风为之而变。这种不懈地努力与坚持才使"关学（气学）"学派的理论大盛，被后人称为北宋五子。

二、崆峒山碑学第一人——游师雄

游师雄，字景叔，京兆武功（陕西武功县）人。从小喜爱兵法，青少年时师从于著名教育大家、关学（气学）大家张载。治平二年进士登第，后成为北宋陇山地区的边将、著名诗人、著名书法家。

中进士后因深受到韩琦赏识，于渭州府（甘肃平凉）蔡挺幕下任泾原路权管勾机宜文字，随后授仪州（甘肃华亭市）司户参军。熙宁四年改任德顺军（治所在陇干城，即今甘肃静宁县，一说在宁夏隆德县）判官，与诸将计议边事，多有建树，使边境赖以无患。在陇东、陇西多地任职长达二十多年，曾转战现在的陇西、临夏、定西、通渭、固原、临洮、永登、泾源等二十多地抗击吐蕃与西夏的侵略，立下赫赫战功。

正如东晋陆机《文赋》中所谈："诗缘情而绮靡，赋体物而浏亮。碑披文以相质，诔缠绵而悽怆。铭博约而温润，箴顿挫而清壮。颂优游以彬蔚，论精微而朗畅。""笼天地于形内，挫万物于笔端。"用这篇文章描述后世游师雄的书法与文才是非常恰当。在陇东任职期间游师雄多次登临崆峒山写下大量精彩诗篇与文章，亲自到四处寻找合适的石碑，将所写的诗歌亲自书写后刻在石碑上，是崆峒山的历史上留下最多碑刻诗的书法大家。《崆峒山志》："《诗赋》碑记附后：崆峒诗赋，自宋游师雄题名，后名公学士以及乡先生所题记，代有作者。惜幅隘未能全载，谨选雅切之作各登一二。睹兹片玉，已足增价昆山矣，识者凉之。志诗赋。"廖元佶撰《甘肃金石志》："崆峒山游师雄游崆峒山诗碑。"游师雄在陇塬的战斗生涯中创立了北宋碑学的主流学派，曾被后世称之崆峒碑学学派（也有称之陇山碑学学派）。

（一）历史上真实的游师雄

平凉市所有县区都是北宋抗击吐蕃与西夏侵略的重要军事要塞，府官、州官与军事人员变化很快，据《陕西通志》中记载，担任过平凉地区的渭州官员、泾州官员、仪州官员等人数竟然达到八十六人，耳熟能详的就有狄青、蔡挺、刘锜、吴玠、吴璘、景泰、韩琦、范仲淹、张载、游师雄等，游师雄名声在平凉算是比较大的，不仅《宋史·游师雄》《陕西省志·人物志》《平凉府志》等史籍中有记载，在《崆峒山志》中也多有记述。

《宋史·游师雄》：游师雄，字景叔，京兆武功人。学于张载，第进士。为仪州司户参军，迁德顺军判官。鄜延将刘珸与主帅议战守策，欲自延安入安定、黑水，师雄以地薄贼境，惧有伏，请由他道。既而谍者言夏伏精骑于黑水傍，珸谢曰："微君言，吾不返矣。"赵禼帅延安，辟为属。时夏人扰边，戍兵在别堡，龙安以北诸城兵力咸弱，禼患之。师雄请发义勇以守，多聚石城上，待其至。夏人知有备，不敢入，但袭荒堆、三泉而还。

岁饥，行诸垒振贷，计口赋粮，人无殍亡。运石莹甲，深沟缮城，边备益固。元祐初，为宗正寺主簿。执政将弃四砦，访于师雄。师雄曰："此先帝所立，以控制夏人者也，若何弃之，不惟示中国之怯，将起敌人无厌之求。悦泸、戎、荆、奥视以为请，亦将与之乎？万一燕人遣一乘之使，来求关南十县，为之奈何？"不听。因著《分疆录》。迁军器监丞。吐蕃寇边，其酋鬼章青宜结乘间胁属羌构夏人为乱，谋分据熙河。朝廷择可使者与边臣措置，诏师雄行，听便宜从事。既至，谍知夏人聚兵天都山，前锋屯通远境。吐蕃将攻河州，师雄欲先发以制之，请于帅刘舜卿。舜卿曰："彼众我寡，奈何？"师雄曰："在谋不在众。脱事不济，甘受首戮。"议三日乃定，遂分兵为二，姚兕将而左，种谊将而右。兕破六逋宗城，斩首千五百级，攻讲朱城，断黄河飞梁，青唐十万众不得度。谊破洮州，擒鬼章及大首领九人，斩首千七百级。捷书闻，百僚表贺，遣使告永裕陵。将厚赏师雄，言者犹以为邀功生事，止迁一官，为陕西转运判官、提点秦凤路刑狱。夏人侵泾原，复入熙河，师雄言："兰州距贼一舍，通远不百里，非有重山复岭之阻。宜于定西、通渭之间建安遮、纳迷、结珠三栅，及护耕七堡，以固藩篱，此无穷之利也。"诏付范育，皆如初议。入拜祠部员外郎，加集贤校理，为陕西转运使。内地移粟于边，民以辇儦为病。师雄言："往者边土不耕，仰给于内，今积粟已多，军食自足，宜令内地量转输致之直，以免大费。"报可。召诣阙，哲宗劳之曰："洮州之役，可谓隽功，但恨赏太薄耳。"对曰："皆上禀庙算，臣何力之有焉。唯当时将士勋劳未录，此为欠也。"因陈其本末。拜卫尉少卿。哲宗数访边防利病，师雄具庆历以来边臣施置之臧否，朝廷谋议之得失，及方今御敌之要，凡六十事，名曰《绍圣安边策》，上之。出知邠州，改河中府，进直龙图阁、知秦州，未至，诏摄熙州。以夏人扰边，诏使者与熙帅、秦帅共谋之。使者锐于讨击，师雄谓："进筑城垒以自蔽，席卷之师未应深入也。"上章争之，不报。既而使者知攻取之难，卒用师雄策。自复洮州之后，于阗、大食、物林、邈黎诸国皆惧，悉遣使入贡。朝廷令熙河限其二岁一进。师雄曰："如此，非所以来远人也。"未几还秦，徙知陕州。卒，年六十。师雄慷慨豪迈，有志事功，议者以用不尽其材为恨。

《陕西省志·人物志》：游师雄，字景叔，北宋西北边将，京兆武功（今陕西武功县）人。青年时从关中名师张载学，通兵法。治平年间进士登第，为仪州司户参军，迁德顺军（治所在陇干城，一作笼竿城，即今宁夏隆德县）判官。鄜延守将欲自延安移军入安定堡（即今陕西子长县西北安定镇）、黑水（即今陕西横山区西北长城外无定河北岸支流淖泥河）一带，师雄当即提出，中途可能会有西夏伏兵，应改走他道。继而间谍密报，西夏在黑水河傍埋伏有精兵。宋军未受伏击，师雄之功。

赵契镇延州，辟师雄为属官。西夏扰边，宋兵力不足守卫，师雄自请率义勇乡兵去防守龙安寨以北诸城。他让兵聚石于城上，夏人知有防备，不敢犯。遇岁饥，他巡行诸堡赈贷，计口给粮，人无殍亡。他挖壕沟，修城墙，运石缮甲，精心备边。

元祐初，为宗正寺主簿。时西夏向宋要求让出边境四个堡寨，宰臣意欲放弃，征询师雄看法。他说："此四寨是先朝所立，为控制西夏入内地。若放弃，则显示朝廷怯弱。倘泸、戎、荆、粤效西夏要求疆土，燕人来求关南十县，那朝廷将如何办？"为此写了《分疆录》。迁军器监丞。

后入朝拜祠部员外郎，加集贤校理，为陕西转运使。哲宗皇帝召见慰劳，称赞他洮州之役有功。师雄答："臣何力之有，唯将士功劳未。"拜卫尉少卿。后哲宗数次向他征询边防利弊，师雄便列举庆历年间以来边将措置之臧否，朝廷谋划之得失，及今防御之要，共提出六十条意见，写成《绍圣安边策》呈进。

调知河中府，进直龙图阁、知秦州，来赴，改摄熙州（今甘肃临洮县）。夏军进扰，诏使者往与熙、秦镇将计议对策。师雄认为："进筑城垒以自蔽，席卷之师未应深入也。"遂用师雄之策。后徙知陕州。卒年六十岁。

《宋史》与《陕西省志·人物志》都比较详细记述了游师雄一生，在其他的书籍中也有不同表述。

元祐八年（1093年）调为朝奉郎加云骑尉。后游师雄以病请求辞职，哲宗接见时，赞扬他的功绩，反提升他为卫尉少卿。绍圣元年（1094年），游师雄又为哲宗皇帝策划御敌要略六十条（一作十六条），当时谓之《绍圣安边策》。绍圣二年（1095年），再调河中知府，不日又晋升为直龙图阁兼秦州知府，领秦凤路马步军都总管加飞骑尉等职。绍圣四年（1097年）秋，调为陕州知府，是年七月六日病故，终年六十岁，归葬武功，墓尚在。

墓志铭是由张舜民撰写，邵书，章棨篆盖，姚文、安延年等刊。出土时间以及地点已不详，现藏于西安市碑林博物馆。墓志对游师雄早年求学经历和科举情况，仕途履历的记载，相较《宋史》要更为详细些。《金石萃编》云："游师雄，《东都事略》《宋史》皆有。"墓碑呈正方形，边长1.22米，墓志文采用楷书，共有68行。《金石萃编》《关中金石记》《西安碑林全集》都有著录，《宋史》中有传记，因此墓志内容可与史书互相补证。墓志铭曰："公讳师雄，字景叔，姓游氏，世居京兆之武功，曾祖永渍、祖裕，皆潜德不仕，考光济始为大理寺丞，赠朝请郎……妣张恭人，生子五，长靖、次竑、三义、四守、五疎，皆登科甲。"都昌、进贤等地谱载师雄公："师雄公字范世，曾祖恭，祖简言、考从善……娶蔡氏恭人，生子二，醇、酢。"

《宋史·游师雄传》记载为："人拜祠部员外郎，加集贤校理，为陕西转运使。"《北京图书馆藏中国历代石刻拓本汇编》第40册记录了在国家图书馆藏游师雄墓志铭中则称"乃除公集贤校理，权陕西转运副使"。《束都事略·游师雄传》则认为"师雄为陕西转运判官，又为转运副使"。至于是"陕西转运使"还是"权陕西转运副使"或是"陕西转运副使"，职务有些出入其实都不重要，所有史料中仍较为详细地总结了游师雄传奇的一生、奋斗的一生、坎坷的一生，也是精彩的一生。

游师雄作为北宋五子之一张载的徒弟，游师雄秉承师学，讲究实用，认真研究风俗人情，地理天文。山川之走势，河流之方向。《金石萃编》称："游师雄，《东都事略》《宋史》皆有游师雄善书法，楷书功力深厚，隶书古意盎然，行书苍劲；亦善弈，为京兆武功围棋高手。"游师雄为人慷慨豪迈，有志事功，却长期未能得到朝廷的重用、没有尽其才能而深感遗憾。但作为大诗人、大书法家和北宋碑学创立人，仍然千古流芳。

（二）游师雄与好友黄庭坚

黄庭坚与游师雄在书法、绘画、诗歌、文章、围棋方面都有共同的爱好，别时多聚时少，仍成为一生的挚友。

黄庭坚，字鲁直，号山谷道人，晚号涪翁，分宁（江西修水）人。英宗治平四年（1067年），黄庭坚考中三甲进士，直接登上仕途。北宋诗人，著名书法家。黄庭坚做人胸怀坦荡、为人耿直，著有《豫章黄先生文集》《山谷琴曲外篇》等。黄庭坚与苏轼、米芾、蔡襄等被称为宋朝四大书法家。黄庭坚是一位有创造精神的书法大家，其书法艺术中笔走龙蛇、活泼跳荡，突破了晋唐草书之法，带有强烈的"尚意"书风，形成自成一派的风格，他成了宋朝草书的第一人。

黄庭坚作为大名鼎鼎的"苏门四学士"之一，是江西诗派创始人，在中国诗歌史上是有资格能"自立门户"，以其独特的诗歌风貌卓然自立。现留存诗有一千五百余首，内容丰富，风格奇拗，命意新颖，笔力奇崛。留存词有一百八十余首，有风花雪夜、伤别艳情之作，也有疏宕洒脱、豪迈清壮之词。

黄庭坚同时对琴、棋、画不仅喜爱、水平也相当高，对琴、棋、画都有着许多独特的见解，为此写过大量妙文。张靖的《棋经》（后世称《棋经十三篇》）是北宋朝时期的一部在围棋发展史上占有特殊地位的著作，推动中国围棋理论发展到了一个新的高度。黄庭坚见到《棋经》后也十分喜爱，仔细阅读后认为张靖近二千七百字的《棋经》虽然法度非常系统与严谨，但对于普通围棋爱好者来讲却过于烦琐。便参考《棋经》理论，把自己如何下好围棋的要诀写成一篇朗朗上口的短文，与张靖的《棋经》相呼应，顾名思义地这篇简约的文章取名为《棋经诀》，特意将《棋经诀》分别寄给游师雄等好友听取大家的建议。传世的《棋经诀》仅有三百八十八字，对围棋战术的见解却十分深刻，表现出对大局的远见与对胜负的敏锐，不失为广大围棋爱好者提高围棋水平的一篇佳作。

《棋经诀》："初下十子以来，进未可谋杀，退未可占地，各逐其宜，以求有力，此立理之道。下及三十子以后，布置稍定，须观局之强弱，或占地，或刑克，必观于利，此乃行用之时也。杀不必须得，地不必须破，占不必广，此三者，取舍之道。棋之所切，无出于胜。傥或局胜，专在自保。或局弱，即须作行。然作行须是敌人有衅，无衅而动，必败之道也。棋之机要，多在外势，取局之要，在于鸿渐。棋有三败：一者欺敌，二者不辨局，三者多错。又有六病：一者贪杀，二者取舍不明，三者无劫兴劫，四者苦觅奇行，五者知微不妨，六者稍胜望筹。棋之大要，先手不可失。局初有大利，方可弃之；局中有倍利，方可弃之；局末有不得已，方可弃之。古之经诀，皆述简易，贵于立理，先为不可胜，以待敌之可胜。或逍遥得极，高道自乐，终局雅淡，是其长也。"

《陕西省志·人物志》："吐蕃东犯，其酋鬼章青宜结又唆使西夏反宋，谋分据熙河（甘肃临洮）。朝廷派师雄赴西边与镇将计议防守。间谍探知西夏已集兵于天都山（在今宁夏原州区西北），前锋屯通远（甘肃陇西县），吐蕃将攻河州（甘肃临夏县）。师雄主张先发制人，而主帅惧敌兵众己寡。师雄说：'胜负在谋不在众。若失败，甘受斩。'于是分兵为两路进攻。姚兕率左路军，破六逋宗城，斩敌一千五百人，攻讲朱城（甘肃永登县南庄浪河畔），断黄河飞桥，阻青唐羌十万兵。种谊率右路军破洮州（甘肃临潭县），擒吐蕃鬼章及大首领九人，斩敌一千七百人。捷报传到京师，众臣庆贺。师雄以功迁为陕西转运判官，提点秦凤路刑狱。洮州宋军大捷，使于阗（新疆和田）、大食（阿拉伯帝国）、佛林（越南）等国皆惧，遣使向宋纳贡。"

黄庭坚听到前方传来的捷报时，高兴得手舞足蹈，一连写下四首诗寄给游师雄表示庆贺。游师雄立即将黄庭坚诗刻于碑，此四首诗的石碑今存岷县博物馆。

《次韵游景叔闻洮河捷报寄诸将四首其一》

千仞溪中石转雷，汉家万骑捣虚回。

定知献马胡雏入，看即称觞都护来。

《次韵游景叔闻洮河捷报寄诸将四首其二》

中原日月九夷知，不用禽胡衅鼓旗。

更向天阶舞干羽，降书剩破一年迟。

《次韵游景叔闻洮河捷报寄诸将四首其三》

汉得洮州箭有神，斩关禽敌不逡巡。

将军快上屯田计，要纳降胡十万人。

《次韵游景叔闻洮河捷报寄诸将四首其四》

遥知一炬绝河津，生缚青宜不动尘。

付与山河印如斗，忍为鼠子腹心人。

三、着破铁鞋无觅处——南宋学者夏元鼎

《警世通言·金令史美婢酬秀童》中："金满将大门闭了，两个促膝细谈。正是：踏破铁鞋无觅处，得来全不费工夫！"《警世通言·卷二八》："恨小非君子，无毒不丈夫。正是：踏破铁鞋无觅处，得来全不费工夫。"《水浒传·第五十三回》："戴宗道，正是踏破铁鞋无觅处，得来全不费工夫！"

人们通常把"踏破铁鞋无觅处，得来全不费工夫"用来形容有意专门

去做某一件事或寻某一个人，虽历尽千难万险难以成功，却能在无意之中达到了目的；或者比喻做事或治学方面开始时虽然非常艰难，在时机成熟后便会豁然开朗、一通百通，从而轻易地获得成功。绝大多数人都熟悉这一经典词句，甚至喜欢把它当作口头语使用，却很少有人知道这一著名诗句脱胎于南宋著名文化学者、丹学大家夏元鼎的一首《绝句》，并且这首诗与崆峒山"黄帝问道广成子"故事有着莫大的关联。

（一）时运不齐、命运多舛的夏元鼎

夏元鼎，字宗禹，永嘉（浙江省温州市永嘉县）人，号云峰散人或者西城真人。自幼十分好学，有关道家、儒家、佛家的经书及医药、天文、地理等无不通晓，虽是饱读经书典籍、喜好琴棋书画的才子，却在科举中始终是屡试不第，七八次的乡试努力始终也没有能考上举人。

庆元五年（1199年），他在乡试中再次失利，已近不惑之年的老贡生夏元鼎不顾好友真德秀等人的强烈反对，断然决定弃文从军，谋取了一个小校武官的职务。南宋绍兴年间厘正武职官阶六十阶称谓如下：横班、诸司使、使臣三等；横班正使、诸司正使、横班副使、诸司副使、大使臣、小使臣等，无品尉勇七级则为六十阶；当时太尉是武官最高阶官。刚入伍的夏元鼎仅谋得一个五十三阶进武校尉，这种小校武官职务就是一个低层的无品官员，对于才华横溢的人来讲，这种人生选择是多么的无奈与痛苦。

嘉泰四年（1204年）五月，宋宁宗下诏北伐金朝，史称"开禧北伐"。由于韩侂胄用人不当，中路军统帅皇甫斌率军攻打唐州时被金军击溃，接着在攻打蔡州时大败于溱水，北伐主战场的两淮统帅邓友龙等也因兵败而被撤职，这场战争持续到嘉泰五年（1205年）秋以宋朝战败而告终。嘉定元年（1208年），南宋王朝无奈中与金朝签订了屈辱著名的"嘉定和议"。

《宋诗纪事》记载："元鼎博极众书，屡试不第。应贾许二帅幕，出入兵间。至上饶，夜感异梦，弃官入道。至南岳祝融峰，过赤城周真人，求其指示，乃大悟因题诗云云。所著有《阴符经讲义》三卷，《图说》一卷，《崔公药镜笺》一卷。"行伍中挣扎的夏元鼎，长期随部队转战在山东、河北、河南、安徽、江西等地与金国人交战。才华横溢的夏元鼎一直不受重用，只好以写诗作赋、喝酒下棋、参悟道经来打发光阴，近十年军伍生涯也仅仅升得九品小官。部队到达上饶休整时，突然间听说朝廷竟然被迫与金人签订了屈辱性的"嘉定和议"，气愤之余顿时感到心灰意冷。已经接近五十知天命年龄的他，在当晚突然"夜感异梦"，梦中竟然受到了"仙人点拨"。第二天便下定了决心要"弃官入道"，选择走访名山大川去问道、炼丹、修仙。"年未五十，顾欲捐弃轩冕，从安期羡门为海山汗漫游。"

宋宁宗在位的中后期间开始信奉道教，十分关注古代的名山大川的道教文化，重视新建与重修各地的道教宫观，重视道教人才的培养，无形中为夏元鼎"顺利转业"提供了极大的便利。名山大川如《博物志·物产》中："名山大川，孔穴相内，和气所出，则生石脂玉膏，食之不死，神龙灵龟行于穴中矣。"葛洪《抱朴子》等书中也多次提到要慎重选择修道之山与炼丹之要："古之道士，合作神药，必入名山，不止凡山之中。凡小山皆无正神为主，多是木石之精，千岁老物，血食之鬼，此辈皆邪魃，不念为人作福，但能作祸"等等，这些思想让夏元鼎对修道地的选择产生了重要影响，明确了炼丹与修仙的决心，从小就胸有大志的夏元鼎此时只想在动荡乱世中能道行天下。他写有《西江月》为证："不死谷神妙道，杳冥中有还丹。坤牛乾马运无边。却是修行真汉。脱去名缰利锁，金童玉女传言。工夫片饷彻玄关。水火从教法炼。"

(二) 登崆峒问道

嘉定二年（1209年）初开始，夏元鼎便沿着紫阳真人走过的道路，用近两年的时间先后探访了三十四处名山，作一首《西江月》表达心志："万里担簦访道，要知一点灵丹。日乌月兔在朝元。岂在迢迢云汉。罔象求珠易得，离明契后难言。五金八石是虚传。争似阳修阴炼。"

嘉定四年（1211年）春季，夏元鼎又沿着黄帝问道广成子走过的路线来到了崆峒山。崆峒山在今甘肃平凉市西十五千米处，是黄帝问道于大贤广成子之圣地。黄帝问道广成子时的天空中出现过异象，史书上记载为：

"上元混沌甲子之岁、日月合璧、五星连珠、七曜齐元。"《古今图书集成·崆峒山部》中记录着明代张祖范诗一首《香山》:"崆峒原是古丹丘,羽化仙成不记秋。采药有人来鹤洞,飞神何日立笄头。林间夕照千山碧,岭上朝霞一雨收。回首层霄风露冷,飘蓬空笑野云浮。"

夏元鼎在崆峒山问道宫修道三年余,在此作《黄帝阴符经讲义》四卷,《黄帝阴符经讲义》根据《黄帝阴符经》四百余字原经文进行逐句逐段释义,以便向修道之人阐述清楚内丹修炼之旨。其中卷四采用《图说》方式便于学习者理解,包含有日月圣功图、奇器万象图、三教归一图、五行生成图等经典要义。每图中都配有详细文字以解图像之意,内容多以天地阴阳、五行化生及金丹之道为主。

丹者,单也,一者,单也。惟道无对,故名曰丹。《道德经》有云:"昔之得一者。天得一以清。地得一以宁。神得一以灵。谷得一以盈。万物得一以生。侯王得一以为天下贞。"内丹是以天人合一思想为指导,以人体为鼎炉,精气神为药物,而在体内凝练结丹的修行方式。外丹又名"金丹术"等,金丹术乃炼金术和炼丹术之合称,道士们通常将金石等放在炉鼎中锻炼成丹药,其药物以砂汞最为有名。

《崆峒山志·广成丹穴》:"在望驾山北峰的绝壁上,这里悬壁如削,十分险要,人迹罕至,相传广成子居住穴中,炼丹修道。""广成丹穴"是崆峒十二景之一。明朝的罗潮《广成丹穴》诗云:"地崖插天表,丹洞迷芳草,知是广成居,怅望云杳杳。" 明朝王崇古的《游崆峒》:"问道宫边泾水滨,广成洞隐香山岭。丹崖铁柱天门立,玉宇高悬摩斗参。"崆峒山作为丹道祖庭地和丹道修炼的发源地,要从中华道教宗祖轩辕黄帝问道于广成子算起,内丹与外丹已经经历了五千年的发展历程,后世一切丹经均以其为基础发展变化而来,成为内丹与外丹法诀之纲要。《史记·封禅书》记载:"黄帝采首山铜,铸鼎於荆山下。鼎既成,有龙垂胡髯下迎黄帝。黄帝上骑,群臣后宫从上者七十余人,龙乃上去。"黄帝曾铸鼎于灵台荆山,并在那里炼制丹砂,进而提炼出"黄金",道家的炼丹思想从此萌发并发扬光大。李白《飞龙引二首·其一》:"黄帝铸鼎于荆山,炼丹砂。丹砂成黄金,骑龙飞上太清家，云愁海思令人嗟。宫中彩女颜如花，飘然挥手凌紫霞，从风纵体登鸾车。登鸾车，侍轩辕，遨游青天中，其乐不可言。"

后通过葛洪、夏元鼎等一系列丹学大家们的讲授与传播，终将黄帝丹道思想发扬光大。

（三）着破铁鞋无觅处，得师全不费工夫

夏元鼎在崆峒山修道时，见到《崆峒广成子洞》诗碑："复闻广成子，不为外虑役。轩后屈至尊，稽颡请所益。至今洞犹存，峭壁宛遗迹。"受"轩后屈至尊"的启发，便写下了著名的《题壁二首（其二）》："崆峒访道屈尊乎，万卷丹书看转愚。着破铁鞋无觅处，得师全不费工夫。"据说题壁二首的两首诗当时都被夏元鼎直接题写在崆峒山问道宫的墙壁之上，《题壁二首》取名之意源于诗文直接"题壁作诗"，随后年月流失，诗作目前早已不见踪迹，此诗被收录在《全宋诗》第五十六册中。

夏元鼎一字师便是北宋时期大名鼎鼎文坛翘楚游师雄，将领、诗人、书法家，治平元年（1064年）中进士，有近三十年时间在平凉、天水、陇西等地任职，最后官至龙图阁。留下大量在崆峒感悟诗作，其中《崆峒广成子洞》是他游崆峒山所写所书，据记载崆峒山原有多块游师雄亲手书写的诗碑，现已全佚失。游师雄为人大方慷慨，善于谋略且有建功，著有《分疆录》和《绍圣安边策》等重要军事著作。而且通晓文史重视历史文化遗产的保护，元祐四年（1089年）主持重刻《昭陵六骏碑》，在太宗陵庙中塑造了六骏像；绍圣元年（1094年）又刻制了《昭陵图碑》。空暇时喜欢与友人下棋弹琴、吟诗作赋，创作过许多与围棋有关的诗作。

"轩后屈至尊"直指黄帝向广成子拜师时的情景，可以看出轩辕黄帝拜师问道之诚意，为天下苍生竟然不顾帝王之尊："膝行而进，再拜稽首。"《庄子·在宥》有载："黄帝立为天子十九年，令行天下，闻广成子在于空同之山，故往见之……广成子南首而卧，黄帝顺下风，膝行而进，再拜稽首而问曰：'闻吾子达于至道，敢问，治身奈何而可以长久？'广成子蹶然而起，曰：'善哉问乎！来！吾语女至道。'"《历世真仙体道通鉴》有云：

"广成子居崆峒之山石室之中，黄帝闻而造焉，曰：'敢问至道之要。'广成子曰：'尔治天下，云不待族而雨，木不待黄而落，奚足以语至道哉。'黄帝退而闲居，三月复往见之，膝行而前，再拜请问治身之道。"

夏元鼎用"崆峒访道屈尊乎"这样的一个问句，道出黄帝对广成子非常虔诚和虚心的态度"膝行而前，再拜请问治身之道"，使得黄帝学到了真正的治国之道与养身之道，并不算受到什么委屈。第二句的"万卷丹书看转愚"，即使学习了丹书万卷，结果对丹道的理解更加糊涂。千里迢迢到四处寻访丹道真谛，即使"着破铁鞋"也没有得到想要的结果。当自己沿着黄帝问道的路线，登上崆峒山时才发现广成子竟是丹道祖师爷"得师全不费工夫"。

《历世真仙体道通鉴》记载着："广成子乃授帝《阴阳经》一卷、授《自然经》一卷、《道成经》七十卷。"黄帝根据向圣贤广成子学习与悟道成果，创作了流芳百世的道家重要著作《黄帝阴符经》，从而形成黄帝丹道的思想基础。

（四）祝融峰悟道

根据东晋时期华侨所撰的《紫阳真人内传》也称之为《周君传》，在新《唐书》和《旧唐书》及《通志》均着录此书；在《正统道藏本·一卷·洞真部记传类》中收入；《云笈七签》亦节录其文。《紫阳真人内传》主要记述紫阳真人周义山得道成仙之事迹，周义山，字季通，生于西汉元凤元年（前80年），少年起喜好仙道乐于施财济贫。后遇仙人苏子玄，授以存守三一之法。周义山一生共游历三十四处名川大泽，先后遇到过衍门子、赵他子、黄先生、上魏君等三十余位道家仙真，他们分别以《龙蹻经》《三皇内文》《大洞真经》等三十余种经文丹方、符箓和法术传授周义山。周义山修行一百一十余年后，乃乘云驾龙白日升天，授封为紫阳真人。

大名鼎鼎的紫阳真人成为夏元鼎的最初的精神导师，问道修仙成为夏元鼎余生之向往与追求。他曾用一首《水调歌头》表心志："闻道不嫌晚，悟了莫悠悠。过时不炼，今生乌兔恐难留。些子乾坤简易，不问在朝居市，达者尽堪修。火候无斤两，大药本非遥。守旁门，囚冷屋，望升超。迷迷相授，生死不相饶。未识先天一气，孰辨五行生克，不向眼前求。试道工夫易，福薄又难消。"

嘉定八年（1215年）离开崆峒山的夏元鼎在南岳祝融峰修道，竟然遇见来自赤城山的另一位周真人，周真人是继承西蜀铁风洞"圣师"的金丹大道的。夏元鼎虚心向周真人请教"真阳果"之所在、"金丹果"之实体、"三千六百门"之意义等有所不解的一些问题。经周真人数次点化后，夏元鼎便在祝融峰闭关数月终于大悟，不仅对《悟真篇讲义》重新进行修正。感悟之余还写下："道，金鱼要换金丹，龟龄鹤算不知年，子其勉之，当遇赤城人矣。后于祝融峰遇圣师，指迷金丹大道，果应存无守有，顷刻而成之妙。乃知十余年间钻冰取火，盲修瞎炼，今一得永得，实在目前。因足前梦，为《西江月》调，以纪其实，并简同行。"《西江月》曰："举世沈迷大道，傍门小法求丹。咽津纳气等成仙。真个无知痴汉。何异雄鸡抱卵，梦同哑子交言。阴阳非类隔天渊。总是盲修瞎炼。"

同时也将崆峒山所作的《题壁二首（其二）》内容，根据当时的思想加以修改，诗名也改之为《访道》："崆峒访道至湘湖，万卷诗书看转愚。踏破铁鞋无觅处，得来全不费工夫。"诗中表达了在虚心求道过程中和读书的思想体会上，远不如大师指点下领悟通透快捷的道理，使诗的意涵得到了极大扩展，不仅局限于原来的"得师"，也让《题壁二首（其二）》一诗摇身一变，重新成了另外一首脍炙人口的绝妙好诗，也有一些诗集中将夏元鼎《访道》诗名又写成《绝句》。

（五）夏元鼎与真德秀等人的友情

《宋史·列传·卷一百九十六》："真德秀，字景元，后更为希元，建之浦城人。四岁受书，过目成诵。十五而孤，母吴氏力贫教之。同郡杨圭见而异之，使归共诸子学，卒妻以女。登庆元五年进士第，授南剑州判官。继试，中博学宏词科，入闽帅幕，召为太学正，嘉定元年迁博士……德秀长身广额，容貌如玉，望之者无不以公辅期之。立朝不满十年，奏疏无虑数十万言，皆切当世要务，直声震朝廷。四方人士诵其文，想见其风采。及宦游所至，惠政深洽，不愧其言，由是中外交颂……著有《西山甲乙稿》《对越甲乙集》《经筵讲义》《端平庙议》《翰林词草四六》《献忠集》《江东救荒录》《清源杂志》《星沙集志》。既薨，上思之不置，谥曰文忠。"

真德秀（1178—1235年），本姓慎，因避宋孝宗赵慎讳改姓真。开始字，实夫，后更为字，景元，再后又更为希元，号西山；福建路建宁府浦城县（今福建省浦城县）人。真德秀为继朱熹之后的理学正宗传人，与魏了翁大儒齐名，创"西山真氏学派"学界称其为"西山先生"。在确立理学正统地位的过程中发挥了重大作用，所著的《大学衍义》一书成了元、明、清三代皇族学士必读之书。有《真文忠公集》等著作传世，更加有名的作品是《文章正宗》二十卷、《文章正宗续集》二十卷（内府藏本），真德秀还有分辞令、议论、叙事、诗歌四类的《四书集编》。

真德秀学生刘克庄在《刘克庄集》有《赠郑宁文》诗中评价恩师：昔侍西山讲读时，颇於函丈得精微；书如"逐客"犹遭黜，辞取"横汾"亦恐非。筝笛焉能谐雅乐，绮罗原未识深衣；嗟予老矣君方少，好向师门识指归。其宗旨具于是矣。明末清初思想家、经学家顾炎武在《日知录》亦曰："真希元《文章正宗》所选诗，一扫千古之陋，归之正旨，然病其以理为宗，不得诗人之趣。"顾炎武评语中既有大褒又有小贬。

南宋知名大学者、文坛领袖真德秀与夏元鼎交往非常深厚，夏元鼎年长于真德秀十余岁，家住临安的夏元鼎对前来科考的真德秀在生活多有关照。加上当时两人都是才气过人之辈，除了诗词歌赋外，琴棋书画上也多有交流，以至成了莫逆至交，惺惺相惜。真德秀对理学的毕生追求，与夏元鼎的丹道思想有较大的出入，这并不影响他们成为一生的挚友。在夏元鼎从军与修道期间离多见少，相聚时仍少不了诗词歌赋、琴棋书画相伴。受到宋朝朝廷中皇室大臣喜爱围棋的影响，品茶喝酒之余围棋也成了他们的最爱。

与他们同时期爱好围棋的诗人有朱熹、李吕、陆游、薛季宣、许及之、杨万里、喻良能、韩淲、蔡沈、赵师秀、刘克庄等。其中最著名的当数赵师秀的《约客》："黄梅时节家家雨，青草池塘处处蛙。有约不来过夜半，闲敲棋子落灯花。"和朱熹的《游烂柯山》："局上闲争战，人间任是非。空叫采樵客，柯烂不知归。"正值围棋的《棋经十三篇》一书广为流传时期，"人人皆能诵此十三篇"成为当时的一种文化时尚。著名诗人刘克庄观看恩师真德秀与夏元鼎对弈时，专门写过一首《棋》："十年学弈天机浅，技不能高谩自娱。远听子声疑有着，近看局势始知输。危如巡远支孤垒，狭似孙刘保一隅。未肯人间称拙手，夜斋明烛按新图。"

（六）江湖道人夏元鼎与江湖派诗人刘克庄

《刘克庄年谱》曰："公少有异质，日诵万言，为文不属稿，援笔立就……刘克庄以辞赋魁胄监，进上庠。公髫龄即随父任受庭训，及冠在国庠；又尝从西山真德秀（名儒）学，所得于父师之教者不浅，故是时已蔚然为文章家。"刘克庄是真德秀入室弟子中，文学成就最大的一位，夏元鼎也算是刘克庄的半师与半友，因此一生交往甚多。

江湖这个词原始于道家的哲学思想，原本是指道人四处流浪修道的生活状态。夏元鼎在战争造成的动荡中访仙论道，对江湖一词有非常深刻的理解，道家的江湖有着自由、底层等多种引申含义。夏元鼎游方时所作的《满江红》让年轻的刘克庄对江湖充满了向往："人世何为，江湖上、渔蓑堪老。鸣榔处，汪汪万顷，清波无垢。啸乃一声虚谷应。夷犹短棹关心否。向晚来、垂钓傍寒汀，牵星斗。砂碛畔，蒹葭茂。烟波际，盟鸥友。喜清风明月，多情相守。紫绶金章朝路险，青蓑箬笠沧溟浩。舍浮云、富贵乐天真，酾江酒。"

夏元鼎的道家江湖思想竟然深深地影响到了真德秀的入室弟子刘克庄，让早期的浪漫诗人刘克庄演绎出中国诗坛的"江湖派"来。刘克庄《卜算子》有云："自入玄门户，寂寂清虚做。静里披搜四假身，勘破尘行路。悟上还重悟，得得真闲趣。收住身中无价真，岂逐人情去。"

刘克庄在江湖诗人中，年寿最长、官位最高，文学成就也是最大的。与姜夔、刘过、戴复古等人意气相投交往甚密，经常在一起诗酒唱酬，表达向往江湖、鄙薄仕宦的情绪，后将这些诗歌集成《江湖集》一书，因其诗歌作者们的主旨相近、气味相似，《江湖集》一问世便在诗坛产生了较大的影响，诗坛中称他们为"江湖派"。在江湖诗派中最著名的江湖诗人当数刘克庄，他不仅写诗很好还能填些好词。

写过大名鼎鼎的《约客》围棋诗的赵师秀，也是刘克庄的一位至交好友，两人喜欢下棋作诗时抨击时政，刘克庄在《记辛酉端午旧事二首其一》："老子从来宠利轻，于棋待诏昧平生。内中称赏秦郎帖，御笔批依不必更。"棋待诏的设立始于唐朝。翰林院设置"棋待诏"这样的官职，用以招揽国内的围棋高手。唐朝、宋朝的帝王多爱好围棋，是设立棋待诏的重要原因。围棋棋待诏的任命，是要经过推荐与考选的，没有真才实学是不行的，所以棋待诏都是当时第一流的围棋国手。这种官职没有品秩，属于使职差遣之类，在翰林院中的地位比较低微。能当棋待诏说明刘克庄围棋水平相当高，诗中可以看出刘克庄凭自己诗文立身，拒绝棋待诏的率性。

清人叶矫然在《龙性堂诗话》中评价说："南宋诗人，放翁、诚斋、后村三家相当。"无异于在说陆游、杨万里、刘克庄乃南宋诗坛并驾齐驱的"三驾马车"，巍峨耸立的三座高峰。同样他们三人诗坛生涯中，均都写过不少脍炙人口的围棋诗歌。清人张谦宜甚至在《絸斋诗谈》中说："刘克庄诗，乃南渡之翘首，读之忘倦。"更是被追慕为一代诗宗，一生曾作诗过万首，流传下来也竟然有四千余。清代编撰《四库全书总目》的纪昀等人都认为他的文章："文体雅洁，较胜其诗，题跋诸篇，尤为独擅。"

才华横溢的夏元鼎一生作诗填词数千首，早期的诗歌大都已遗失，现留下的诗与词都是他五十岁修道后所写，保留在《紫阳真人悟真篇讲义》《黄帝阴符经讲义》《崔公入药镜笺》等作品之中的，大约词为三十二首、诗为八十一首，其中在《全宋诗》中收录的有七十五首。

需要我们重视的是，喜爱下围棋的道士夏元鼎曾为崆峒山做了个大大的、流传千年的广告："崆峒访道屈尊乎，万卷丹书看转愚。着破铁鞋无觅处，得师全不费工夫。"平凉人民有什么理由会不知道这首诗呢？

后记

崆峒山奇洞石室非常多，有特色的多达七十余处，有著名的玄鹤洞、广成子洞、归云洞、朝阳洞、三教洞。传说崆峒山第一洞位于太和宫神座之下，深不见底直通龙门洞。许多洞穴石室高居悬崖之上，数千年前的修道圣地，至今却鲜有人进入过。

唐代曹唐《仙都即景》："蟠桃花老华阳东，轩后登真谢六宫。旌节暗迎归碧落，笙歌遥听隔崆峒。衣冠留葬桥山月，剑履将随浪海风。看却龙髯攀不得，红霞零落鼎湖空。"《黄帝诣崆峒山谒容成》则有："黄帝修心息万机，崆峒到日世情微。先生道向容成得，使者珠随象冈归。涿鹿罢兵形欲蜕，洞庭张乐梦何稀。六宫一闭夜无主，月满空山云满衣。"

黄帝问道广成子的故事也有许多古籍中有记载，相传广成子为黄帝时人，居崆峒山石室中，千二百岁不尝衰老。"即黄帝访道地，广成子所隐也。其颠洞穴如益，将有大风雨，则白犬自穴出，田夫以为候。亦名山曰玉犬峰。"但广成子升仙之所，则未见诸书文字。其传说首见于《庄子》，其后之《神仙传》《广黄帝本行记》《仙苑编珠》《三洞群仙录》《历世真仙体道通鉴》和《消摇墟经》等均有所载。《太上老君开天经》："黄帝之时，老君下为师，号曰广成子。消自阴阳，作道戒经道经。黄帝以来，始有君臣父子，尊卑以别，贵贱有殊。"又有广成子向黄帝授书、授药的故事。葛洪谓黄帝"过崆峒，从广成子受《自然之经》"又称："昔圆丘多大蛇，又生好药，黄帝将登焉，广成子教之佩雄黄，而众蛇皆去。"《历世真仙体道通鉴》则称广成子授帝"《道成经》七十卷，《阴阳经》一卷"。

唐代著名道士杜光庭又把广成子说成是老子或其化身，竟将黄帝置于老子弟子之列，算不算又一种风格的杜撰？杜光庭在《道德真经广圣义》中称："黄帝时，老君为广成子，为帝说《道德经》及五茄之法。"又谓："黄帝时，老君号广成子，居崆峒山，黄帝诣而师之，为说《道戒经》，教以理身之道，黄帝修之，白日升天。"

围棋中所蕴含的文化体现出了太多中国式的思想和智慧，没有任何东西能像围棋这样充分体现出中国的文化内涵。清朝的尤侗有经典诗句："试观一十九行，胜读二十一史。"《三国演义》《西游记》《红楼梦》《儒林外史》《聊斋志异》《金瓶梅》《三言二拍》等等中国古典小说中，更是常常能看到围棋的影子。

据姚学礼老师统计，大约有千名以上的历史名流到过崆峒山，有幸认真看过姚老师列出的名单，发现大多数人竟然也是围棋爱好者。崆峒是天下围棋人梦寐以求的围棋发源地，才会有众多的围棋爱好者造访崆峒。明代武术大师张三丰也是位围棋爱好者，在崆峒山修行三年（崆峒山皇城内立有"张三丰避诏碑"），终于在上天梯处悟出了道，便将自己悟得金丹大道的心得和修炼有成的过程写在一首词里，因此将这首修道词的名字就称之为《上天梯》。

终生在崆峒修道并著书立学的围棋人也不少，在东汉时期就有两位：梁竦、王符。

东汉文学家、易学大家梁竦，安定郡乌氏县人（现平凉市崆峒区）后汉明帝命其还乡，以读书著述为娱，在崆峒山上作《七序》数篇。好友班固为其作序时，称赞道说："子著《春秋》而乱臣贼子惧，梁竦作《七序》而窃位素餐者惭。"梁竦精通琴棋书画，为官时曾与班固等人对弈论道，回到家乡仍书信不断。据民间传说，班固晚年时期想通过在边境立功来获取功名，便决定投附窦宪随大军北攻匈奴，被窦宪任为中护军参与军中谋议，当大军到达安定郡休整时，班固应好友梁竦之邀登上崆峒山缅怀上古圣贤，并写下赫赫有名的文章《弈旨》。《崆峒志·隐逸》记载："梁竦，字敬叔、安定乌氏人也。少习孟氏易，弱冠即能教授。竦固宦家子，坐事徙九真，济湘所。悼子胥，屈原，作悼骚赋，系石沉之。显宗诏还本郡，闭门以经籍为慰。著书名曰七序，班固见日，七序出而窃位素餐者耻矣。性好施。负才郁郁，尝登高叹息曰，丈夫生当封侯，死当庙食，不然闲居可以养志，读书足以自娱，州郡之职徒劳人耳。辟命交至，并无所就。"

王符，安定临泾（今甘肃镇原）人，东汉政论家、文学家、进步思想家。与马融、窦章、张衡、崔瑗等著名学者关系非常密切，不仅在经学、天文历算和文章有交流，在围棋方面也多有交流，好友马融的《围棋赋》流芳千年。王符一生隐居在崆峒山著书，坚持终生不仕，潜心努力二十年，终于写出《潜夫论》这部批判当世的世篇名著。《崆峒志·隐逸》记载："王符，字节信，安定临泾人也。好学有志操，与马融、张衡、崔瑗友善。及融等宦游，而独耿介不同于俗。以此不得升进，乃隐居山林，著书二十篇不欲显章其名，故号曰潜夫论。皇甫规解官归安定，乡人有为雁门太守者谒规，规卧不起，闻符在门，惊起，衣不及带，援符手入，同坐极欢。终不仕，卒于家。"《后汉书·卷四十九》："王符字节信，安定临泾人也。少好学，有志操，与马融、窦章、张衡、崔瑗等友善。安定俗鄙庶孽，而符无外家，为乡人所贱。自和、安之后，世务游宦，当涂者更相荐引，而符独耿介不同于俗，以此遂不得升进。志意蕴愤，乃隐居著书三十余篇，以讥当时失得，不欲章显其名，故号曰《潜夫论》。其指讦时短，讨谪物情，足以观见当时风政，著其五篇云尔。"

　　崆峒被称之为"道教第一山"，笔者以为颇有不妥，专家学者们可以继续探讨与指点。许多道教名山之间因为相互不服而众说纷纭，历史的阴差阳错，竟然让五千年历史的"道源圣地"崆峒山，进入不了所谓的"道教八大名山"，这种混乱的称谓严重削弱崆峒文化的华夏历史地位。道教首先尊尚的是黄老思想，黄老思想是道教的灵魂与根柢，但黄帝的道家思想在先，老子的道家思想在后，老子是黄帝思想的传承与发扬者，所以崆峒山同样应该称之为"道教圣地"才合适。

第三章

平凉府烂柯山

第一节　寻找烂柯山

"烂柯山"和"王质观棋"是一个流传很广、版本较多的民间传说，但凡喜爱围棋的人大概都知道。古书上的记载比较简单，在民间流传的烂柯山传说却是详尽生动，引人入胜。网络上随手一搜便可查到大同小异的条目：烂柯故事是流传在浙江衢州的当地民间传说，在山西省武乡县、广东省高要区、陕西省洛川县、山西陵川、河南新安等十几处地方的烂柯山也有类似的流传记述。

老百姓世代口口相传的烂柯传说，不仅逐渐形成了种类繁多、数量庞大的"王质观棋"传说系列，典故"洞中方七日，世上已千年"也成了华夏的一种文化符号。

众所周知的"烂柯山"位于浙江衢州，为何还要再去寻找呢？

> 往时烂柯山，近在人寰内。
>
> 之子矫鸿融，遂与风尘背。
>
> 英名播九州，流芳被千载。
>
> 忆昔皇王时，哲人犹自晦。
>
> 夷齐辍周粟，巢由淰唐秽。
>
> 苟无尧武心，畴能相假货。
>
> 乃知古圣君，怀贤掩瑕颣。
>
> 匪娟嘆嗜徒，而昵婀媕态。
>
> 世道日陵夷，喧吓崇偷辈。

岂无英特士，依稀存梗概。

重以铄金石，不获终草莱。

怅望名山云，俯仰曾叹慨。

——明代赵时春《烂柯山》

在平凉寻找烂柯山的故事要从十年前说起。2013年春季无意间读到赵时春的一首诗《烂柯山》，让正在寻找平凉古围棋文化的我不由心里一动，难道在平凉附近也有座烂柯山？赵时春在平凉历史上久负盛名，尤其是关陇地区可以说是大名鼎鼎，赵时春是平凉唯——位进入《明史》的才子。《明史·列传·卷八十八》："赵时春，字景仁，平凉人。幼与群儿嬉，辄列旗帜，部勒如兵法。年十四举于乡。逾四年，为嘉靖五年，会试第一。选庶吉士。以张璁言改官，得户部主事。寻转兵部。"刚满十四岁的赵时春考上举人，明嘉靖五年（公元1526年）十八岁时又取得会试第一名，选官翰林院庶吉士；后来历任刑部主事，翰林院编修、校书，山东按察副使，右金都御史，山西巡抚、提督等职。赵时春是明朝中叶有较大影响的政治家、史学家和诗人，他一生在仕途上却是三起三落。

赵时春文章豪肆、磅礴大气，明朝时期是与唐顺之、王慎中齐名的文坛大家。《明史·列传·卷八十八》："时春读书善强记，文章豪肆，与唐顺之、王慎中齐名。诗，伉浪自喜类其为人。"《明语林》有载："唐荆川于文上，少有推许，尝曰：宋有欧、苏，明有王、赵。赵是平凉赵时春，王谓晋江王慎中。"赵时春重要著作有《赵浚谷集》十六卷和《平凉府志》十三卷，均录于《四库总目》流传于世。赵时春还著有《惠民渠记》《复古南门记》《朝那庙碑记》《重修灵岩寺记》《剡山半雾》《仪山歌》《夜归仪州》《登古仪州西城》《华亭道中》《华亭雨雾》等著名文章。尤其在《朝那庙碑》一文中，讨论秦惠王《大沉厥湫文》的出土地点，断定华亭县西北砚峡不远的湫池就是朝那湫（庄浪古雷泽），是研究《诅楚文》的一篇非常珍贵文献资料。

赵时春三次被贬官回到平凉，因此多年就生活在平凉故地和华亭岳父家，留下大量记录陇东历史、描述风物的文章，抒情诗歌非常多，并对历史方面有许多独到的见解。赵时春笔下吞吐风云，气象万千，是中国历史上描写陇东人文与陇东风物文章最多的作家。

据史书记载，赵时春一生的工作与生活只在北方。所以见到诗作《烂柯山》时，心中不由地萌发出这样的念头，在平凉是否也会有座具有千年以上历史且文化底蕴深厚的烂柯山，让大才子赵时春写下豪情万丈的诗作《烂柯山》？抱着这样的疑问，笔者马上就把考察重点锁定在崆峒区和华亭县。先后对崆峒区和华亭县曾撰写过赵时春文章的几位作者进行走访，从他们那里得知华亭境内的确是有座烂柯山的。遗憾的是，这些作者对烂柯山的具体位置并不清楚，大家都是从研究赵时春相关背景资料时，知道华亭有座烂柯名山。

半年后一位好友从对赵时春颇有研究的华亭学者处，用手机拍来了两段资料照片：1933年《增修华亭县志》记述："皇甫山脉，蜿蜒向东，逐渐高壮，至李家塬分南北二支；北支为万子山、烂柯山，南支为齐山、皇甫山，至县城西北华尖山而终，其长度约四十里。"《平凉府志山川考》记载："华尖山位于县城西侧，泉家山在华尖山之西，烂柯山在泉家山之西。相传，古时有个叫王质樵夫上山砍柴时，正好碰见两位仙人正在山上弈棋，樵夫在旁边观棋。等棋下完后，樵夫王质发现自己斧柯和扁担已腐烂了，故后人就称此山为烂柯山或烂担山。"显然，华亭有烂柯山的推断是正确的。

不久在《嘉庆重修一统志》中查到标记有"烂柯山的几处地方有：沁州、河南府、祠州、平凉府、衢州府、肇庆府等。"又查询到《华邑志书》记载："城西二十里，有山曰烂柯。昔有一人，姓王名质，住居南村，入山樵采，见二人弈棋于松荫之下，傍立而视之，及弈毕而回，视柯担则己烂矣。"

关于平凉府烂柯山详细地点，文献上留下的线索非常有限，起初只能依据华亭县志的线索，顺着皇甫山脉来寻找其分支烂柯山。同时笔者数次托人到华亭县文化局等单位打问线索，也从与皇甫山脉有关的东华、西华、马峡、砚峡几个乡镇了解情况。的确有不少人是听说过华亭烂柯山（烂担山）的，却都不清楚烂柯山具体在什么位置，也不知道李家塬和万子山的位置。

2014年起，我多次驱车从东华至西华沿皇甫山一路打问，再到马峡等地试图寻找到李家塬、万子山或烂柯山之一，途中只要见到学校、村部、小卖部等都会进去询问一番，令人遗憾的是始终没有得到有用的线索。

2015年从我又《赵时春诗集》的《山居之八》诗中发现一条线索："乱石当壅众壑流，潆如原野浪如丘。禹功振古留人代，我辈安闲只自谋。深谷晓寒号虎豹，郁林峡束隐蛟蚪。烂柯聚米皆陈迹，今日重来感旧游。"从中得知在烂柯山附近还应该有座叫聚米山的遗址。据记载：赵时春罢官赋闲在家时，大多会住在马峡乡与砚峡乡之间的岳父家，因此可以断定赵时春对烂柯山和聚米山的感悟，应该对两处地方有过数次游历。

说来也巧，朋友介绍的一位华亭县历史老师正好听过聚米山故事：聚米山实际也是皇甫山脉的一条小支脉，可能有秦汉时期遗留下的古烽火台遗址，大体方位知道，详细位置也不清楚。据他分析烂柯山和聚米山应该距赵时春岳父家不会很远，认为烂柯山和聚米山就应该在马峡乡和砚峡乡附近。这位历史老师又谈到一件事：曾有数名国内知名专家对华亭近百座古烽火台遗址进行过全面考证，有专家们认为聚米山是商周时期的芮国和卢国时期遗存的烽火台遗址，也有专家认为是汉唐时期的遗址，时间差距比较大。

2016年春节曾在华亭县博物馆大厅见到一幅地图，上面有华亭境内百余座山峰，并清楚地标注着不同时代的古烽火台遗址，其中就有聚米山烽火台。由此可知赵时春的"烂柯聚米皆陈迹"是有历史依据的。至此，基本上能确定烂柯山就在马峡乡和砚峡乡范围，接着重点围绕马峡乡和砚峡乡对烂柯山进行探寻。仅2016年夏天至秋天，我曾三次专程去马峡乡和砚峡乡打探与寻找烂柯山，仍然无果。

2016年秋季从我岳父处见到一本叫《诗画华亭》配诗画册。书是原华亭一中辛自美老师编著的，用诗文表现华亭历史上各种传说故事的原创画作，其中就有"仙人弈棋"题材，内容讲述的正是华亭县烂柯山。全文如下：

"山不在高，有仙则名；水不在深，有龙则灵。"《平凉府山川考》记载：华尖山之西烂柯山。相传，古时有个樵夫上山砍柴，碰见两位仙人正在弈棋，樵夫旁边观棋。等棋完后，发现扁担在石缝成棵松，斧柯腐烂，绳化草团，故称此山为烂柯山。赵时春在《烂柯山》诗中说："往时烂柯山，近在人寰内""英名播九州，流芳被千载"。在山峰建有烂柯庙，昔名为烂担山，古松为一景，又有烂柯神庙，人们不畏高寒上山观山下马峡河，真是"仁者乐山，智者乐水"为一景观。

> 云外降仙对弈棋，樵夫意气阅历稀。
> 烂柯山名神话传，人事纷争一局棋。
> 车马进退崎岖路，将士起落曲折机。
> 文韬武略虽玄妙，仁智山水应反思。

还有一副对联：

> 南山插担云松奇，柯庙重建气象新。

笔者便托朋友去联系辛自美老师，结果是辛老师也没有去过烂柯山，辛老师文中讲到烂柯山"山下有一条马峡河"却是条非常重要的线索。这样让烂柯山范围从马峡乡和砚峡乡广大地区缩小到了马峡乡的马峡河流域。请教过当地人士，知道马峡河也叫北汭河。

从2016年春节到2017年底，笔者前后去过十余次马峡乡，每次都是围绕马峡乡马峡河的上下游进行搜寻打问，曾进入过赵庄、深沟、蒋庄、大岭、双明、上腰崖、下腰崖等村落，均无收获。

2018年春节前，我的岳父，年已八旬的齐效堂先生来电话告知，确定有人知道烂柯山。齐效堂先生从1959年平凉师范毕业起就一直在华亭县工作，曾担任过一中校长、教育局长和政协副主席等职务，属于地道老华亭。受我影响，岳父一家人都在关注着烂柯山。消息是一位叫施正的老师带来的，施老师无意间听朋友说起：东华镇东峡口村有座小山叫烂柯山，山上还有座烂柯庙。正好在腰崖村下游，王峡口水库的修建让原来马峡河河边古道中段，与资料上的描述不尽相同。

2018年春节过后便联系上施正老师。包括岳父与妻子在内的家人们都十分好奇，寻找好几年的烂柯山究竟是什么。午饭后大家想一起去看看，于是便驱车前往施老师家。

七十多岁的施老师曾是东华镇乡村的一位小学老师，退休后一直住在老家东华镇孟家庄。从华亭县城驾车仅十多分钟就到了接头的地点。施老师上车后便对我们讲，年前他与几位朋友闲聊时谈起老领导齐主席在找烂柯山，碰巧其中一位不久前去过烂柯庙赶庙会，便告诉施老师大致方位。这座小山施老师从小就知道，离孟家庄约三四公里，但不知道就叫"烂柯山"。施老师几次笑着解释，从没有想到王峡口水库边那座山就是烂柯山，否则早就告知了。施老师对烂柯山下面的王峡口村和王峡口水库自然比较熟悉，一是王峡口村中有些少年时的同学与朋友，二来当年建设王峡口水库时曾在此劳动过。

从孟家庄转一大圈才到王峡口水库附近，之后过了一座比较隐蔽的简易桥，经过近一千多米蜿蜒曲折的砂石路到达南村沟。车只能停在南村沟村口，穿过不大的自然村落便沿着羊肠小道上山。由于地形不熟悉，想从小路纵横的村落找到上山的路不太容易。期间施老师多次通过电话向朋友问着路，仍有几次走错了。整座山不算大，正面的山势呈现倒扇形，别具一格。沿着鲜有人迹的山脊土路行进，山脊上视线开阔，四处景色很好。山体平缓秀美、碧绿如玉，一片郁郁葱葱的树林，长在山顶，犹如烂柯山的发髻。

穿过树林见到一座古朴小庙、一块斑驳石碑，以及散落在草丛中一些或方或圆的残石。走近一看，庙前立着的大石碑，上面果然刻有《华亭烂柯山宝庙碑》，终于找到围棋人的圣地——烂柯山。烂柯庙有正殿三间，旁依侧房一间。虽然不够高大，但明廊、立柱、斗拱、窗棂，精雕细刻，别具匠心；彩绘壁画，色彩艳丽，功力深厚；屋顶的高脊、筒瓦，无不古风古韵。

身为甘肃医学院教授的妻子与家人一同帮着抄录下碑文，风化的字体不算清楚，足足花了四十分钟才完成抄录与核对，随后又拍照片作为资料备存。

《华亭烂柯山宝庙碑》原文如下：

考籍山名，烂柯其来久矣。亦来启肇于何代？但见华邑志书云："城西二十里，有山曰烂柯。昔有一人，姓王名质，住居南村，入山樵采，见二人弈棋于松荫之下，傍立而视之，及弈毕而回，视柯担则已烂矣。"后尝闻余父言曰：当明季末年，战事纷扰，人无果避。时有县令、旧公，见此山险峻，集民掘土为堡，以防盗贼。此时余父中年，命作督工，见山亦无祠庙，山顶上有大梨树一个，下有石室，内有神位。掘土之时，掘得铜钱几文，上有诗一首："局上观争战，人间任是非，任意采樵者，柯烂不知归。"堡成之日，上修官亭，官民以避盗患。乃至康熙十二年，吴三桂叛乱，重修堡寨，后建庙貌。又到雍正初年，众见庙宇破损，举余为会首，庙重装画，而未能挂匾勒碑。又过赛庙，思昔有深山，记唐诗一首："王子去求仙，丹成入九天，洞中方七日，世上几千年。"余尝观风景于崇阿，虽未临帝子之长洲，亦得见仙人之阿馆，层峦耸翠，上出重霄，飞阁流丹，下临福地，虽无桂阁兰宫，亦列冈峦之体。余所学浅疏，不顾贻笑于大家，窃取赞曰：山不在高，有仙则名；水不在深，有龙则灵。此山不高，烂柯成名；此水不深，波浪声灵。南山丽丽，悠悠接踵，峡若虎形；北山毓秀，益益高耸，势于龙腾。两山相向，汭水居中，风声水声，虎啸龙吟。山清水秀，宜出真人，君有仙根，樵采山林，仙家度世，借棋传真，遥身一化，超凡入圣。神赴三清，烂柯留名，灵气不昧，永庇庶民，千年祭享，香火是奉。余年七十有七，庙在虔诚，恐世远年湮，以没神踪，颇出己资，故勒石以志，挂匾以献，以应久远。

原城固县训导族孙王化辉撰立

雍正十二年仲夏

忙于观看碑文同时，也发现烂柯庙内外还有七八位村民在忙碌，一问才知道今天恰好是庙会。据村民介绍方知，烂柯庙每月的农历初一与十五都会有庙会。今天庙会活动已在半小时前散去，留下几位会首和打杂人员正在做一些善后工作，听到我们的来意显得非常友善。七嘴八舌轮流抢着介绍着烂柯山的前世今生，东拉西扯的内容虽不连贯也足够丰富：

烂柯山上从古时起就有一块记载王质故事的石碑，悬崖上有几处修道人的石室，远古的石碑在明末清初毁于战火；清朝雍正年间，王质后人在原址上重新立碑修庙，又毁于"文革"期间；1992年王姓族人再次为先祖立碑修庙。问到远古有没有确切时间，大会首讲："听先人（先祖）们说，烂柯神的故事应该是在汉代，差不多有两千年。先前留下的断碑则好像是唐代立的，两块断碑前几年还在庙前躺着，这两年就突然不见了，估计是文物贩子偷走了。"无论东汉还是唐代，年代都已经足够久远。

烂柯山下前后有南沟村、王峡口村和腰崖村几个村子，在明清时期几个村子的人大都姓王。村中王姓人自称是王质的后人，据说有传承至今的王家族谱，却说不清楚谁在保管。我们从现在的石碑落款"族孙王化辉撰立 雍正十二年仲夏"也能看出王家传承有序的事实。

天水经清水、庄浪等地翻越陇山至华亭、陇县进入关中，是自周代开始出入关陇的交通要道"陇山道"。关陇古道穿行于高的陇山之中，是阻隔关中与陇右的最大自然屏障，张衡称"陇坻之隘，隔阂华戎"。古歌谣："陇头流水，鸣声幽咽。遥望秦川，肝肠断绝。"陇山道中有大量老爷岭、固关、长宁驿、马峡、咸宜关、上关等关隘要塞，以及华亭和陇县境内古烽火台比比皆是。诸葛亮精心组织街亭战役，其战略目的就是为了争夺出入于关中的重要线路"陇山道"的控制权。

马峡河就是"陇山道"一段重要的要道，王峡口则处于马峡河的咽喉上，烂柯山与聚米山两山夹峙而立锁住咽喉之处，两山之间相距最窄处只有五十米左右，自古是兵家必争之地。此外有传说，王峡口是上古时期由大禹为治水劈开山峰而形成的。因为历史上多次战乱在此发生，使得马峡河周边的大多数人逐渐背井离乡；新中国成立后，王姓后人就已不多了，主要居住在峡口附近的河道旁边。在20世纪90年代初修王峡口水库时，中间横亘的水库大坝斩断了古道，最后几户人也搬离峡口进入村内。

庙的外墙上有许多幅画作，其中有两幅壁画内容就是有关神仙下棋。大会长告知庙墙上的壁画都是仿残墙上原壁画内容重新描上去的，有出入但变化不大。那幅王质扶扁担观看仙人下棋的壁画上还留有一首诗："人说仙家日月遥，仙家日月转堪悲。谁将百岁人间事，只换山中一局棋。"

我问几位会首："你们会下围棋吗？"大家听到都笑了，连声讲不会。突然间有一人冒了句："我们先人（祖先）可说过的，会下围棋那都是神仙。"顿时让我好一阵感动，围棋在纯朴山民心里的地位可是不低。

庙后便是陡峭的悬崖，悬崖上有密集的怪松和古藤，有道是"石崖突兀青苔润，悬壁高张翠藓长"。峭壁下面便是王峡口水库，悬崖上端有一个石洞，外小里大有十多平方米，明显是有住过人的痕迹，石壁上有斑驳的壁画依稀可见，基本上与碑文中的"下有石室，内有神位。"一致。峭壁中下端有两个更大的石洞，这两个石洞虽然巨大，但受对面聚米山的影响，阳光不容易照射到。再下面就是北汭河（马峡河）截流的王峡口水库，从水库边向上看，陡峭石崖呈现灰白色，大约有六七十米高，回望此山正好可用五个词来形容，"拔地而起、重峦叠嶂、奇峰突兀、怪石嶙峋、连绵起伏"，与聚米山隔壑相峙，兼具奇、秀、险、怪、幽的特色，真是一座洞天福地的灵山。

副会长陪我去看悬崖上的石室，他讲到上面石室的洞口旁边原来有一棵巨大的古松树，3至4人才能合抱，但这棵古松树长相非常奇异，奇异之处在于硕大的树干竟然呈现扁状的，宽处2米多，窄处1米左右，是非常罕见的异形古松树。当地人都认为这就是王质腐烂扁担长成的，因此也把"烂柯山"也称之为"烂担山"。1990年修水库时工地上需要大量木材，这棵奇异的巨大古松树竟然被施工方伐掉了，一棵承载着烂柯文化的古松树就这样莫名地消失了，深感遗憾。

庙后的不远处还有一方石基座，副会长指着地面介绍说：原来有一大青石刻下的围棋石棋盘，也不知道是什么年代留下的，大家都认为是神仙下过棋的地方。"文革"时期石棋盘竟然被人从山上推了下去，早已经不知去向。又是一桩非常闹心的事。

施正老师在下山路上又讲到，烂柯山的峭壁山崖，因为山岩呈现白色，也叫白石崖。真是"踏破铁鞋无觅处，得来全不费功夫"，在《赵时春诗集》中又发现过这样一首诗《登白石崖》："五风凌天起，三仙亦壮哉。川灵回抱阆，山势兢崔嵬。洞自娄生著，峡经神禹开。萧吹尚可听，柯烂若为裁。"两位下棋的神仙加上观棋成仙的王质，正好组成流芳百世的烂柯围棋三仙。

大名鼎鼎的平凉府烂柯山为何不容易找到？主要是王峡口修水库原因，原本由腰崖村通往王峡口的千年古道竟然被废弃。加上村落行政区划的变更，与记载发生了截然不同的变化。再者从腰崖村走烂柯山只留有一条羊肠小道，知烂柯山者自然甚少。

《古今图书集成·平凉府部汇考一》："（华亭县）华尖山，在县境，居山之西麓，古为亭，故以名县。泉家山，在华尖山之西。烂柯山，在泉家山西。观山，在烂柯山西北。"在《四库全书》中也找到有关烂柯山的几条重要信息：明嘉靖年间，由时任陕西巡抚赵廷瑞主修《陕西通志》："烂柯山在县西三十里。"清代甘肃巡抚许容监修《甘肃通志·山川·华亭》："烂柯山，在县北十五里见寰宇记。"另外在《永乐大典·华亭》也有："烂柯山在县北十五里，见寰宇记。"可以看出方位略有不同之处。从西华方向至腰崖村到烂柯山，就是"烂柯山在县西三十里"。如果从孟家庄方向上到烂柯山，就是"烂柯山在县北十五里"。事实上说明几种古籍的记载竟然出奇的一致。

米万钟，字仲诏，号友石，陕西安化（今庆阳庆城人）。明万历二十三年（1595年）进士，仕至太傅少卿，行草得米芾之法，与董其昌齐名，时有南董北米之誉，一生最大爱好就是收集奇石。1597—1603年丁忧在家期间，多次到宁县、平凉、泾川、华亭等地的马莲河、泾河和汭河流域寻找奇石，并在马峡河作过一首绝句《烂柯山》："双丸阅世怪他忙，为羡仙翁岁未央。假尔片时成异代，人天却比洞天长。"

中国历史上几次人口、经济、文化中心的较大转移，史料上一般都以"衣冠南渡"名之。中国历史上有三次因动乱而发生的大规模人口南迁现象，分别是：第一次，西晋末晋元帝司马睿渡江，定都建康（今南京）建立东晋；第二次，唐"安史之乱"后，中原士庶避乱南徙，定都江宁府（南京），建立南唐；第三次，北宋末，宋高宗渡江，以临安（今杭州）为行都，建立南宋。唐朝刘知几《史通·邑里》："异哉，晋氏之有天下也！自雒阳荡覆，衣冠南渡，江左侨立州县，不存桑梓。"

　　西晋末期的衣冠南渡，也开始使得道教逐渐向南方传播，以"烂柯山"为主流的神仙故事伴随着道教而传播，烂柯文化受到文人们喜爱。南宋时期江浙一带对神仙文化故事的追捧达到登峰造极的地步，从而掩盖其它地域烂柯文化的辉煌历史。从中华文明发源的渊源关系和围棋文化传承的角度来讲，曾经属于平凉府的烂柯山文化更值得大家去研究与探讨，平凉府的烂柯山故事或许才是烂柯文化的源头。

第二节　浅谈烂柯文化的重要性

　　烂柯山故事最早的文字记载，在东晋中期虞喜的《志林》一书中，北魏孝文帝时期郦道元的《水经注》以及南朝梁武帝时期任昉《述异记》等诸多史书中均有记载。"烂柯山"一词被收录到《简明不列颠百科全书》《辞源》《辞海》《中国地名大辞典》等名典中。烂柯逐渐成为经典汉语词汇，有岁月流逝、人事变迁的意思，也是"洞中方七日，世上几千年"典故的出处。后来又有人将其重新演绎成"山中一日，世上千年"。《醒世恒言·卷三十八》：李道人独步云门："一路想道：山中方七日，世上已千年。"《西游记·第七十七回》如来道："山中方七日，世上几千年。不知在那厢伤了多少生灵，快随我收他去。"

　　类似的神仙对弈的神话传说流传很广，覆盖了甘肃平凉市、山西武乡县、广东高要区、陕西洛川县、山西陵川、河南新安市、四川西昌和达州、福建南平、江苏虞县都有烂柯山，以及成都烂柴山、山东莱芜的棋山、福建武夷山的弈仙台等，远到日本竟然也有类烂柯山神仙对弈的传说。

　　浙江省烂柯山之所能驰誉中外，主要是烂柯文化元素作为西晋末期与北宋末期的南渡文人（诗人）抒发情感的重要精神寄托，成为其背井离乡时期特殊的文化内涵支撑，烂柯文化为其事、其诗、其情、其趣注入了中国传统文人士大夫所特有的家国情怀，寄托了其远离世俗的向往，烂柯文化精神更加深谙在心，成为写文作诗的重要体裁。晋代的殷浩、毛琚、虞喜；南朝的谢灵运；唐代的孟郊、白居易、刘禹锡、黄巢；宋朝的王安石、苏东坡、赵忭、朱熹、陆游；明朝的徐谓、徐霞客；清朝的左宗棠、李渔、洪升；现当代的汤恩伯、郁达夫、吴晗、邓拓、戴念慈以及罗哲文、葛洪升、周国富等名人都曾写下关于烂柯山的优秀诗文。从东晋起，很多与围棋有关的诗歌都喜欢用烂柯一词来指围棋，如《烂柯谱》等。

一、烂柯山故事的由来

虞喜的《志林》有载："信安山有石室，王质入其室，见二童子方对棋。看之，局未终，视其所执伐薪柯已烂朽，遽归乡里，已非矣。"

任昉《述异记》曰："信安郡石室山。晋时王质伐木至，见童子棋而歌，质因听之。童子与一物与质，如枣核，质含之不觉饥，俄顷童子谓曰：何不去？持起视，斧柯烂尽，既归，无复时人。"

余钰的《龙见壶稿》、刘兆元的《涤襟楼》、王观文的《宜园小品》、周鸿的《芥园文集》、顾元熙的《兰因馆稿》等书中均有王质观棋烂柯故事的叙述。

《水经注·卷四十》引《东阳记》云："信安县有悬室坂。晋中朝时，有民王质，伐木至石室中，见童子四人，弹琴而歌。质因留，倚柯听之。童子以一物如枣核与质，质含之，便不复饥。俄顷，童子曰：其归。承声而去，斧柯漼然烂尽。既归，质去家已数十年，亲情凋落，无复向时比矣。"

文人们认为衢州烂柯山相关记述比较可信的原因，是认为虞喜、任昉都生活在浙江，对当地文化比较了解。《晋书·虞喜传》载："虞喜，字仲宁，会稽余姚人，光禄虞潭之族也。父察，吴征虏将军。喜少立操行，博学好古。诸葛恢临郡，屈为功曹。察孝廉，州举秀才，司徒辟，皆不就。"虞喜作为宣夜说的继承和发展者，在我国天文史上最早发现了岁差的天文学家，定出较为精确岁差值。他一生不喜欢做官，是位居家道士，精通易经学与谶纬学，为后世留下《安天论》等著作。为推广道教，嫁接与演绎道家神话故事也是在情理之中。

《晋书·儒林列传》："（虞）喜专心经传，兼览谶纬，乃著《安天论》

以难浑、盖，又释《毛诗略》，注《孝经》，为《志林》三十篇。凡所注述数十万言，行于世。年七十六卒，无子。弟豫，自有传。"

晋代虞喜著的《志林》一书早已失传，其中内容全部是通过其他书籍转述而流传下来重新编撰的辑本。鲁迅的《古小说钩沉》辑有《志林》佚文，1914年8月18日《鲁迅日记》有记载："写《志林》四叶。"鲁迅曾亲自编撰的辑本《志林》一卷，就是根据《史记索隐》《史记正义》《三国志·吴书》《太平御览》等十余种古籍校录而成，共有四十则。此辑本只留有手稿，未印行。

南朝杰出的数学家、天文学家祖冲之，主要著作有《大明历》《安边论》《缀术》《历议》等，祖冲之还编著过十卷志怪故事的小说集《述异记》。但讲述王质烂柯故事的却另一套《述异记》，作者则是同时代的任昉，同样是一套志怪小说集。《梁书·本传》："昉字彦升，乐安人。官至新安太守。""《述异记》以志怪为宗旨，然内容颇杂。"晁公武《读书志》曰："昉家藏书三万卷。天监中采辑先世之事，纂新述异，皆时所未闻，将以资后来属文之用，亦《博物志》之意。"在南朝宋、齐、梁三代为官，梁武帝时为黄门侍郎，出任义兴太守（今浙江淳安西）。有趣的是鲁迅先生针对《述异记》也有辑本，在鲁迅先生辑本中有一些故事如"梦口穴"、"历阳湖"、"园客"、"封邵"、"朱休之"等条目，一部分出于任昉本，只能以不见于任昉本的视为祖冲之作，并且文字详略多有不同，有待考订。

鲁迅先生对志怪类小说是十分喜欢的，他针对《志林》《述异记》等都有过辑本，另外鲁迅先生的《古小说钩沉》也辑有《志林》《述异记》的佚文，说明鲁迅先生采用古籍校录时，有没有混淆王质烂柯故事的出处，也不得而知，需要专家们对采用这类古籍所辑的内容真实性再考证才是。显然，志怪小说更多只能是当故事来听，与史料无关。

《水经注·卷四十》中"见童子四人，弹琴而歌"。文中并没有讲到童子在下围棋。有意思的是，后世学者们重新讲述王质烂柯围棋故事时，引经据典最多的当然是《水经注》一书，在文章的引用中，有些作者会巧妙地写成"见童子四人，下棋而歌"等，常常会出现围棋或者对弈字眼。或许相比《志林》《述异记》和《列仙全传》等神话小说类，《水经注》史料价值更高、更权威。

杜撰一词与浙江的一位著名道士有关。杜光庭（850—933年），字圣宾，号东瀛子，浙江缙云人。唐懿宗时期数次考进士未中，随后便到天台山入道。杜光庭精通儒家、道家典籍，在四川做道士时，出于维护道教的目的，就编撰了大量的神话故事用以阐扬道教，今存世的有《灵异记》《神仙感遇记》《墉城集仙记》等；对道教仪则、应验方面的著录有《道德真经广圣义》《道门科范大全集》《广成集》等。《道藏》中也收录杜光庭著作有二十七种，共二百余卷，其中很多神仙怪异的内容都属于杜光庭道士的胡编乱造。由于是杜光庭所编撰故事而能伴随道教传播而流传于世，因此对于没有事实根据而进行胡凑的著作，后世文人都喜欢称之为"杜撰"。

某种程度上来讲，虞喜、任昉等应该算是神仙志怪故事的传播者；杜光庭则是神仙怪异故事的原创者；同样对《玄怪录》等小说也颇有研究的鲁迅先生，就是中国志怪大全的好奇者、整理者与传承者。自古到今浙江众多学者的作为与努力，极大地推动了浙江地域的道教发展与神话故事传播，使得浙江从东晋时期开始一直是中国道教与佛教最活跃的省份，南宋时达到顶峰。据官方正式统计：目前浙江道教场所多达一千六百多所，牢牢占据着中国道教场所第一的省份；浙江佛教场所也有四千多所，同样占据着全国第一。

二、烂柯的文化意义

神话传说往往反映着某个时期人们对理想社会的追求和对美好生活的期望，通过研究烂柯传说和国内众多的烂柯遗存，有助于我们了解当时的社会状态。烂柯故事出现后在各地广泛传播，长期以来精通琴棋书画的文人们非常喜爱这类围棋神话故事，并纷纷进行了重新艺术加工，在诗歌、绘画等领域出现了一大批以"烂柯"为题材的艺术作品。

虞喜《志林》所载，王质在石室所观两位对弈者，是童子而不是老者。

到了明朝中期《列仙全传》，故事又演变成："王质取斧，柄已尽烂。遂归家，已历数百年。亲人无复存世，后入山得道。"清代的张贵胜所辑《遗愁集·卷九》有关王质的记载，存在较多文字缺失，句子已经不完整："王质樵柴至信安石室中，星五翁巫舆奋劳，立观之……看局未终，川祝苍柯已烂，急圃归，家中已尘午代故犬交睬无复有存寿悲，迄今有烂柯山"显得变得不易识别与理解，有专家对《遗愁集》作出重新注解：一个名叫王质的樵夫一天上山砍柴走进一处石室中，看见两个老人正坐在里面下围棋，就走上前立在一旁观看。老人给他一枚状如枣核的东西，含在嘴里便不觉得饥渴。一局还没下完，王质回头一看，发现砍柴用的斧柄已经烂了。王质赶紧下山回家，谁知家中面目全非，原先的父老乡亲早已不在人世。一打听，已历时两代。原先版本内容比较混乱，新版应该是专家借鉴了其他书中王质烂柯故事的内容进行修饰创新而成。

（一）绘画

以"烂柯"为题材的绘画作品，有宋代郑思肖的《烂柯图》，明代张以宁的《烂柯山图》，清代丁光鹏的《烂柯仙迹图》等以及各种书籍中的插图版画，其中最著名的是明代文人徐渭所画的《烂柯图》。

各种工艺品和实用器具中，也有许多以烂柯为题材的装饰画，如粉彩笔筒、青花瓷瓶、壁画、花瓶、木刻、砖雕、铜镜、铜币、扇子等。它们共同组成了丰富多彩的"烂柯"文化艺术品，并融入寻常百姓的生活中。

（二）诗歌

在围棋文化史上，"观棋烂柯"是一个最引人遐想和最令人感叹的传说。将围棋变幻无穷神秘莫测的特点和弈者殚精竭虑欲穷造化的特点，生动而夸张地表现出来，因此烂柯为题材的围棋诗歌就相当多，据统计流传下来的约有八百余首。

宋代赵湘的《游烂柯山》："仙人与王质，相会偶多时。落日千年事，空山一局棋。树高明月在，风动白云移。未得酬身计，闲来学采芝。"

宋代陈岩的《斧柯岭》："偶尔观棋忽烂柯，岂知胜负是如何。归来笑问人间事，恰是人间胜负多。"

宋代郑思肖的《烂柯图》："日出樵柴日落归，几年黑白梦纷飞。看来直待斧柯烂，始悟老仙棋外机。"

宋代刘敞的《围棋调邻几》："华发仙翁共弈棋，樵柯烂尽忘归时。洞中日月迟如此，世上荣枯讵得知。"

宋代顾逢的《王质观棋》："弈边忘日月，况复遇神仙。石上无多著，人间几百年。指枰如料敌，落子欲争先。想尔腰柯烂，回头亦骇然。"

明朝徐渭《题王质烂柯图》："闲看数着烂樵柯，涧草山花一刹那，五百年来棋一局，仙家岁月也无多。"

清朝戴名世的《游烂柯山》："采樵偶向洞天行，一局中间世已更。不看仙人贪看弈，模糊仍复觅前生。谪向尘寰病未瘳，同班仙侣近如何。语君弈罢朝天去，为谢狂生罚已多。"

（三）名扬天下的《烂柯经》《烂柯谱》

《烂柯经》云：博弈之道，贵乎严谨。高者在腹，下者在边，中者在角，此棋家之常法。法曰：宁输一子，不失一先。击左则视右，攻后则瞻前。有先而后，有后而先。两生勿断，皆活勿连。阔不可太疏，密不可太促。与其恋子以求生，不若弃之而取胜；与其无事独行，不若固之而自补。彼众我寡，先谋其生；我众彼寡，务张其势。善胜者不争，善阵者不战；善战者不败，善败者不乱。夫棋始以正合，终以奇胜。凡敌无事而自补者，有侵绝之意；弃小而不救者，有图大之心。随手而下者，无谋之人；不思而应者，取败之道。《诗》云："惴惴小心，如临于谷。"此之谓也。诗曰："棋盘为地子为天，色按阴阳造化全。下到玄微通变处，笑夸当日烂柯仙。"

据传《烂柯经》是由号称"臞龄老人""臞仙"朱权所编辑。朱权（1378—1448 年）是明太祖朱元璋第十七子，封宁王，号臞仙，又号涵虚子、丹丘先生。朱权多才多艺，"群书有秘本，莫不刊布之"。编撰《烂柯经》的原始资料，极有可能出自宋代或者更古的众多围棋典籍，有些围棋典籍中就包含用于剖析正文的注文，因此《烂柯经》有着自己的风格和文化特色。作为皇家贵胄的朱权，自然有条件获得皇家与民间的各种围棋秘本。

安福欧阳旦的序文："儒家者流若皮日休、班固、马融、柳宗元、张拟、刘仲甫辈，尝为之原、为之旨、为之赋、为之序、为之经、为之法，三十有二为之势，八十有一形胜有图，剖析有注……散见于百家传记，迨遐龄老人臞仙乃集为一编，取石室烂柯之义，合而名之曰烂柯经。版久而废……"《烂柯经》中前后13篇棋经注文，有可能就是宋代刘仲甫《棋经》原文的一种新注解，这对研究《棋经十三篇》乃至研究中国古代围棋史极有重要意义。

绝世棋谱《烂柯谱》，据说是王质观几位童子下棋留下历史记忆。围棋在中国有着悠久的历史，经过几千年的洗礼，早已和中国人的精神状态结合在一起。烂柯山故事是民间传说的杰出代表，具有民间传说的基本特征，语言朴实简洁、内容丰富、优美动听，这其中寄寓了劳动人民对自然与生命的抗争和与天地共存的欲望。

三、重视孔子文化和烂柯文化的衢州市

2004年10月9日至11日，时任浙江省委书记的习近平在衢州调研时指出："衢州要同时积极发掘文化内涵，打好'两子文化'品牌。南孔文化关键是扩大宣传，提高知名度和影响力；围棋文化要进一步提高运作水平，开展一些有影响的活动。"

南宋初，孔子第四十八代嫡长孙孔端友，从山东曲阜南迁至衢州，在此再建孔氏家庙，使得孔氏文化，始分南北，遥相呼应。

"围棋仙地"烂柯山和"南孔圣地"孔氏南宗家庙作为城市的两大文化亮点，成为衢州区域文化的重要定位。衢州市确定了自己的城市文化精髓就是"孔子文化"和"棋子文化"，如何将"两子文化"打通融合，是衢州文化建设和城市品牌建设自成体系、独树一帜，组合成耀眼的城市名片的

一项重要使命。

南孔府与烂柯山一样，应该是历史上几次"衣冠南渡"留下的宝贵文化遗产。烂柯典故已盛传围棋界，成了围棋文化的重要组成，声名远播海内外。衢州烂柯山之所以成为全国著名的游览胜地，与南宋时起许多名人曾来此留下许多咏烂柯山诗文有着莫大关系。

（一）衢州努力打造城市特色文化

随着中国城市高速发展和信息技术突飞猛进，城市面貌与城市文化容易出现同质化，形成城市的"特色类同"和"文化类同"现象。如何打造出城市的特色文化，成为衢州市的重要工作。能从衢州市独特的自然特征、文化特征两个方面入手，重新塑造出衢州特色烂柯围棋文化，说明衢州市领导班子有着长远的眼光、强大的魄力与坚定的决心。

2011年5月23日，"烂柯山传说"经国务院批准列入第三批国家级非物质文化遗产名录。2019年11月，《国家级非物质文化遗产代表性项目保护单位名单》公布：山西省陵川县人民文化馆和浙江省衢州市文化馆，联合获得"烂柯山传说"项目保护单位资格。因此"建设世界围棋圣地"就成为衢州市占领中国围棋文化高地的一个重要手段，衢州市紧紧抓住这一目标，从城市围棋硬件提升到城市围棋氛围营造下足了力气，一切都是为了精心做好烂柯围棋文化的大文章。

（二）首部围棋立法横空出世

经浙江省人大常委会审议批准，《衢州市围棋发展振兴条例》在2022年4月1日起施行。这是中国首部针对围棋振兴和发展的地方性质围棋立法，标志着衢州在弘扬中华优秀传统文化进入实质性阶段。采用法律手段保驾护航，用差异化特色化文化的方式来通过推动城市围棋普及与发展，衢州市逐渐走向全国、走向世界的视野。可以说衢州围棋立法对中国围棋普及和发展具有战略意义，不仅会影响到衢州城市的未来，也会影响到中国围棋的发展。

《条例》共分七章四十五条，明确提出：以建设世界围棋圣地为目标，从围棋文化弘扬、围棋教育普及、围棋水平提升以及围棋产业融合发展等方面做出规定。《条例》规定，全市所有幼儿园、中小学校应结合学校特点开设围棋课程，普及烂柯围棋文化。制定出覆盖幼儿园、小学、初中和高中围棋进校园的年度赛事计划，引导学校将围棋纳入学校运动会项目。而高等院校、中职学校应将围棋纳入课程体系，开设选修课程，鼓励开设围棋学院或专业，承担定向培养围棋教师、开展围棋科研等工作。条例中系统性、规范性的要求，势必会推动衢州市围棋的健康发展。

《条例》还明确要求建立起"烂柯"系列国际、国内、市内等各种层次围棋赛事体系，明确把国际围棋文化交流中心建成集世界围棋竞赛、文化交流和训练为一体的示范基地，衢州市还将配套发布《关于加快建设"世界围棋圣地"的若干政策措施（试行）》，与《条例》形成有效衔接，一切都有助于推进衢州市世界围棋圣地建设工作。

（三）围棋活动的组织措施

衢州通过建立全方位的围棋赛事体系，保障打造衢州国际围棋文化交流中心等一系列重大举措，全力营造全社会围棋竞技和围棋文化氛围，从而促进"棋子"文化事业的蓬勃发展。衢州市组合式的做法，开创了城市围棋活动大发展的先河。

计划开展烂柯围棋文化传说、民间故事、棋谱、碑文、诗词等整理和研究工作，推动"烂柯文化"成为"围棋申遗"的重要组成部分，这也是衢州市下出的一步妙棋，把城市围棋文化的宣传与中国围棋申遗进行了有机结合。

衢州市在弘扬中华传统文化，讲好烂柯神话故事方面，显然走在全国其他"烂柯山"前面，甚至可以说是遥遥领先。衢州市借助烂柯围棋这个文化平台，让世界认识了衢州。这反映出衢州市委、市政府与社会各界对传统文化、对神话故事的高度自信，以及打造神话故事的坚定意志，其他有烂柯文化的城市值得深刻反思。

衢州市能心无旁骛地打造烂柯围棋特色文化，其他有着"烂柯山"文化的城市需要用心学习和努力追赶。打造与弘扬"烂柯围棋文化"，平凉也可从中得到有益的参考。

第三节 浅谈烂柯山的原发地之争

历史上，沁州、河南府、祠州、平凉府、衢州府、肇庆府等众多地域都有烂柯山，原发地之争肯定是免不了的。原发地，不是来比谁宣传做得早，不是比谁的故事讲得有多么好，不是比谁的资金投入有多大，更不是比谁家的嗓门有多大。

如果有真正的烂柯山原发地，则就要看是不是华夏文明的发祥地，有没有存在围棋文化的生态环境，有没有出现过烂柯文化的传承关系，周边地区有没有出现下围棋的"众神"们等等，有了这些文化故事基本要素的来龙去脉，再谈烂柯文化的原发地或许才算靠谱。

一、神话故事是中华文化的重要组成

烂柯文化肯定是神话故事，神话故事同样来源于生活。十三届全国人大一次会议上，习近平总书记曾发表过重要讲话："在几千年历史长河中，中国人民始终心怀梦想、不懈追求，我们不仅形成了小康生活的理念，而且秉持天下为公的情怀，盘古开天、女娲补天、伏羲画卦、神农尝草、夸父追日、精卫填海、愚公移山等我国古代神话深刻反映了中国人民勇于追求和实现梦想的执着精神。中国人民相信，山再高，往上攀，总能登顶；路再长，走下去，定能到达。"

中国神话是上古时期传统文化的产物，反映了早期华夏儿女淳朴的思想以及古人对自然现象及社会生活的原始幻想，并通过超自然的形象和幻想的形式来表现故事和传说。中国神话是关于上古传说、历史、宗教和仪式的集合体，通常它会通过口述、寓言、小说、仪式、舞蹈或戏曲等各种方式在上古社会中流传。从历史角度看，上古神话会被认定是历史真实的组成部分，关于中国神话的最初文字记载是在《尚书》《礼记》《左传》《列子》《庄子》《楚辞》《国语》《纬书集成》《吕氏春秋》《山海经》《楚帛书》《淮南子》《纬书集成》《史记》《水经注》等古老典籍中发现的。从文学的角度来说，神话都以故事的形式表现出远古人民对自然、社会现象的认识和愿望。神话通过以神为主人公，它们包括各种自然神和神化的英雄人物，神话的情节通常表现为变化、神力和法术等。神话的意义通常显示为对某种自然和社会现象的解释；有的表达了先民征服自然、变革社会的愿望。

"神话是文化的母体"，上古神话传说是人类早期历史的回响，中国上古时代的神话传说则是华夏先民在改造自然和社会时留下的最初的印痕，是中华数千年文明长河的根源。从上古时代流传至今的神话传说蕴含着丰富的精神内涵，是中华民族民族精神的重要组成部分。自古以来，华夏民族非常擅长"用神话讲文化，由文化讲神话"。

"神话"不再指代那些虚构不真实的东西，而是与中华民族的文化历史紧密关联在一起。要充分利用各民族文化的神话传说，这些神话可以提炼中国传统文化和历史的重要知识。由此可见，原本那些被贴上不可信的、充满文学想象标签的神话传说，也逐渐成为讲述中华民族文化精神与历史故事的重要文本。在创世神话部分，中华多民族都保留了混沌的神话故事，这些混沌时期神话成为中华民族文明起源与人类起源的远古记忆，也是中华传统文化的基因。从混沌到创世神话，到黄帝问道广成子，再到传世的《老子》文本，可以形成"道生一，一生二，二生三，三生万物"的创世神话模式。可见，中华各民族的先民用极为古老的神话故事是同根同源、结构相似的，这种集体记忆形成民族文化的传承。今天从这些古老的神话传说中，我们依旧可以从深处感知到中华各民族中极为古老的文化基因。

烂柯山自古以来就作为承载美丽故事和神奇传说的仙境，牢牢地吸引着历代的文人骚客们，留下大量脍炙人口的诗文、绘画、书法等作品。

二、烂柯山传说有原发地吗？

国内称烂柯山或有烂柯传说的地方非常多，那么在古籍中的"王质烂柯"究竟指的是何处烂柯山呢？"围棋仙地"又到底在何方呢？对此自古以来文人墨客一直是众说纷纭，就连最近出版的《辞海》对烂柯山今址也作了回避。《中国历史文化悬案总览》虽将烂柯山也列入，但明确称"烂柯山"全国有六座，沁州、河南府、祠州、平凉府、衢州府、肇庆府等，这与《嘉庆重修一统志》表述是一致的。

理论上讲，烂柯故事原发地是有可能存在的。在研究烂柯文化时，可以顺其自然去探讨与考证，以增加烂柯文化的宣传特色。

与道家和道教密切相关的传说和神仙故事，乃至一些离奇谈论，基本可以视为信史，作为具有宗教内涵、深入华人的心灵世界和民族文化认同的文化创造，具有正史所不可替代的价值，同时对后世的历史不断地产生着真实的影响。

三、平凉有着独特围棋生态

华亭烂柯山北边约六十千米处有座广成子与赤松子对弈棋盘岭，黄帝与容成公下棋的着棋台，西边方向五十多千米处有一座赤松子与赤须子下棋的棋盘峰，不足二十千米有吕洞宾与铁拐李下棋的棋盘桥，东边百余公里处还有座方寸山等等。这么多与围棋有关的地名密集分布于附近，这只是巧合吗？天下并没那么多巧合之事。这是一片神奇的土地。古代时期，陇山到处都盛行围棋；今天，这里仍是中国的围棋之根。华亭烂柯山、崆峒山棋盘岭、崆峒山着棋台、崆峒山铁楸枰、平凉天元山、华亭棋盘桥、庄浪县棋盘峰、灵台县方寸山等，还有唐朝名相牛僧孺在灵台县"玄怪斋"所写的《玄怪录》等等，都反映出平凉早已形成独特围棋起源生态。

古往今来，围棋把中华文化的精髓系统地包含在其中，因此围棋绝不仅是一种单纯的智力游戏。高深莫测且包含着华夏文化大智慧的围棋，显然不可能与中华文明起源毫无关联地凭空突然出现，她肯定是在一个良好且与之关联的原始文化下长期发展的产物，这需要一个与华夏文明有着紧密联系的文化生态环境存在。华夏文明起源生态母系统与围棋文化生态子系统之间相互关联与影响着，随着两种文化生态进一步成熟与发展，围棋才能顺理成章地把中华文化的纯正基因包含在其中。

陇山是中华文明发祥的祖庭地，是中华文化起源的根本所在，平凉及周边地区在八千年前至五千年前就已经形成华夏大地最重要的文化生态，优秀的华夏文明起源生态环境为围棋起源创造充分与必要条件，进而促使形成独特的围棋文化生态系统，让平凉成为中国围棋文化故事最丰富的地方。

"会当凌绝顶，一览众山小。"站在平凉府烂柯山山顶时，也就有了居高凌下的感觉。有一条缓坡小道上山，山路就在烂柯庙的正面，其两侧均无上山的路，其背面路据说原有一条上山道，不过那是陡峭的绝壁之道。听说王质就是走这条险道，才巧遇了正在下棋的两位弈仙。不妨大胆猜测，这两位弈仙也许就是广成子和赤松子，或许是赤松子与赤须子，或许是吕洞宾与铁拐李，只有平凉自古才有着众多下棋的神仙。"何处逢神仙，传此棋上旨。"

四、衢州烂柯山与平凉崆峒山

衢州市有个经典民间传说："炎黄时代、当时炎帝的雨师赤松子与其小女儿少姜先在石室中修炼。春秋时期又被称为石室山、空石山、空洞山。北魏时期称悬室坂，唐初称为石桥山。元和初（约806年）此山始被称作烂柯山。"

各位看官可以发现，衢州烂柯山这一系列的演变过程，似乎就是上古时期崆峒地域围棋文化的翻版。崆峒山棋盘岭，广成子与赤松子对弈要早于"尧造围棋"三百多年。

烂柯山传说有着如下的内涵。

一种对自由境界的向往。在烂柯山的神仙世界，不是物质的富有，而是精神的享乐。王质观棋，可以摆脱现实的束缚，进入超越时空的神仙境界。有人钟情烂柯山的传说，是因为它可以寄托人们对自由超脱境界的向往，这和道家追求的清静无为、绝对精神自由的"得道"境界是一致的。

一种对现实的无奈逃避。在一些人看来，王质的现实生活是贫困的、无奈的，只有在观棋烂柯中，才能摆脱烦忧痛苦，逃离贫困无奈，聊以自慰。孟郊的诗作表达的正是这种心理："仙界一日内，人间千载穷，双棋未遍局，万物皆为空。樵客返归路，斧柯烂从风。唯馀石桥在，犹自凌丹虹。"

一种时空相对性的哲学思辨。"洞中方七日，人间已千年"。在烂柯山传说中，仙界与人间、快乐与烦忧、时间的快与慢、空间的有限与无限、人生的永恒与变迁等等，都通过王质观棋联系起来，对立统一起来，启迪着许多哲学思考。

一种人生如棋、棋如人生的隐喻。"局上闲争战，人间任是非，任意采樵者，柯烂不知归。"在朱熹的诗里，将围棋的争战与人间的是非联系起来，将棋局中的玄机与人世间的纷争变迁以及人生的无常变化联系起来，表达了人生如棋、棋如人生的感慨。

一种对围棋魅力的注解。围棋变幻无穷，神秘莫测，对弈者殚精竭虑，全神贯注，可以进入到忘我、无我的境界。所以围棋也叫忘忧、坐隐。烂柯山的传说，就是忘忧、坐隐的象征。

一种对沉迷沉沦者的讽诫。对于那些胸无大志、游戏人生、痴迷玩乐、不务正业的人，可以用烂柯山的故事劝诫他们幡然悔悟，回到现实，不要因观棋而耽误一生。这也是《醒世恒言》将烂柯山传说编入其中的用心。

第四节　王质家族谱系的探讨与研究

　　一般来说，作为神话故事是很难讲清楚主人公是虚拟的神，还是被神化的人。如果是虚拟的，显然不可能有原发地。如果是被神化的人，肯定是有原型的人。比如在西周讨伐殷商时，其中就有许多被神化的人，像姜子牙等，同时也有许多虚拟的神；三国时期不仅诸葛亮被神化，就连关羽也被后人封成"财神"；隋唐演义时期的尉迟恭与秦琼后来成了门神。这类的神人一体故事在历史上还有很多。

　　王质究竟是不是神化的人？如果是，不仅会有原发地还有真实的人。衢州府烂柯山讲显然是一位虚拟的神，故事也好像是突然间冒了出来一般，没有任何来龙去脉。

一、王质是人是神？

　　平凉府烂柯山却真是与众不同，我们先可以从平凉府烂柯庙前关于王质故事的碑文"原城固县训导族孙王化辉撰立，雍正十二年仲夏"中可以看出端倪。

　　城固县是陕西省汉中市属下的一个县，训导一职见《清史稿·职官三·儒学》："儒学府教授、正七品。训导，从八品。州学正、正八品。训导，县教谕、正八品。训导，俱各一人。教授、学正、教谕，掌训迪学校生徒，课艺业勤惰，评品行优劣，以听於学政。训导佐之。"

　　说明为樵夫王质立碑的人，是他若干代后的族孙王化辉，当时担任城固县学校之学官，相当于八品官员，应该是秀才或者举人出身。作为这样一位饱学之士，大概不会做出乱认祖先之事。因此，王质肯定是一位被神化的人，中国自古就有祖先崇拜的习俗。

二、探究华亭王峡口与城固王家有着怎么样的联系

为此，我先后在数年中分别请教过王峡口村的几位王姓农民和烂柯庙的多位会长。立碑之人为什么不是王峡口原住民，却是雍正年间的汉中城固县"公务员"王化辉？

每次询访中，大家说法总有不一样的地方，甚至有些出入，估计是历史久远，口口相传中正常存在的变化。有讲是鬼谷子一族后人在楚汉大战时来到王峡口附近的山里居住；有讲是王莽被绿林军攻入长安杀死后，有个年幼的庶子被大臣领着四处逃亡到华亭……但有一点是一致的，所有说法均指向汉朝。

有一位五十岁左右的王姓农民兄弟的叙述，引起了我的兴趣：他的太爷是清末民初读过几年私塾，当地算是有学问之人，以做生意为生。他很小时候听太爷讲过，祖上是准备跟随张骞出塞西域的一名尉史，没有想到离开长安不久，在现华亭县古道遇到一股强敌。《古今图书集成·平凉府形胜·华亭》："林木畅茂，人民鲜少，承平日久，渐益开辟。"经过殊死搏斗军士们英勇地消灭了敌人，但为保护张骞安全王姓尉史竟身负重伤，无法随队前行，只好留在当地养伤。等到张骞十多年后从西域返回时，王姓尉史已经在朝那（现华亭）当地结婚生子。王家先祖虽再没有跟随张骞回到长安，却与张骞结下的生死情谊，让张王两家世代保持着深情厚谊。后来每当陇山地区有战乱时，总有一些王家族人会去汉中投奔张骞后人。由此看来，王化辉就应该是明末清初时，王峡口去投奔汉中城固的一员，等到清朝大局稳定后，专程带族人修烂柯庙以祭拜祖先王质的。终于让烂柯谜团有了一把能打开的钥匙，将王质及王峡口与城固的前世今生讲得清清楚楚。

建元二年（前139年），西汉王朝为了联合西域各国抗击匈奴，汉武帝招募使者出使大月氏，张骞"以郎应募，使月氏"。匈奴人堂邑父被张骞选中了来担当向导和翻译，张骞率百余人从长安出发，经现在的陇县、华亭、清水、天水到达陇西后，就被匈奴扣留。在长达十三年之久的奴役、饥寒交迫、暑热风沙的磨砺中。终于在元朔三年（前126年）乘匈奴内乱，只有堂邑父伴一人随张骞逃回长安。向武帝禀告有关西域的政治、经济、军事、地理等情况后，朝廷论功行赏封张骞为太中大夫，堂邑父为奉使君。

《史记·匈奴列传》："是时雁门尉史行徼，见寇，葆此亭，知汉兵谋，单于得，欲杀之，尉史乃告单于汉兵所居。"唐颜师古在注解《汉书·匈奴传》"雁门尉史行徼"一语时云："汉律，近塞郡皆置尉，百里一人，士史、尉史各二人，巡行徼塞也。"《汉书·赵广汉传》："广汉使长安丞按贤（苏贤），尉史禹故劾贤为骑士屯霸上，不诣屯所，乏军兴。""尉史，尉部史也。"《汉书·田广明传》："尉史苏昌共收捕之。"《汉旧仪》载："更令吏曰令史，尉吏曰尉史，丞吏曰丞史。"

张骞生地在白崖村，张骞墓也在白崖村。白崖村始终保持着延续至今的名字，自始至终未曾改过名。有趣的是，离烂柯山不远处有个叫白崖山的地方，《甘肃通志卷五·山川·华亭》："白崖山，在县西北。"《平凉府志·华亭县山川》记载："白崖山，西南曰土山，凤山。"据传白崖山下有过张骞的衣冠冢，在唐朝后期吐蕃占领华亭县时被毁。嘉靖十七年（1538年），赵时春登上白崖山，并作五首《登白崖》。其中两首写道："独上摩云岭，遥瞻大震关；秦凉千里道。仪陇万重山；绿水乱分渡，白云出自闲；十年成昨梦，高卧碧峰间。""凄其飞风雨，突兀朝那云；云雨梦何处，云霓望已勤；征器雄汉将，诅楚陋秦文；寂寞英豪客，空悲千载闻。"

由此分析推断可以得出两点结论：（1）城固县与华亭县因为张骞和王质肯定有着千丝万缕的联系；（2）樵夫王质未必是王尉史，王质较大可能性是王尉史数代以后的子孙。有了这一发现，近几年中我曾托过陕西围棋名宿赵子儒老师等多人，帮忙打问王质在汉中市城固的后人，一直没有得到音讯。自己匆匆去过一趟，一个外地人面对硕大的城固县城乡，在"文化名城"中没有任何头绪的打问，竟然让人误解为收文物的。

期待有更多的围棋爱好者关注烂柯文化，关注王质后人在华亭和城固之间存在的千年故事，一起努力，早日找到线索与答案。

第五节　烂柯山立碑记

自2018年年初寻找烂柯山有成果后，过去几年的时间里，每年我总要带领几拨对烂柯文化感兴趣的文人和围棋爱好者登临烂柯山，算起来也当过十多余向导。在当向导期间，对华亭烂柯文化宣传与打造有一定影响力的有过三拨人。

一、"世界围棋发源地高峰论坛"采风团的宣传

第一次当向导是在2018年的6月6日，我带领了由平凉市文广（体育）局组织的"围棋文化采风团"，成员有平凉市原文联主席姚学礼、平凉市人社局纪检组长朱国勇、《平凉日报》记者姜慧仁、平凉市体育中心主任冯韶龄等。

平凉市文广局组织采风团有两个目的：一是平凉有近十处围棋文化景点，除崆峒山棋盘岭以外，其余的围棋文化景点（遗迹）只有我一人去过见过，大家对这些故事了解只是通过我多次讲述。平凉将要举办"2018年世界围棋发源地高峰论坛"，邀请到不少国内外专家学者，领导们自然希望慎重一些，对围棋文化景点必须进行一次实地考察。二是我们为了成功举办好"2018世界围棋发源地高峰论坛"，急需要完成一本有关平凉围棋文化方面的宣传册。当时离举办围棋文化论坛只有四十余天，时间非常紧迫，希望平凉文化名人与围棋爱好者提供一些优秀的围棋文化作品，也希望新闻界对平凉围棋文化方面的成就进行大力宣传与报道。

一大早，先去崇信铜城的公刘故里，向八十多岁的荆老先生等人了解与围棋起源有关联的"掐方"。午后到达华亭黎明村附近，大家见我指挥车辆在孟家庄、王峡口村"乱转"（姜慧仁记者语），提出怀疑，甚至有人开玩笑认为是平凉市围棋协会设的文化局，把衢州烂柯山的故事搬到了华亭。随着烂柯山越来越近，大家仍疑心不减，在荒郊野岭会有文化遗迹吗？等穿过树林进入庙院内见到矗立的石碑，大家才确定平凉境内真有这样一处古围棋文化遗迹。华亭县电视台闻讯也派来两名记者，两名记者和华亭文体局的工作人员对烂柯山具体位置不熟，在电话沟通引导下晚半小时到达。

见到碑文、烂柯庙和庙里的围棋壁画，大家马上来了兴趣。姚学礼老师询问了不少有关全国各处烂柯山的问题，比较有深度。话题最多的则是姜慧仁主任，这属于记者的特点。

两天的采风结束后，我便邀请姚学礼老师与好友朱国勇帮忙一起编写宣传册。他们不仅义务帮忙数天，提出了许多编写宣传册的宝贵建议，还积极为宣传册写文写诗、作画写字。宣传册最终取名为《弈道崆峒》。《弈道崆峒》在随后举办的"世界围棋发源地高峰论坛"上受到专家们与围棋爱好者们的广泛好评。2018年10月，朱国勇撰文"解读华亭烂柯山"发表在《平凉日报》上，引起大家对烂柯山高度关注。

二、湖南涟源市围棋协会的烂柯情

2019年8月25日晚上，正在忙碌筹备"陇原杯全国业余围棋比赛"的我突然接到一个陌生电话。电话是湖南涟源市围棋协会主席谭文革打来的，他作为领队将率领四名棋手来平凉参赛。圈内早有耳闻：谭文革是全国围棋界有名的优秀高产散文作家，每年创作并发表的散文达到400篇左右。

谭文革主席电话中谈道：希望能照顾下作家的通病，喜欢在夜静更阑时奋笔疾书。他主动承诺比赛期间至少要为平凉写五篇散文，并发表在国家级媒体上。作为赛会嘉宾，谭文革主席没有食言，每天都有电话索要一些有关平凉及平凉围棋文化的素材，以便在来平凉的路上就开始创作。包括《人民号》上的《平凉，棋人向往的地方》《沿着棋道，一路采风》《平凉人的热情》《夜宿崆峒山下》和《中国晨报》上的《烂柯山珍珠桃》在内，一共发表二十篇左右的文章。其中，《人民日报》公众号上有《围棋起源》《平凉是个好地方》《棋盘岭上问棋》《平凉的秋云》《柳湖、左公与围棋》《雾中登崆峒山》《以棋行天下》《棋盘岭归来》《平凉，秋色如江南》等。还有些文章发表在《人民日报》《人民网》《中国晨报》等国家级媒体公众号上，每篇文章平均点击量在十万以上，在中国围棋界引起强烈反响。

比赛结束后，谭文革主席谈到希望看看柳湖，感受湖南同乡左宗棠在暖泉边下棋的感觉，更希望去拜访烂柯山、方寸山、天元山等地。因为赛会没有安排，我便与市围棋协会秘书长陈为民一起，开两辆车带着涟源市围棋协会一行五人游历崆峒区、华亭、崇信、泾川等数地，其中有一站便是烂柯山。

笔者已经来过多次，但烂柯山始终充满神秘感，谭文革主席他们到达时更是异常兴奋，他们早已去过衢州烂柯山。经过他们认真考证后断定，华亭烂柯山是中国烂柯山之源，为烂柯神话故事之正宗。同时对打造华亭烂柯山围棋文化景区，他们也留下不少好的意见与建议。

三、平凉市道学研究会对烂柯文化的加持

2022年7月7日，在我多次建议下，平凉市道学研究会一行对烂柯山进行调研。关于道与围棋的关系许多专家学者都有大量论述，是平凉市围棋协会与平凉市道学研究会结缘的重要原因，也是吴烨老师与道学会老师们对烂柯文化关注后产生的结果。年近八十的会长吴烨是平凉地区电视台的原台长，平凉著名国学大家。

原本车只能到半山的南村沟，但那天运气非常好，烂柯庙孟会长他们在一个月前竟然自己筹资把道路修通了，虽然仍是条简易的土路，车已经能开到庙前。我义不容辞地为大家充当向导，同时讲述着烂柯山的前世今生，为了更好介绍烂柯山，便给孟会长打了个电话。七十多岁的孟会长听

说吴会长带着平凉道学研究会人员来考察，立即花了一个多小时，在烈日下徒步三四千米赶过来。吴烨老师与孟会长进行认真交流，征得孟会长同意后，三方作出一个重要决定：由平凉市围棋协会与平凉市道学研究会立一块"烂柯文化碑"。

立"烂柯文化碑"显然是平凉市围棋界和平凉市文化界的一件重要活动。倡议得到平凉市道学研究会和平凉市围棋协会广大会员支持，许多会员纷纷捐款，华亭市有关部门也给予支持。

吴烨老师亲笔为"烂柯文化碑"撰文，原文如下：烂柯山是中国围棋故事主要发生地，烂柯山与围棋紧密相连，已形成中国"烂柯文化"。上古时期，樵夫王质上山砍柴路过之处，见两仙人对弈，黑白两子一来一往，久久不分胜负。王质忘记了砍柴，静观棋道。他看得入神，不知时间。待观完棋后，其砍柴的斧把（柯）、挑柴的扁担已腐烂，回到家中其子孙及邻人均不认得他。族人通过询查，才知王质是百年前上山砍柴未归的先人。此后世人将观棋的山头就叫"烂柯山"或"烂担山"。据明代《平凉府山川考》、清代《嘉庆重修一统志》、民国版《中国地名大词典》、1933年的《增修华亭县志》"山脉"篇，记载华亭"烂柯山"（烂担山），相传是王质观棋烂柯之处。这里叫王峡口，山两边村庄原住多户王氏后裔（后迁走一部分），都认为观棋成仙的王质是他们的祖先。山上原建有烂柯庙，后又增添了其他道观。因兵燹及历史原因，屡建屡毁。改革开放后，群众捐资重建，将王质塑像和多位神像塑在一殿中。群众还讲，山上原有多棵苍松翠柏，其中一棵三四人才能合围的柏树，古朴高大，呈扁形，宽处两米左右，窄处一米左右，非常奇特，犹如挑柴的扁担，群众说这是王质腐烂的扁担化身。可惜，1990年修王峡口水库用料，古树均被砍伐，承载着围棋文化的古柏也随之消失。我们应致力于弘扬地域文化，讲好中国故事，坚定文化自信，发展旅游产业，促进华亭及平凉社会经济发展。

平凉市崆峒道学文化研究会、平凉市围棋协会经走访考证，于2022年8月8日撰文赋诗，勒石以记之。

烂柯文化是平凉围棋起源文化的重要组成部分，"烂柯文化碑"将对推动平凉系列围棋文化为世人所知作出重要贡献。我们期待华亭烂柯山能成为4A级文化景区的一天。

2022年8月8日上午，由平凉市道学研究会、平凉市围棋协会发起，在华亭烂柯山隆重举行了"烂柯文化碑"的立碑与揭碑仪式。"烂柯文化碑"立碑活动得到华亭市文广旅游（体育）局、华亭市文化馆、华亭市文联、华亭市作协等单位的大力支持，也得到平凉市老年大学围棋班、华亭市围棋协会、崇信县围棋协会和烂柯庙道管会等单位的配合与支持。

"烂柯文化碑"揭碑仪式前召开"第一届平凉府烂柯文化研讨会"。研讨会上，平凉市道学文化研究会会长吴烨先生、邬永辉馆长、张国银局长、马正国主席、平凉市道研会副会长曹亚非和平凉市道研会副会长王宗亮等专家学者相继发表了"烂柯文化"的主题演讲。笔者作为平凉市围棋协会主席也发表了演讲。大家对华亭烂柯山属于"烂柯文化"原发地等重要议题进行研究与探讨，并对打造平凉"围棋文化寻根之旅"的可行性和打造"华亭烂柯山4A景区"可行性进行了多方面的交流。

随后平凉市道学文化研究会会长吴烨先生、平凉市围棋协会主席周为、华亭市原文化局局长孟泽仁先生、华亭市政协原副主席钱利平先生为"烂柯文化碑"揭碑。

"烂柯文化研讨会"召开，是华亭烂柯文化走向全国、走向世界的重要标志。发掘华亭地方特色文化，将围棋与文化、围棋与旅游很好地结合起来，这不仅是一种文脉的延续，也是体育旅游相结合的乡村振兴新模式，势必可以吸引更多人来关注传统文化、关注平凉、关注华亭。

因神话而兴的烂柯文化，将给大家留下无限的遐想。我们要加强文化自信，充满文化自信，把烂柯文化品牌打造起来，使其成为华亭的城市新名片。烂柯文化也势必成为华亭的重要文化品牌、重要的文化精品工程。

第六节　永远不会结束的烂柯故事

远望平凉府烂柯山，山体平缓秀美、碧绿如玉，一片郁郁葱葱的树林，长在山顶，犹如烂柯山的发髻。走进树林方可见一座古朴小庙、一块斑驳石碑，以及散落在草丛中一些或方或圆的残石。烂柯庙是座王家家庙，烂柯庙有正殿三间，旁依侧房一间。正殿内供奉着三清祖师、观音和烂柯神，烂柯神也是王家的先祖王质；同一殿内供奉着三座不同风格的神像，也反映着汉民族民间独特的信仰方式。

平凉府烂柯庙虽然不够高大，但明廊、立柱、斗拱、窗棂，精雕细刻，别具匠心；彩绘壁画，色彩艳丽，功力深厚；屋顶的高脊、筒瓦，无不古风古韵。樵夫的故事永远新鲜，烂柯神仍被信众们奉为神明。柯担可以长成松林，仙人遗落的棋子也能在人们心目中生根发芽，成为中华民族伟大的文化传承。

清朝的监察御史于锦在泾川碣拜西王母，写下一首长篇《回山词》，把回山及周边上古历史故事进行精彩的描述，也写到距离泾川回山百十公里的烂柯山："昔闻回山称绝奇，方诸群山会瑶池。今我来登临，天风吹上山之嵋。侧足孤峰倚天柱，俯视延睇小坤维。万山尽盘结，回合俨游麒。支本昆仑脉，望注沧溟涯。遗构上有金银阙，古柏碧云时护持。凤翘元君金玉佩，凌华飞琼双侍儿。驱策百魔隶门庑，总摄万精驾六螭。泾汭交浸黄姑影，奔空长顾郁结仪。夜半黄冠煮白石，雨余崇阿摘紫芝。青鸟一去不再返，桃熟无复三千期。云璈琳琅音沉寂，柏梁五柞竟何为。周王徒驻跸，汉皇空有祠。嗟彼万乘尊，沦澌同黍稷。石室烂柯一瞬息，桃园无路增遲遲悲。令威羽化华表鹤，淮南遥忆拔宅时。白日超忽飞骨骸，古墓累累今稀其。抚景已忘筌，达观豁有思。安凌玉虚顶，披彼金母帷。愿受龟台六甲灵飞秘，恣意蓬壶阆苑长追随。"

可见烂柯山的故事发生在华亭，并不是一个孤立的围棋文化现象，而是与平凉其他围棋文化故事之间都存在着千丝万缕的联系，这恰好反映出平凉在中国上古围棋起源中的重要地位。

2022年11月参加一次平凉市的文化活动，笔者碰巧与平凉籍著名歌手高翊菲在同桌，高翊菲作为华语乐坛原创音乐人、公益慈善爱心大使、影视演员，曾创作过大量歌颂家乡的歌曲。与我谈到她想要学围棋时，突然话锋一转讲到她小的时候，家门口有一块大石头，石头上画着围棋棋盘，她喜欢坐在上面玩、坐在上面吃饭。我问她石头在什么地方，她说在华亭王峡口村。太奇妙了，顿时让我惊讶不已，真是无巧不成书。听高翊菲介绍才知道，她父母是在"文革"时期下放到王峡口村，她是在王峡口村长大的。我推断应该就是从烂柯山上被推下山的青石围棋盘，数年后竟然神奇地来到了高翊菲家门口。烂柯故事的青石围棋盘陪伴着高翊菲度过了美好的童年时期。在我建议下，高翊菲答应有机会要为童年记忆中的烂柯围棋，填一首词谱一支曲，期待高翊菲的"神曲"。

多年寻找的平凉府烂柯山有了一个相对圆满的结果。我们仍要为中国围棋"世界申遗"作出不懈努力，哪怕这种努力是微不足道的，只因为我们是围棋人。

第四章

歇马殿的佛根、棋缘

第一节　歇马殿名字的由来

歇马殿，已沦落成为一座几乎被人们遗忘的陇上名观。历史上，许多著名高僧大德和唐朝太子青睐了这里；两千年间歇马殿竟然让儒、释、道的文化在这里进行了一次次的交汇与碰撞，最终成了一处有着深厚佛根文化、有着围棋缘分的道教圣地。

通常人们认为深山里的庙宇才会蕴藏着许多神奇文化故事和传说，事实上沉寂在闹市的歇马殿居然也是沧海桑田、阴阳交错，同样留下了许多代表不同时代特色的经典故事。一座古城不仅能锁住几世繁华，一处圣地也能留下几抹圣光。有着深厚历史文化底蕴的城市，在喧嚣之处也会留有一方净土，供超俗脱世者修行，让尘世凡夫仰慕。

在公元67年，汉明帝派郎中蔡愔、博士秦景等十二人，带了中国特产礼品到天竺国去请佛取经。两年后汉使郎中蔡愔、博士秦景和梵僧竺法兰、迦叶摩腾一行十多人用了八匹大白马驮载佛经回国，马队到了安定（平凉）时恰逢连绵大雨，蔡愔决定马队在这里歇息。便在驿站旁边找了一处又干净又宽敞的大院子，马队安顿下后，由他一个人先赶回洛阳向朝廷汇报。

博士秦景对梵僧竺法兰、迦叶摩腾讲解中土的风情及道学、儒学的经典，还有中国的琴棋书画。竺法兰、迦叶摩腾两位大师也与秦景等人交流佛经并开始着手翻译，三个月后离开安定（平凉）时，他们已经翻译了小部分佛经。地方官员特意将取经马队住过的院子称作歇马殿，并让歇马殿无意间成了安定（平凉）的历史上佛教第一殿，也是中国的第一座佛殿。

在唐朝初期崇尚老子的原因，歇马殿也由佛寺改成了道观，称歇马殿老子庙，因为住过汉朝时的白马取经队的佛缘关系，老子庙内就特意保留佛殿。歇马殿是一个朴素无华的名字，很难让人们将其与历史上最早佛教进入中国的重要节点联系在一起，也很难让人们将其与中国最早的一座佛寺能联系在一起。

歇马殿现位于平凉市内崆峒大道沿线的北边，该庙宇原占地有12.4亩，由于20世纪柳湖暖泉中学（现平凉市第八中学）占了部分，寺庙空间已经变得十分狭小，仅存原有寺庙的东南一角，经过扩建，目前大约有7.3亩。建筑之间紧密相连，却显得错落有致，保持着古代寺庙原有的特色布局。寺庙的建筑有歇马殿山门、圣母殿、观音堂、土地祠等部分，寺庙的主供神（正殿）在元朝时由老子改为三霄娘娘（云霄仙子、琼霄仙子、碧霄仙子）。传说上古时期云霄、琼霄、碧霄三位娘娘修道的道场就在平凉静宁县的文屏山，使得三霄娘娘庙在陇山地区和关中地区比较多见，有意思的是侧殿却是一座观音堂的佛教建筑。道与佛同在一座山在中国就少见，道与佛竟然能在同一寺庙合处长达两千年左右应该更加罕见，从中体现了一个"和"字。

今天无法考证古人当年深意，但我们仍能从佛、道文化的精髓里寻到围棋最根本的中和之道。正如《礼记中庸》："中也者，天下之大本也；和也者，天下之达道也。致中和，天地为焉，万物育焉。"如此寓意莫如围棋了。围棋推崇不偏不倚的中庸之道，要求人们平和的对待事物淡泊、虚怀。以平常之心视之，顺天而行超脱胜负之外，方可达到和谐之境界。

庙内有两颗明代的国槐直径达两米左右，枝叶繁茂却不张扬，顶如华盖显得浩然大气，虽经历了六百多年沧桑变幻，却毅然苍劲挺拔、生机无限。也许是受道、佛香火的熏染，古槐隐约中透着一股淡定的仙气，像两位隐居在闹市的大隐高人，静看着世事的变迁，细细感受和品味到历史的沧桑感。

古殿巍峨、神像庄严，一座曾经名扬关陇的传教弘法宝地，现在随着区、乡两级政府及民间筹集投入了一定修缮资金，对歇马殿进行了初步修缮。修缮后的歇马殿，建成集平凉民俗文化体验、文物展览及文化研究交流为一体的文化休闲场所。每年农历七月十二的祭祀庙会，酬神献戏一直是平凉民间活动的一大景观。因为歇马殿有着悠久的历史，在关、陇地区一直有很大影响，庙会期间会吸引陇东地区十七县及毗邻的宝鸡、天水等地人们前来敬香。

第二节　白马寺与歇马殿

一、《汉明帝尊师》与"明章之治"

刘庄（28—75年）是东汉光武帝刘秀的第四个儿子，30岁时以皇太子身份登上大位，史称汉明帝。《后汉书·明帝纪》称："显宗孝明皇帝讳庄，光武第四子也。母阴皇后。帝生而丰下，十岁能通《春秋》，光武奇之。建武十五年封东海公，十七年晋爵为王，十九年立为皇太子。师事博士桓荣，学通《尚书》。中元二年二月戊戌，即皇帝位，年三十。尊皇后曰皇太后。"提起刘庄这个名字许多人可能不一定了解他，但大家对《汉明帝尊师》一文应该是非常熟悉的，早已被选入课本中了。

《汉明帝尊师》一文选自司马光的《资治通鉴》："上自为太子，受《尚书》于桓荣，及即帝位，犹尊荣以师礼。尝幸太常府，令荣坐东面，设几杖，会百官及荣门生数百人，上亲自执业；诸生或避位发难，上谦曰：太师在是。既罢，悉以太官供具赐太常家。荣每疾病，帝辄遣使者存问，太官、太医相望于道。及笃，上疏谢恩，让还爵士。帝幸其家问起居，入街，下车，拥经而前，抚荣垂涕，赐以床茵、帷帐、刀剑、衣被，良久乃去。自是诸侯、将军、大夫问疾者，不敢复乘车到门，皆拜床下。荣卒，帝亲自变服临丧送葬，赐冢茔于首山之阳。子郁当嗣，让其兄子泛；帝不许，郁乃受封，而悉以租入与之。帝以郁为侍中。"汉明帝刘庄因此成了华夏历史上尊师重道的一代楷模而名扬天下。

刘庄的母亲是光烈皇后阴丽华，是光武帝刘秀最宠爱和信任的贵妃。刘庄开始封为东海公，后来又进封东海王，建武十九年（43年）被改立为皇太子。建武中元二年（57年）汉明帝刘庄即位后继续奉行光武帝在位时期为巩固东汉统治而推行的各项政策，大力提倡与重视儒学，注重刑名文法，为政苛察，控制权力。对于依仗权势、作威作福的外戚、大臣则严加惩处。刘庄还重视整顿吏治，对地方官吏进行严格的考察。从慎重选举官吏着手，对吏治进行全面整顿。吏治清明，使得社会安定。

光武帝刘秀统治时期，因忙于恢复社会生产和安定社会秩序，一直无力经营边疆，对西北地区采取了羁縻政策。随着国力的强盛，刘庄开始改弦易辙，改变过去的消极求和、忍辱负重的态度，开始采取对北匈奴主动出击策略。永平十五年（72年），刘庄派遣奉车都尉窦固、驸马都尉耿秉驻屯凉州操练兵马，为收复西域作准备。永平十六年（73年）春开始，刘庄命令窦固、耿秉等分四路大军合击北匈奴。窦固率军出酒泉，大败匈奴呼衍王于天山，留兵屯守伊吾卢城（今新疆哈密西），并遣班超等率部属，先后在鄯善（今新疆若羌一带）、于阗（今新疆和田）击败亲匈奴各国地方势力。于是"诸国皆遣子入侍，西域与汉绝六十五载，至是乃复通焉"。永平十七年（74年）窦固、耿秉等率领大军再次击败北匈奴于蒲类海（今新疆巴里坤湖）后，复置西域都护、戊己校尉于龟兹（今新疆库车）、车师（今新疆吐鲁番），全面恢复汉朝对西域地区的统治。恢复西汉时期对西域各国外交、经济、文化的正常发展，佛教也已在西汉末开始逐渐由西域传入中国，只是其规模及范围都非常小而已。

汉明帝在位期间，多次下诏招抚流民，以郡国公田赐贫民、贷粮与种子，兴修水利，并下诏减免赋税徭役，减轻各种刑罚；令官吏劝督农桑，治理病虫害。史书中记载了当时安民乐业，户口滋殖的事迹。光武帝末年时，全国载于户籍的人口为2100多万，至明帝末年不到二十年的时间里已经激增到3400多万，全国人口竟然增加了60%。因此刘庄与其子章帝刘炟在位期间，出现了国家繁荣的盛世局面，史称"明章之治"。

二、夜梦金人

汉明帝和母后阴丽华的关系非常好，在登基不久母后阴丽华就因病去世了，汉明帝为此一直睡不好觉。据说在永平八年（65年）一天晚上，汉明帝做了一个很奇怪的梦，梦里看见有尊身长一丈六尺的金人，头顶上放出一道道白光，一闪一闪不停地在宫殿里飞绕着，汉明帝正想同金人说话，可转眼工夫金人已升到天空，直接往西飞去了，明帝惊醒后揉了揉眼，发现屋子里没有白光金人，只见蜡台上那几支蜡烛在一闪一闪地晃动着。

第二天，在朝堂上他把这个梦讲给了大臣们听，大臣们你一言我一语猜测着，都说不清那尊头顶发光的金人是谁，更说不准这个梦是吉还是凶。就在这时学识渊博的傅毅站起来不慌不忙地对汉明帝说："皇上梦见的金人应该是天竺来的佛。佛就是西方至高无上的神，佛经就是修佛的经典。先祖派骠骑将军霍去病攻打匈奴的时候，曾把休屠国王供奉的金人带回过长安，据说那个金人是从天竺国传到休屠国去的，先帝把金人供奉在甘泉宫里。后来绿林赤眉造反时，金人不知落在何人之手。昨天夜里皇上梦见的金人，应该就是天竺来的佛，暗示朝廷应该迎佛取经。"汉明帝听了傅毅的一番话后觉得很有道理，逐渐萌发了请佛取经的念头。

司马光主编的《资治通鉴》就有此记载："初，帝闻西域有神，其名曰佛，因遣使之天竺求其道，得其书及沙门以来。其书大抵以虚无为宗，贵慈悲不杀；以为人死，精神不灭，随复受形；生时所行善恶，皆有报应，故所贵修炼精神，以至为佛；善为宏阔胜大之言以劝诱愚俗。精于其道者，号曰沙门。于是中国始传其术，图其形象，而王公贵人，独楚王英最先好之。"华夏的佛缘源于汉明帝刘庄的一梦。这段求佛故事，史称为"永平求法"，成就中国历史上的第一次"西天取经"。这个传说也见于隋代以前的著述，有《牟子理惑论》《四十二章经》《老子化胡经》等。

三、出使西域

据记载，永平十年（67 年），汉明帝刘庄派遣郎中蔡愔、博士秦景等十二人赴天竺迎佛取经。天竺国就在现在的印度，他们带着礼品，经过艰辛万苦的长途跋涉，历尽艰难险阻，用了近一年的时间终于到达了天竺，是中国西天取经的第一个团队，时间上肯定要早于唐玄奘。

见东方大国皇帝汉明帝竟然不远万里派人来取经请佛，天竺国的佛教大师们非常感动，当时他们也正好有将佛教传向东方及世界各地的愿望，于是很快决定派竺法兰和迦叶摩腾两位佛学大师，带上珍贵的佛经佛像等，跟蔡愔他们一起来到中国传经。因当时天竺国还没纸，经文都写在贝多罗树叶上，一摞一摞使得经书的体积很大，天竺国的佛学大师就专门选用了大白马驮经卷。迦叶摩腾和竺法兰与蔡、秦等人相处得很好，他们一起生活，彼此帮助。秦愔和蔡景学会了当地的语言文字，也懂了一些关于佛经的道理，两位天竺的高僧也逐渐掌握了一些中国的语言、文字和习俗。

四、歇马殿的由来

两年后，汉使郎中蔡愔、博士秦景和梵僧竺法兰和迦叶摩腾一行十多人，用着八匹白马驮载佛经、佛像、舍利子等佛教圣物返回华夏。在途经安定（平凉）时，恰逢入秋阴雨连绵，队伍行进十分困难，长途跋涉早使得人困马疲，加上有匹白马已生病多日，就决定在驿站旁边的一处宽敞店坊里驻足修整。

蔡愔、秦景二人深知取经是朝廷一件大事，即使马队不能早日回京，也得把在安定修整的消息带回京去，几天后决定让郎中蔡愔先行一步，提前回洛阳向朝廷回报，博士秦景则继续留在安定（平凉）与手下一起保护佛教圣物，同时照顾好佛学大师，料理好马匹，等待天气转晴。秦景是一名非常博学之人，才会被朝廷授为博士。《汉宫仪》记载冠冕之制，博士与卿、大夫、尚书及二千石级高官享有同等待遇。朝贺时博士"位次中郎官"（秩为比二千石），在朝廷中占有正式的席位，非一般的官吏可比。博士可直接与皇帝对答，也常被皇帝作为钦差大臣赴各地巡视吏治与民情。由于有如此高的政治地位，博士选拔条件也相当高，或是因已具名望由朝廷直接征召，或是由了解其人的高官举荐，总之需要兼顾德行、学识、才干、身世等方面的条件，并限年在五十岁以上的惯例，如此严格的标准让博士作为官方学术方面权威的地位是相符的。在汉朝初期，针对《易》《书》《诗》《礼》《春秋》五部经书都专门设立一名博士，故称五经博士。

秦景既有才学也懂梵语，他与同仁们借此机会协助梵僧竺法兰和迦叶摩腾在安定（平凉）一起译经文，同时配合传播佛教的教义，安定（平凉）当地的一些饱学之士们也协助抄写翻译好的经文。秦景是道学与儒学方面的大家，翻译经文同时，继续给竺法兰、迦叶摩腾两位大师讲解中土的风情。空闲之余也常交流中国的儒、道经书与琴棋书画。通过了长达一年多的相处，竺法兰、迦叶摩腾两位大师不仅了解儒学、道学和中国的风土人情，也因此掌握了一定的汉语和音乐、围棋、书法、绘画等四艺方面的基本知识。

当时安定的太守叫王顺，《后汉书》卷七六《循吏传·王涣传》："王顺，广汉郪县人，安定太守。其子王涣，字稚子。"王顺精通道学与儒学，对音乐、中医颇有喜好，尤其围棋水平很高、鲜有对手。王顺儿子王涣在东汉也非常有名，自幼受父亲儒家思想的影响，成为一名深明大义、忠孝仁义之士。后来王涣担任过洛阳令，洛阳是东汉的京都，洛阳令相当于现在的北京市市长。

秦汉时期，各郡均以郡守掌治民众。《后汉书·百官志五》："凡郡国皆掌治民，进贤劝功，决讼检奸。常以春行所主县，劝民农桑，振救乏绝。秋冬遣无害吏案讯诸囚，平其罪法，论课殿最。岁尽遣吏上计。"《北堂书钞》卷七四《高官部·太守上》引《汉官解诂》曰：太守专郡"信理庶绩，劝农赈贫，决讼而断辟，兴利除害，检举郡奸，举善黜恶，诛讨暴残"。说明在秦汉时期太守非常重要，自主权也相当大，无论政治、经济、民生乃至风俗、民情都要管。王顺是手握大权的安定太守，其地位也是不言而喻的。

据说，秦景带着梵僧等人多次拜访过安定（平凉）太守王顺，还一起探讨道学与儒学，同时也借机向太守王顺等官员普及了一下佛教知识。就这样安定（平凉）官员与民众从此就开始知道了一点佛教知识，算是安定（平凉）进入了佛教的入门阶段吧。

至于秦景等人与太守王顺之间有没有下过围棋，并没有留下详细记载，有一点是肯定的，一个是安定（平凉）围棋高手、一位是京师围棋翘楚，同为此道中人。马队在安定（平凉）逗留三个月时间，给了双方大量拜访与回访的交往机会，他们之间无论是在学问交流，还是品茗对弈都应该是在情理之中的事。正如东汉李尤所写："诗人幽忆，感物则思。志之空闲，玩弄游竟。局为宪矩，棋法阴阳。道为经纬，方错列张。"

三月后天高气爽，驮载佛经马队已经修整好，洛阳存放佛经的地方也已准备好，迎经活动也已组织好。一匹有病的白马在安定（平凉）官府帮助下进行调换。博士秦景带着梵僧竺法兰、迦叶摩腾等人，驮着佛教圣物便离开安定（平凉）继续向洛阳进发，二十天后顺利完成取经任务。汉明帝刘庄见驮经卷的都是清一色的白马非常高兴，对八匹白马都进行了加封。

安定（平凉）太守王顺则下令将驮经马队驻过的店坊改为佛殿，起名为"歇马殿"，以纪念第一批佛教经文佛像是经过安定（平凉）而传入了中国内地，同时把翻译过经文的《四十二章经》部分抄录的草稿本、誊印的佛像及一匹留下养病的白马，都留存歇马殿，成为重要的佛教圣物。

五、明帝尊儒敬佛

蔡愔和秦景带着高僧竺法兰、迦叶摩腾等人上朝拜见了汉明帝，呈上了佛像和佛经等，汉明帝仔细看了看佛像，觉得与梦中的金人非常相似，同时认真地翻了翻用梵文书写的佛经。两位天竺来的高僧也在朝堂上用结结巴巴的汉语给汉明帝讲了一段佛经，佛经上讲的道理刘庄似懂非懂，出于礼貌点头称赞。明帝对两位天竺来的高僧非常尊敬，明白佛学肯定会对安抚百姓有益，对治理国家有帮助。

汉明帝和王公大臣受到儒学影响太深，他们有时会出于好奇去鸿胪寺看看这些从外国请来的佛像、佛经，去关心一下竺法兰、迦叶摩腾两位远道而来的大师生活情况，同时也关心梵文佛经翻译成汉语佛经的进展。受到王公大臣影响，真正去佛前烧香祈祷的人并不多。

汉明帝自己不相信佛教，主要从小受到父皇刘秀的影响，非常尊重儒家的学说，他曾在南宫办了太学，让贵族子弟努力学习儒家经典著作，他还会亲自到太学去为他们讲学。当时只有楚王刘英（明帝的弟弟）对佛教很重视，他从楚地派使者到洛阳向两位僧人诘教，竺法兰、迦叶摩腾就专门为此画了一幅佛像，抄了一章译好的佛经交给使者。刘英把佛像供奉在宫里，每天早晨晚上都要烧香祷告，求佛祖保佑他"逢凶化吉，遇难呈祥"，有时刘英一连三个月在吃斋念佛。其实刘英是想借助佛教来谋取皇位，他常结交一些装神弄鬼的人。《资治通鉴》就有两段记载：于是中国始传其术，图其形象，而王公贵人，独楚王英最先好之。永平十三年（70年），楚王英与方士作金龟、玉鹤，刻文字为符瑞。男子燕广告英与渔阳王平、颜忠等造作图书，有逆谋；事下案验。有司奏："英大逆不道，请诛之。"帝以亲亲不忍。"十一月，废英，徙丹杨泾县，赐汤沐邑五百户；男女为侯、主者，食邑如故；许太后勿上玺绶，留住楚宫。先是有私以英谋告司徒虞延者，延以英藩戚至亲，不然其言。及英事觉，诏书切让延。"

永平十年（67年），刘英叫法术师制造金龟、玉鹤，在上面刻上显示吉祥的文字，借此暗示他应该做皇帝。但这件事很快让明帝知道了。他马上传旨革了刘英的王位，命他从封地迁到安徽宣城，刘英被押到宣城后觉得自己罪行太严重就自杀了。汉明帝派人去天竺取佛经求佛像请高僧，中间发生了刘英谋反的事件，汉明帝并没有因此而去禁止佛教传播，所以说对于佛教在中国的传播，汉明帝起了非常重要的引导与推动作用。

六、建造白马寺

竺法兰、迦叶摩腾到中国后，朝廷就请两位尊者住在了鸿胪寺——当时算是国家接待外国使臣的一个高级住处，礼遇非常高。《后汉书百官志》中讲到鸿胪：掌诸侯及四方归义蛮夷。其郊庙行礼，赞导，请行事，既可，以命群司。诸王入朝，当郊迎，典其礼仪。及郡国上计，匦四方来，亦属焉。皇子拜王，赞授印绶。及拜诸侯、诸侯嗣子及四方夷狄封者，台下鸿胪召拜之。

后来明帝多次专门去听梵僧讲经，逐渐对佛教有了一定的了解，觉得佛教文化应该留在中国，为此专门下旨为这两位圣者建了一座寺院。他特地命令在洛阳城的西门外按照天竺的建筑方式，修建一座规模宏大的佛寺，请两位天竺来的高僧在这座寺里主持佛教的仪式，把迎来的佛像供在里面，把驮佛经的那几匹白马也一并供养在寺院内。为了表示对二僧的重视以及铭记白马驮经的功劳，汉明帝将这座寺庙命名为"白马寺"，所以说白马寺的创建标志着佛教正式传入中国。在白马寺建成后的一个多世纪的时间内，这里也产生过无数的佛经译本，第一部正式的中文佛经及中文佛教戒律，以及第一位汉地僧人也是从白马寺诞生的。因此佛教在中国能扎下根、能广为传播，都与这座大名鼎鼎的白马寺有着密切的关联。

"寺"字是古代官署的一种称呼，自从白马寺之后，"寺"字逐渐成了中国寺院的一种泛称。通常大家都认为白马寺为汉地第一座寺庙，是具有中国色彩的佛教诞生地和发源地，有了中国佛教的"祖庭"和"释源"之说。主要是大家对佛教传入中国重要节点——安定歇马殿的前生后世并不了解。

《四十二章经》作为中国第一部重要的佛教经典著作，令"夜梦金人"的汉明帝视如国宝，特别敕令珍藏于皇家图书馆（兰台石室第十四间），成为皇室的专利品。曾留在歇马殿少量《四十二章经》手抄稿早已丢失，实属遗憾。

第三节　鸠摩罗什在平凉

　　释迦牟尼于公元前6世纪创立佛教，在孔雀王朝（约前325—前187年）时得到阿育王的大力支持，佛教迅速发展并开始向中亚、西亚和东南亚传播。阿育王曾派僧人到犍陀罗传道，很快与亚历山大东征带来的希腊文化相结合，发展出独特的犍陀罗文化并传到西域。直到普西亚米陀灭掉了孔雀王朝，建立巽伽王朝后，就开始弹压佛教，大力复兴婆罗门教。

　　据《高僧传·鸠摩罗什》记载，怀孕的耆婆有一天突然能讲印度梵语，大罗汉告诉龟兹王，鸠摩罗什乃舍利佛转世。传说他聪慧异常，半岁能说话，三岁能识字，五岁博览群书，七岁随母耆婆出家，每天能背诵三万六千偈颂，初学小乘经典。九岁随母亲耆婆前往当时的佛教圣地罽宾（今阿富汗东部到克什米尔一带，当时属于贵霜帝国）从槃头达多诵读杂藏、阿含等经，精通小乘三藏。三年后返回途中路过疏勒（今新疆喀什），在疏勒驻留年余，从大乘僧人、莎车王子须利耶苏摩诵读《中论》《百论》和《十二门论》。回龟兹后，广习大乘经论，讲经说法，成为中观大师，名扬西域三十多国，为复兴西域佛教做出了重大贡献。

一、鸠摩罗什与龟兹国

　　《晋书·列传·艺术》记载：鸠摩罗什，天竺人也。世为国相。父鸠摩罗炎，聪懿有大节，将嗣相位，乃辞避出家，东渡葱岭。龟兹王闻其名，郊迎之，请为国师。王有妹，年二十，才悟明敏，诸国交娉，并不许，及见炎，心欲当之，王乃逼以妻焉。既而罗什在胎，其母慧解倍常。及年七岁，母遂与俱出家。

罗什从师受经，日诵千偈，偈有三十二字，凡三万二千言，义亦自通。年十二，其母携到沙勒，国王甚重之，遂停沙勒一年。博览五明诸论及阴阳星算，莫不必尽，妙达吉凶，言若符契。为性率达，不拘小检，修行者颇共疑之。然罗什自得于心，未尝介意，专以大乘为化，诸学者皆共师焉。年二十，龟兹王迎之还国，广说诸经，四远学徒莫之能抗。

有顷，罗什母辞龟兹王往天竺，留罗什住，谓之曰："方等深教，不可思议，传之东土，惟尔之力。但于汝无利，其可如何？"什曰："必使大化流传，虽苦而无恨。"母至天竺，道成，进登第三果。西域诸国咸伏罗什神俊，每至讲说，诸王皆长跪坐侧，令罗什践而登焉。苻坚闻之，密有迎罗什之意。会太史奏云："有星见外国分野，当有大智入辅中国。"坚曰："朕闻西域有鸠摩罗什，将非此邪？"乃遣骁骑将军吕光等率兵七万，西伐龟兹，谓光曰："若获罗什，即驰驿送之。"光军未至，罗什谓龟兹王白纯曰："国运衰矣，当有勍敌从日下来，宜恭承之，勿抗其锋。"纯不从，出兵距战，光遂破之，乃获罗什。光见其年齿尚少，以凡人戏之，强妻以龟兹王女，罗什拒而不受，辞甚苦至。光曰："道士之操不逾先父，何所固辞？"乃饮以醇酒，同闭密室。罗什被逼，遂妻之。光还，中路置军于山下，将士已休，罗什曰："在此必狼狈，宜徙军陇上。"光不纳。至夜，果大雨，洪潦暴起，水深数丈，死者数千人，光密异之。光欲留王西国，罗什谓光曰："此凶亡之地，不宜淹留，中路自有福地可居。"光还至凉州，闻苻坚已为姚苌所害，于是窃号河右。属姑臧大风，罗什曰："不祥之风当有奸叛，然不劳自定也。"俄而有叛者，寻皆殄灭。

沮渠蒙逊先推建康太守段业为主，光遣其子纂率众讨之。时论谓业等乌合，纂有威声，势必全克。光以访罗什，答曰："此行未见其利。"既而纂败于合黎，俄又郭黁起兵，纂弃大军轻还，复为黁所败，仅以身免。

中书监张资病，光博营救疗。有外国道人罗叉，云能差资病。光喜，给赐甚重。罗什知叉诳诈，告资曰："叉不能为益，徒烦费耳。冥运虽隐，可以事试也。"乃以五色丝作绳结之，烧为灰末，投水中，灰若出水还成绳者，病不可愈。须臾，灰聚浮出，复为绳，又疗果无效，少日资亡。

龟兹国乃是一西域大国，最先出现在《汉书》的记载中：龟兹国，王治延城，去长安七千四百八十里。户六千九百七十，口八万一千三百一十七，胜兵二万一千七十六人。南与精绝、东南与且末、西南与扜弥、北与乌孙、西与姑墨接。能铸冶、有铅。东至都护所乌垒城三百五十里。

《晋书·西戎》也有记载：龟兹国西去洛阳八千二百八十里，俗有城郭，其城三重，中有佛塔庙千所。人以田种畜牧为业，男女皆翦发垂项。王宫壮丽，焕若神居。在晋朝时期，佛教在龟兹国十分兴盛，无论国王还是百姓都在信佛、学佛、敬佛，龟兹国俨然是一个佛国。

当时的龟兹国国师叫鸠摩罗炎，天竺人，出身婆罗门，不嗣相位而出家皈依佛门，东度葱岭，西域各国极度敬慕，龟兹国王将鸠摩罗炎迎为龟兹国国师，还把妹妹耆婆嫁给了他，公元344年生下儿子鸠摩罗什。鸠摩罗什非常博学，精通梵语和西域各国语言，苦读佛学经典，他成了一位文化大学者、文化大使者、大翻译家、佛学大师、三藏法师。以翻译佛经，广传佛学经典作为自己毕生的兴趣和追求。二十岁结束游学后，便在西域各国弘扬佛法，受到了西域众人追随和尊崇。一年一度的讲经说法时，西域诸王都会前来云集听法，并都提前长跪在鸠摩罗什的法座旁边，诚心诚意地请鸠摩罗什踏其身体登上法座。鸠摩罗什声名远播西域，也传到了内陆各国。

二、鸠摩罗什与前秦、后凉的渊源

公元382年的一天，前秦皇帝苻坚召见了骁骑将军吕光，商讨攻打龟兹国的事宜。事情的缘由首先要从西域国家使者来朝见苻坚说起，使者们恳求苻坚讨伐西域那些没有归附前秦的国家，其中也有龟兹国。另外中土去过西域游学的僧人，尤其是到过龟兹的僧人僧纯、昙充等归来后，都称述鸠摩罗什才智过人，明晓大乘佛学。高僧释道安时常听到鸠摩罗什在西域极高的声誉，也一再劝苻坚迎鸠摩罗什，建议拜鸠摩罗什为国师。

吕光完全同意西域使者的提议，主张通过出兵攻打西域，让西域各国归顺前秦。苻坚考虑吕光和释道安的建议，不顾弟弟苻融等人的反对，执意派骁骑将军吕光去攻打龟兹。《晋书·载记·吕光》：坚既平山东，士马强盛，遂有图西域之志，乃授光使持节、都督西讨诸军事，率将军姜飞、彭晃、杜进、康盛等总兵七万，铁骑五千，以讨西域，以陇西董方、冯翊郭抱、武威贾虔、弘农杨颖为四府佐将。

吕光在平凉聚集并率领七万五千大军出发前，苻坚为他送行时对吕光说：帝王应天而治，以爱民如子为本，并不是贪爱人家的地盘就去攻打，实在是因为那里有心怀大道之人，龟兹国有个大德僧人叫鸠摩罗什，通晓大乘佛法，朕想拜他为国师，大贤大哲才是国之宝贝，打下龟兹时尽快将他送回长安！吕光才明白原来苻坚攻打西域的真正目的，竟然是为了抢夺一个叫鸠摩罗什的高僧。

吕光率军在茫茫戈壁和沙漠中行进一年，很快焉耆国王率周边的国家一起投降，唯龟兹王白纯据城抗御。吕光便指挥军队攻城，双方在龟兹都城屈茨（库车东）西展开决战。结果吕光军大胜，斩杀万余，龟兹王白纯出城逃走，西域其他各国惧怕吕光的威名竞相贡奉归附。《晋书·载记·吕光》：光抚宁西域，威恩甚著，桀黠胡王昔所未宾者，不远万里皆来归附，上汉所赐节传，光皆表而易之。

吕光率军进入龟兹城搜索鸠摩罗什的下落，鸠摩罗什很快就被带到吕光的面前。吕光左看右看，看不出三十多岁的年轻人到底有什么了不起的地方，怎么也不像是苻坚所说的"大德高僧""怀道之人"，认为鸠摩罗什可能是在装鬼弄神。后来的日子里想了各种办法戏弄鸠摩罗什，希望让他装鬼弄神露出原形。在吕光和兵士的嘲笑下，鸠摩罗什一直默默忍受，没有一句怨言。史书记载了当时的情形：（吕光）强妻以龟兹王女，什拒而不受，辞甚苦到。光曰："道士之操，不逾先父，何可固辞。乃饮以醇酒，同闭密室。什被逼既至，遂亏其节。"吕光强迫他娶了自己表妹龟兹公主，鸠摩罗什因此破色戒，为弘扬佛法，只能忍辱负重，并潜心跟着军营中的儒、道学者学习汉语言（秦语）和中原文化。

大军回师进入河西走廊时的一天，鸠摩罗什提醒吕光当晚大军驻扎之地将有山洪暴发，吕光不以为然，当夜果然山洪暴发，卷走数千人马，鸠摩罗什彻夜在为士兵超度。吕光这才开始重视起鸠摩罗什，到了玉门关就听说苻坚兵败淝水，后被姚苌所杀。

《晋书·载记·吕光》：光至是始闻苻坚为姚苌所害，奋怒哀号，三军缟素，大临于城南，伪谥坚曰文昭皇帝，长吏百石已上服斩缞三月，庶人哭泣三日。光于是大赦境内，建元曰太安，自称使持节、侍中、中外大都督、督陇右河西诸军事、大将军、邻护匈奴中郎将、凉州牧、酒泉公。他就不回去了，干脆在姑臧（现甘肃武威）击败前凉建立了后凉国，自己当皇帝，并让鸠摩罗什为他谋划军机。吕光独霸凉州，鸠摩罗什也在凉州滞留了近十七年。这个时期的鸠摩罗什，通过潜心学习汉语，逐渐达到了精通圆熟的地步，为他日后在关中翻译佛经、弘扬佛法做好了充分准备。十七年译佛经，传佛法，使河西走廊的凉州（甘肃武威）成了中国最著名的佛教圣地。至今武威城内著名的佛家寺院——鸠摩罗什寺，仍然香火旺盛，信徒众多。

鸠摩罗什羁留凉州姑臧大寺长达十七年，志心不改，一直在为后来弘法传教做着准备。前凉留下的大量饱学之士，通过交流让鸠摩罗什很快熟悉了中土民情，并在语言文字上能运用自如，又加上他原本就博学多闻，兼具良好的文学素养，因此在佛经经典翻译上达到自然生动而契合妙义的境界。据记载鸠摩罗什在凉州学会并精通了中国的琴棋书画，与吕光等王公大臣常有对弈。《晋书·载记·吕纂》："初，纂尝与鸠摩罗什棋，杀罗什子，曰：斫胡奴头。罗什曰：不斫胡奴头，胡奴斫人头。超小字胡奴，竟以杀纂。纂在位三年，以元兴元年死。隆既篡位，伪谥纂灵皇帝，墓号白石陵。"

从记载上看出，吕光的儿子吕纂和鸠摩罗什下围棋时，吕纂吃掉鸠摩罗什的一颗围棋棋子时对他说："斩胡奴头。"鸠摩罗什回答说："不能斩胡奴头，是胡奴将斩人头。"竟然一语成谶，后来已经是后凉皇帝的吕纂竟让堂弟吕超斩头杀害。《晋书·载记·吕光》：顷之，光死，篡立。有猪生子，一身三头。龙出东箱井中，于殿前蟠卧，比旦失之。篡以为美瑞，号其殿为龙翔殿。俄而有黑龙升于当阳九宫门，篡改九宫门为龙兴门。罗什曰："比日潜龙出游，豕妖表异，龙者阴类，出入有时，而今屡见，则为灾眚，必有下人谋上之变。宜克己修德，以答天戒。"篡不纳，后果为吕超所杀。

三、鸠摩罗什与后秦的故事

公元401年，发生在鸠摩罗什身上的事情再一次重演。后凉皇帝吕光已经去世，皇位几经反复后来继位的是吕隆。《十六国春秋别本》记载：四年五月，（姚兴）遣大将军陇西王硕德率步骑六万伐吕隆于凉州……十一月，鸠摩罗什至长安。

弘始三年（401年）五月，姚兴专门派姚硕德、姚穆领兵六万以武力争夺鸠摩罗什。姚硕德、姚穆进军姑臧，很快大败凉军，迎接鸠摩罗什来到长安，并拜奉为国师。有些时候，历史会显现出惊人的相似，抢一个佛教大师竟然需要连续发动大规模的军事远征，才能达到目的。

《晋书·列传·艺术》：罗什之在凉州积年，吕光父子既不弘道，故蕴其深解，无所宣化。姚兴遣姚硕德西伐，破吕隆，乃迎罗什，待以国师之礼，仍使入西明阁及逍遥园，译出众经。罗什多所暗诵，无不究其义旨，既览旧经多有纰缪，于是兴使沙门僧睿、僧肇等八百余人传受其旨，更出经论，凡三百余卷。沙门慧睿才识高明，常随罗什传写，罗什每为慧睿论西方辞体，商略同异，云："天竺国俗甚重文制，其宫商体韵，经入管弦为善。凡觐国王，必有赞德，经中偈颂，皆其式也。"罗什雅好大乘，志在敷演，常叹曰："吾若著笔作大乘阿毗昙，非迦旃子比也。今深识者既寡，将何所论！"惟为姚兴著《实相论》二卷，兴奉之若神。

尝讲经于草堂寺，兴及朝臣、大德沙门千有余人肃容观听，罗什忽下高坐，谓兴曰："有二小儿登吾肩，欲鄣须妇人。"兴乃召宫女进之，一交而生二子焉。兴尝谓罗什曰："大师听明超悟，天下莫二，何可使法种少嗣。"遂以十女，逼令受之。尔后不住僧坊，别立解舍。诸僧多效之。什乃聚针盈钵，引诸僧谓之曰："若能见效食此者，乃可畜室耳。"因举匕进针，与常食不别，诸僧愧服乃止。

杯渡比丘在彭城，闻罗什在长安，乃叹曰："吾与此子戏，别三百余年，相见杳然未期，迟有遇于来生耳。"

鸠摩罗什生于公元344年，到达长安已经五十八岁。此后十二年，是他人生最辉煌的阶段，他在长安逍遥园和西明阁译经说法、广招弟子，并由朝廷出面，让他组织、主持三千多人的佛经译场。《开元录》中刊定，鸠摩罗什团队共翻译经书有七十四部，三百八十四卷。羌族出身的秦王朝统治者姚兴，同其他诸"胡"族一样，他们既没有儒家思想的传统，也没有道家思想的正统，尽管他们也在提倡"儒风"，但姚兴明白，作为思想工具佛教可能更加适用治理臣民。正是在这种历史背景下，姚兴才"独与什公神契"，而且"弘道终日"，十多年中经常亲预译事。

后秦皇帝姚兴认为大德鸠摩罗什如果不能留下后代，也是极大遗憾。于是对鸠摩罗什说："大师聪明超悟，天下莫二，若一旦后世，何可使法种无嗣！"鸠摩罗什坚决拒绝。姚兴为了能让他留下"法种"，强逼他接受年轻美貌女子十名，不让他再住僧坊，另立一座房舍殷勤款待，鸠摩罗什才有了"一媾而生二子"的惊世传说。

当时社会上对大师的这种行为议论纷纷，毁誉渐起。有些大弟子甚至想效法他娶妻生子。鸠摩罗什讲学时，语重心长地对众弟子说："我好比臭泥中开的莲花，你们应该只采莲花，莫取臭泥。"鸠摩罗什是在无奈中破戒，应该给予宽容和理解。因为身处在专制时代，皇权的意志是至高无上的、不可违抗的。如果鸠摩罗什坚决抵制，吕光有可能将他杀害。在龟兹，吕光拿他当凡人戏弄，强迫他娶龟兹王的女儿为妻，罗什拒不接受，于是吕光便拿烈酒给他喝，酒后把他同龟兹王的女儿同关一室。罗什被逼无奈，便成了亲。在长安，后秦君主姚兴视他为奇才，常叹息道："大师聪明超悟，天下无双，可不能使法种无嗣啊！"就这样鸠摩罗什身边又多了几个生命中的女人，鸠摩罗什对他的女人都很宠爱，就像他的爸爸鸠摩罗炎对待他母亲耆婆一样，呵护有加。鸠摩罗什也算是做到了：未损梵行多情种，不负如来不负卿。

一生两次破戒，其般若智慧，无限接近于佛陀，其身世际遇，又时时坠落于红尘。乱世之中，身不由己的鸠摩罗什，在讲经说法中常道：如臭泥中生莲花，但采莲花，勿取臭泥也。这样一句自说譬喻，既是对自己一生际遇的深深遗憾，也是对徒众的殷殷嘱托。

为了一个佛学高级人才，前秦对龟滋和前凉及后秦对后凉都发动大规模的两场国家级战争。后凉皇帝吕光与后秦皇帝姚兴不约而同地竟然让鸠摩罗什两次破了色戒并生子，前者是为了戏弄，后者是为了留下传承人。历史上这样的高僧故事只在鸠摩罗什身上上演过，真可谓是空前绝后。

四、鸠摩罗什在平凉

公元401年十月中旬，鸠摩罗什一行到达平凉。姚兴与吕光不同的是一直把鸠摩罗什当作治世之国宝，所以一路上姚硕德、姚穆两员大将自然把他照顾得十分周全，对他的一切要求都是尽量满足，甚至百依百顺。鸠摩罗什在凉州时就对白马寺故事非常了解，到达平凉特意提出要在歇马殿住上几日，观摩了梵僧竺法兰、迦叶摩腾翻译过经文的《四十二章经》部分草稿本，同时专程与姚硕德、姚穆等人去崆峒山朝拜大贤广成子和中华先祖黄帝。

古籍《穆天子传》中，也记载这样一个神话故事，讲周穆王曾坐八匹日行三万里的骏马，西游至昆仑山，在回中山遇到西王母，西王母在瑶池设宴招待这位贵客，并一起下过六博。临别时二人以歌相赠："白云在天，山陵自出。道里悠远，山川间之。将子毋死，尚能复来。"《古今图书集成》平凉府古迹考记："回中山，在泾州西三里，脉自昆仑来，上有王母宫，下临泾水，一名宫山。周穆王、汉武帝尝至此。"李商隐在泾川写过的诗作《瑶池》："瑶池阿母倚窗开，黄竹歌声动地哀，八骏日行三万里，穆王何事不重来。"

公元401年十月下旬，鸠摩罗什到达泾州（现平凉市泾川县），随后专程寻访了王母宫。据泾川县体校付小宁校长说，有一块唐碑详细记载了鸠摩罗什到过泾川的事迹，"文革"中此石碑断裂损坏，听说目前有关部门正在查找修复之中。碑文中讲到，鸠摩罗什知道西王母与周穆王爱情故事，也知道西王母与周穆王下六博之故事，不仅祭拜了西王母，还专门在王母宫石窟附近下了一盘围棋。

五、鸠摩罗什对佛教和围棋普及做出重要贡献

鸠摩罗什对佛教的贡献主要体现在两个方面：佛经翻译和佛教人才培养。鸠摩罗什和唐代的玄奘、义净为中国古代的三大佛学翻译家，并公认为三大翻译家之首，可见地位之高。鸠摩罗什大师的翻译成就相当巨大。从公元401年到长安至公元413年圆寂，十二年中，鸠摩罗什大师第一次系统地介绍了根据般若经类而成立的大乘性空缘起之学。鸠摩罗什运用达意的译法技巧，翻译出的经文文体更加符合中土文人、士大夫的行文习惯，使中土诵习者易于接受理解，也使佛经流传更为广泛。

鸠摩罗什大师的译笔圆通流畅，典雅质朴，并纠正了四百年来他人译经之误（从白马寺的竺法兰、迦叶摩腾也位大师译经开始），成为后世流传最广的佛教经典。"色即是空，空即是色"就是他的杰作。据《出三藏记集》载：鸠摩罗什所译经论35部，294卷。其中重要的有《金刚经》《大品般若经》《小品般若经》《妙法莲华经》《维摩经》《阿弥陀经》《中论》《百论》《十二门论》《成实论》及《十诵律》等。鸠摩罗什大师所译经典极为广泛，几乎对佛教全部关键名词都给出了详细、深入浅出的解释，堪称佛经入门级必读经典。由于译文简洁晓畅，妙义自然诠显无碍，老幼皆能朗朗上口，流传不衰。

大乘学说的主要经典由鸠摩罗什大师最终译完，他还对小乘成实宗经典的翻译也作出了重大贡献。鸠摩罗什译经的态度比较严谨，力求译文典雅而又不失原意。从这个意义说，他的译经过程不但有利于佛教的传播，

而且奠定了中国翻译文学创作的重要基础。在凉州的日子不仅让鸠摩罗什精通汉语，还掌握了中国各地的许多方言，让翻译中很多佛学领域的词到现在为止仍在用，一千六百年来最厉害的语言学家也很难改动他的字词，每个精彩的词汇都是哲学经典式的创造。大师留下了许多今天大家耳熟能详的词汇，比如"大千世界""一尘不染""想入非非""粉身碎骨""回光返照""火坑""烦恼""苦海""魔鬼""世界""未来""心田""爱河"等等的词汇，这些词汇一直陪伴在我们的身边，从不曾走远。

《晋书·列传·艺术》：罗什未终少日，觉四大不愈，乃口出三番神咒，令外国弟子诵之以自救，未及致力，转觉危殆，于是力疾与众僧告别曰："因法相遇，殊未尽心，方复后世，恻怆可言。"大师圆寂于长安。姚兴于逍遥园依外国法以火焚尸，薪灭形碎，惟舌不烂。公元413年，感知大限即近的鸠摩罗什，对众人起誓："假如我所传的经典没有错误，在我焚身之后，就让这个舌头不要烧坏，不要烂掉！"不久，鸠摩罗什圆寂，在逍遥宫依佛制焚身，火灭身碎后，惟有舌头完好无损。"三寸不烂之舌"的典故即出自此，这颗世上唯一的舌舍利依然保存在罗什寺中。

《陕西通志》：逍遥园姚兴常于逍遥园引诸沙门听番僧鸠摩罗什演讲佛经，起逍遥宫，殿庭左右有楼阁，高百尺。澄玄堂在逍遥园中，鸠摩罗什演经所。黄龙门（姚兴）之宫门也。波若台姚兴集沙门五千余人，有大道者五十人，起造浮图于永贵里，立波若台。鸠摩罗什在译经与传道中培养了大量佛教人才，号称罗什门人有三千。长安已经是中国的佛学圣地，学佛的沙门多拜于他的门下。他带领弟子译经的同时，经常即兴讲解启迪弟子，让弟子从中广泛汲取佛学精义。其中最著名的弟子有后世称为"四杰"的僧肇、僧睿、道融、昙影。

后秦的国力逐渐开始衰退，公元417年终为东晋所灭，但深入民心的佛教仍传承了下来，鸠摩罗什翻译的这套佛教经典理论，自然而然地融入中华文化之中。

第四节　昙曜与歇马殿的故事

一、凉州曾是一座世界级文化城市

公元4世纪初，大儒学者张轨安定（平凉）乌氏人出任武威的凉州刺史，他的包容和努力让华夏最优秀的诸子百家人才留在了凉州，使得凉州在"五胡乱华"时期，成了中华民族保存、沿袭和传播中华文化的中心。后来陆续又有了虢贺、虢羽、牛炳这些大学者前来，凉州的文化浓度越来越高。

从凉州东边进来的是纯正的儒家为主的中原文化，从凉州西边进来是以佛教为主的博大的西域文化，从凉州南边进来的以道学为主的关陇文化，几路优秀文化的不停融入让凉州变成了具有传奇色彩的一座世界级文化城市。史学家陈寅恪称赞凉州虽然地处偏远，却能在频频的战乱中完好地保留汉代中原文化的精华与纯正，并在四百年后再一次重新融入隋唐做出了重要的贡献。

二、石窟鼻祖——天梯山石窟

天梯山石窟，也称凉州石窟或凉州大佛窟，位于武威城南五十公里的张义镇灯山村，由凉州著名高僧昙曜开凿。创建于东晋十六国时期的北凉，北朝、隋唐、西夏到明清相继营建，距今已有一千六百多年的历史。它是中国早期石窟艺术的代表，历代延续修建，文物层叠分布是天梯山石窟壁画和雕塑的重要特征。

东晋元熙八年（412年）十月，北凉王沮渠蒙逊迁都于姑臧（武威），称河西王，设置官署，修缮宫殿，建起城门诸观。同时召集凉州高僧昙曜及能工巧匠劈山开路，伐木毁林，开凿天梯山石窟，大造佛像。不久其母车氏病逝，特在窟中为其母先雕琢五米高石像一尊，形似泣涕之状，表示忏悔；天梯山石窟是我国开凿最早的石窟之一，也是我国早期石窟艺术的代表，是云冈石窟、龙门石窟的创作源头，在我国佛教史上具有重要地位，在学术界有着"石窟鼻祖"之称。

三、北魏王朝的文化精英大迁徙

鲜卑族建立北魏王朝执掌北方以后，他们明白了一个道理：争天下首先是抢金银珠宝，接着就要抢地盘，最后就要抢文化。汉文化的分量关系到北魏王朝入主中原的合法性，优秀文化的继承甚至关系到他们统治中国的权威性。

据余秋雨先生的考证：在公元439年北魏王朝发动了一场战争，把佛教雕塑家昙曜抢走了。被抢的人远不仅是昙曜一人，他们竟然把凉州的氏家大族、佛教学者（三千多名高僧）、儒家学者、著名工匠三万余人一起带走了，这是一场用军事手段完成的文化精英大迁徙，这个迁徙加护送的队伍竟然达到了七八万人。这支几乎穿越了整个中国北方的庞大队伍，在中国文化发展史上显得非常重要，给中国文化带来了重大的结构调整。

三万精英一直松松散散，生活上还需要多方照顾，从凉州（武威）护送到平城（大同）是非常艰难的事，大约用了半年多的时间才完好地达到京城（大同）。七八万人的搬家车队与护送马队，只能绕开乌鞘岭、车道岭、六盘山等，从腾格里沙漠南端向东，经同心、海原等地到达平凉，再从长安附近转道大同。从凉州到平凉，竟然陆陆续续走了三个多月才到达。

四、与平凉结缘

据记载，庞大队伍因为跋山涉水长途行进，自然是人疲马乏。许多氐族贵人平时也是养尊处优，老人需要休养、病人需要治疗调整、数量巨大的马匹也需要养膘，所以在平凉大约休整近一个月时间才继续前行。凉州的氐家大族们和儒家学者，除了改善生活外，还拜访故友与当地学者，进行人际与文化交流活动。昙曜与三千多名高僧则大都围绕平凉的寺院等佛教场地居住，昙曜等高僧专门选择了歇马殿等寺院作为临时弘法的地方。当昙曜与三千多名高僧离开平凉时，平凉的佛教文化水平与佛教信徒数量再次得到了提升。

中国最大的文化迁徙队伍从凉州（武威）经过了平凉才到平城（大同），一个"平凉"竟然从文字上巧妙地将"平城"与"凉州"联系在了一起，俗话说无巧不成书，或许这场文化大迁徙本身就是恢复中华文化的天合之作，文化中自然也包含着琴棋书画。

五、伟大佛教雕塑家、翻译家昙曜

昙曜弘扬佛教，使之成为永远流传的事业，除了开凿佛窟之外，还有其他许多内容，最重要的则为译经和设置僧祇户、佛图户两事。他的译经工作始于和平三年（462年），在刚刚修成的武周山石窟寺约集一批学问僧，配合印度僧人译出《称扬诸佛功德经》三卷，《方便心论》一卷，《付法藏因缘传》六卷，《杂宝藏经》八卷。其中《付法藏因缘》传的翻译最能体现昙曜的深意。此传记述了释迦佛之后24代佛祖绵延不断传续佛法的情形，昙曜抓紧将它译出，寄托着自己和后人继续使佛法永传不绝的祈愿。

第五节　玄奘法师

　　李唐皇室自称是道教始祖李聃的后裔，因此自唐朝建立之初，便尊奉道教为国教。在《新唐书·宗室世系》中有这样的记述：李氏出自嬴姓，帝高阳氏生大业，大业生女华，女华生皋陶，字庭坚，为尧大理。生益，益生恩成，历虞、夏、商，世为大理，以官命族为理氏，至纣之时，理征字德灵，为翼隶中吴伯，以直道不容于纣，得罪而死。其妻陈国契和氏与子利贞逃家于伊侯之墟，食木子得全，改理为李氏。利贞亦娶契和氏女，生昌祖，为陈大夫，家于苦县。生彤德，彤德曾孙硕宗，周康王赐采邑于苦县。五世孙乾，字元果，为周上御史大夫，娶益寿氏女婴敷，生耳，一字聃，周平王时为太史。

　　不过唐朝是一个非常开明的朝代，除了道教外，其他宗教也在唐朝得到了蓬勃发展，其中最重要的就是佛教。道教在唐朝上层圈子中比较普及，而佛教则被更多底层群众所接受。

　　大家对玄奘的了解大都是通过小说《西游记》，唐僧（玄奘）带着孙悟空、猪八戒、沙和尚去西天取经的故事。玄奘其实是真人真事，小说作了艺术夸张。玄奘，俗姓陈，名讳，洛州缑氏（今河南偃师县缑氏镇）人。他出身于儒学世家，十三岁时出家于洛阳净土寺。武德元年（618年）至成都，从道基、宝暹等受学，崭露头角。后游历至荆州、吴会、相州等地，讲学问经。武德九年（626年），到长安大庄严寺挂褡。在对佛教经论的研习中，他广泛接触各派理论，深感其中疑难问题甚多，怀疑原有译经讹谬，于是发愿至佛教发源地印度，广求异本以为参验。恰逢印度僧人颇密多罗到长安，向他介绍那烂陀寺（在今印度比哈尔邦巴特那县巴腊贡村与旧王舍村之间）戒贤法师的讲学规模和他所讲授的《瑜伽师地论》，更坚定了玄奘西行求法的决心。

一、"泾河龙"及其"水府龙宫"就在平凉泾川县（泾州）

《西游记》第十回"二将军宫门镇鬼唐太宗地府还魂"：却说太宗与魏征在便殿对弈，一递一着，摆开阵势。正合《烂柯经》云：博弈之道，贵乎严谨。高者在腹，下者在边，中者在角，此棋家之常法。法曰：宁输一子，不失一先。击左则视右，攻后则瞻前。有先而后，有后而先。两生勿断，皆活勿连。阔不可太疏，密不可太促。与其恋子以求生，不若弃之而取胜；与其无事而独行，不若固之而自补。彼众我寡，先谋其生；我众彼寡，务张其势。善胜者不争，善阵者不战；善战者不败，善败者不乱。夫棋始以正合，终以奇胜。凡敌无事而自补者，有侵绝之意；弃小而不救者，有图大之心。随手而下者，无谋之人；不思而应者，取败之道。《诗》云："惴惴小心，如临于谷。"此之谓也。诗曰："棋盘为地子为天，色按阴阳造化全。下到玄微通变处，笑夸当日烂柯仙。"

君臣两个对弈此棋，正下到午时三刻，一盘残局未终，魏征忽然踏伏在案边，鼾鼾盹睡。太宗笑曰："贤卿真是匡扶社稷之心劳，创立江山之力倦，所以不觉盹睡。"太宗任他睡着，更不呼唤，不多时，魏征醒来，俯伏在地道："臣该万死！臣该万死！却才晕困，不知所为，望陛下赦臣慢君之罪。"太宗道："卿有何慢罪？且起来，拂退残棋，与卿从新更着。"魏征谢了恩，却才拈子在手，只听得朝门外大呼小叫。原来是秦叔宝、徐茂功等，将一个血淋的龙头，掷在帝前，启奏道："陛下，海浅河枯曾有见，这般异事却无闻。"太宗与魏征起身道："此物何来？"叔宝、茂功道："千步廊南，十字街头，云端里落下这颗龙头，微臣不敢不奏。"唐王惊问魏征："此是何说？"魏征转身叩头道："是臣才一梦斩的。"唐王闻言，大惊道："贤卿盹睡之时，又不曾见动身动手，又无刀剑，如何却斩此龙？"魏征奏道：

"主公，臣的身在君前，梦离陛下。身在君前对残局，合眼朦胧；梦离陛下乘瑞云，出神抖搜。那条龙，在剐龙台上，被天兵将绑缚其中。是臣道：'你犯天条，合当死罪。我奉天命，斩汝残生。'龙闻哀苦，臣抖精神。龙闻哀苦，伏爪收鳞甘受死；臣抖精神，撩衣进步举霜锋。抎扠一声刀过处，龙头因此落虚空。"太宗闻言，心中悲喜不一。喜者夸奖魏征好臣，朝中有此豪杰，愁甚江山不稳？悲者谓梦中曾许救龙，不期竟致遭诛。只得强打精神，传旨着叔宝将龙头悬挂市曹，晓谕长安黎庶，一壁厢赏了魏征，众官散讫。当晚回宫，心中只是忧闷，想那梦中之龙，哭啼啼哀告求生，岂知无常，难免此患。思念多时，渐觉神魂倦怠，身体不安。当夜二更时分，只听得宫门外有号泣之声，太宗愈加惊恐。正朦胧睡间，又见那泾河龙王，手提着一颗血淋淋的首级，高叫："唐太宗！还我命来！还我命来！你昨夜满口许诺救我，怎么天明时反宣人曹官来斩我？你出来，你出来！我与你到阎君处折辩折辩！"他扯住太宗，再三嚷闹不放，太宗钳口难言，只挣得汗流遍体。正在那难分难解之时，只见正南上香云缭绕，彩雾飘，有一个女真人上前，将杨柳枝用手一摆，那没头的龙，悲悲啼啼，径往西北而去。原来这是观音菩萨，领佛旨上东土寻取经人，此住长安城都土地庙里，夜闻鬼泣神号，特来喝退业龙，救脱皇帝。那龙径到阴司地狱具告不题。

每年夏天，泾川泾河川道里的人们都要怀抱羊头到泾河岸边祭祀龙王。被斩首的泾河龙王感到死得冤屈，阴魂常跑到阎王爷那里去哭诉，要求自己重返龙廷。阎王便把此事奏明玉帝。这下可把玉帝给难住了。原来魏征斩了泾河龙王后，不知从哪里窜出一只天狗，叼起龙王的头颅，跑得无影无踪。这时候，众仙们想出了一条办法，说不如给泾河龙王安一只羊头，好歹和龙头也差不了多少。

目前泾川的重要地标就是一条安着羊头的龙，竖立在距西王母石窟两百米左右的广场上。

二、《西游记》第十二回唐三藏起程往西天

次早，太宗设朝，聚集文武，写了取经文牒，用了通行宝印。有钦天监奏曰："今日是人专吉星，堪宜出行远路。"唐王大喜。又见黄门官奏道："御弟法师朝门外候旨。"随即宣上宝殿道："御弟，今日是出行吉日。这是通关文牒。朕又有一个紫金钵盂，送你途中化斋而用。再选两个长行的从者，又银𬩽的马一匹，送为远行脚力。你可就此行程。"玄奘大喜，即便谢了恩，领了物事，更无留滞之意。唐王摆驾，与多官同送至关外，只见那洪福寺僧与诸徒将玄奘的冬夏衣服，俱送在关外相等。

唐王见了，先教收拾行囊马匹，然后着官人执壶酌酒。太宗举爵，又问曰："御弟雅号甚称？"玄奘道："贫僧出家人，未敢称号。"太宗道："当时菩萨说，西天有经三藏。御弟可指经取号，号作三藏何如？"玄奘又谢恩，接了御酒道："陛下，酒乃僧家头一戒，贫僧自为人，不会饮酒。"太宗道："今日之行，比他事不同。此乃素酒，只饮此一杯，以尽朕奉饯之意。"三藏不敢不受。接了酒，方待要饮，只见太宗低头，将御指拾一撮尘土，弹入酒中。三藏不解其意，太宗笑道："御弟呵，这一去，到西天，几时可回？"三藏道："只在三年，径回上国。"太宗道："日久年深，山遥路远，御弟可进此酒：宁恋本乡一捻土，莫爱他乡万两金。"三藏方悟捻土之意，复谢恩饮尽，辞谢出关而去。唐王驾回。诗曰："唐王设会度亡灵，感动菩萨说原因。指引玄奘参圣佛，名号三藏就起程。"

三、玄奘是中国历史上第一个有记载"偷渡"出国的人

其实玄奘并没有像《西游记》中所说那样得到唐太宗的支持，专程去西天取经。当时甚至没有得到官府的许可，属于"偷渡出国留学"。

鉴于法相学形成北方地论学、南方摄论学的差异，如何融合二者成为玄奘重点思考并想解决的问题。武德九年（626年），适逢天竺僧波颇抵长

安，玄奘得闻印度戒贤于那烂陀寺讲授《瑜伽论》总摄三乘之说，于是发愿要西行去求法，直探原典，重新翻译，以求统一中国佛学思想的分歧。唐朝政府一直没有同意玄奘的请求，无奈之中的玄奘准备用偷渡的方式去西域。

贞观三年秋八月（629年），当时有来自秦州的僧侣孝达在长安学涅槃经，学成返乡，玄奘与孝达一起去秦州（天水）。在秦州停留一夜后，又与人结伴到达金城（兰州）。之后偶遇凉州人送官马归，玄奘便一同去了凉州。

在凉州停留月余后，玄奘继昼伏夜行至瓜州，再经玉门关，越过五烽，渡流沙，备尝艰苦，抵达伊吾（哈密），至高昌国（今新疆吐鲁番市）。受到高昌王麴文泰的礼遇。后经屈支（今新疆库车）、凌山（耶木素尔岭）、碎叶城、迦毕试国、赤建国（乌兹别克斯坦首都塔什干）、飒秣建国（今撒马尔罕城之东）、葱岭、铁门，到达货罗国故地（今葱岭西、乌浒河南一带），南下经缚喝国（今阿富汗北境巴尔赫）、揭职国（今阿富汗加兹地方）、大雪山、梵衍那国（今阿富汗之巴米扬）、犍双罗国（今巴基斯坦白沙瓦及其毗连的阿富汗东部一带）、乌伏那国（巴基斯坦之斯瓦特地区），到达迦湿弥罗国（今克什米尔），行程约一万四千里。

在迦湿弥罗国，玄奘刻苦学习梵文经典，后又到达今巴基斯坦境内，一年里亲历四国，所到之处，都要停留用心学习佛法。在31岁那年，玄奘边学边行，才进入中印度。此后，玄奘一边学习佛教经论，一边巡礼佛教遗迹，先后经历翠禄勒那、袜底补罗、揭若鞠阁等十多个国家，始至那烂陀寺留学，玄奘在那烂陀寺历时五年，备受优遇，后来被选为通晓三藏的十德之一。前后听戒贤讲《瑜伽师地论》《顺正理论》《显扬圣教论》《对法论》《集量论》《中论》《百论》，以及因明、声明等学，同时又学婆罗门教经典、各类梵书。

贞观十年（636年）玄奘离开那烂陀寺，先后到伊烂钵伐多国（今印度北部蒙吉尔）、萨罗国、安达罗国、驮那羯磔迦国（今印度东海岸克里希纳河口处）、达罗毗荼国（今印度马德拉斯市以南地区）、狼揭罗国（今印度河西莫克兰东部一带）、钵伐多国（约今克什米尔的查谟），访师参学。他在钵伐多国停留两年，悉心研习《正量部根本阿毗达摩论》《摄正法论》《成实论》等，然后重返那烂陀寺。不久，又到低罗择迦寺向般若跋陀罗探讨说一切有关三藏及因明、声明等学问，又到杖林山访胜军研习唯识抉择、意义理、成无畏、无住涅槃、十二因缘、庄严经等论，切磋质疑，两年后仍返回那烂陀寺。此时，戒贤嘱咐玄奘为那烂陀寺僧众开讲摄论、唯识抉择论。适逢中观清辨（婆毗呔伽）一系大师师子光也在那里讲《中论》《百论》，反对法相唯识之说。于是玄奘著《会宗论》三千颂，以调和大乘中观、瑜伽两派的学说，同时参与了与正量部学者般若多的辩论，又著《制恶见论》一千六百颂。还应东印迦摩缕波国（今印度阿萨姆地区）国王鸠摩罗的邀请去讲经说法，并著有《三身论》，玄奘至此真正通晓了三藏。

唐贞观十五年（641年），玄奘与戒日王会晤，并得到优厚礼遇。戒日王决定以玄奘为论主，在曲女城召开佛学辩论大会，在五印十八个国王、三千个大小乘佛教学者和外道两千人参加。当时玄奘讲论，任人问难却无一人能予诘难。一时名震五印，并被大乘尊为"大乘天"，被小乘尊为"解脱天"。戒日王又坚请玄奘参加第二年举办的五年一度、历时七十五天的无遮大会。大会结束后玄奘毅然选择归国，在境外学习达十四年之久。

四、返回大唐途经平凉，住宿歇马殿

贞观十七年（643年），玄奘载誉启程回国，并将657部佛经带回中土。贞观十八年（644年）十月，玄奘到达平凉。因为玄奘是偷渡出国十多年，严重触犯了唐朝法律，先请平凉地方官员向朝廷禀报，再由朝廷决定如何处置。所以玄奘就在平凉歇马殿住下，等待朝廷消息，玄奘在歇马殿一边译经，一边翻阅了秦景与竺法兰、迦叶摩腾留下的经文草稿，一共等待了七八十天才接到朝廷回信。

贞观十九年（645年）正月，玄奘先到达长安，唐太宗正为辽东战役驻跸在洛阳。太宗得知他已到长安，立即诏令要在洛阳接见他。玄奘奉诏匆

忙上路，正月二十二日启程，二月初一在洛阳紫微城仪鸾殿受到唐太宗接见。唐太宗深感欣慰，与玄奘并坐问道："法师当年西去取经为什么不报道朝廷得知？"玄奘说："玄奘当去之时以再三表奏。但诚愿微浅朝廷不蒙允许。无任慕道之至乃辄私行。专擅之罪唯深惭惧。"太宗道："法师出家后与世俗了断，所以能委命求法惠利苍生。"

五、翻译经书，留名千古

玄奘从印度及中亚地区带回国的梵箧佛典非常丰富，共526箧、657部，对佛教原典文献的研究有很大的帮助。玄奘家乡东南的少林寺是洛州的一所名刹，远离闹市，环境清幽，玄奘初见太宗时即表示希望前往嵩山少林寺译经，未获太宗允许，只好在三月初一从洛阳折回长安。

玄奘回国之初，唐太宗对他说："朕今观法师词论典雅，风节贞峻，非惟不愧古人，亦乃出之更远。"给予了高度评价。正因为如此，太宗要求他弃缁还俗："帝又察法师堪公辅之寄，因劝罢道，助秉俗务。"

玄奘言道："玄奘少践缁门，伏膺佛道，玄宗是习，孔教未闻。今遣从俗，无异乘流之舟使弃水而就陆，不唯无功，亦徒令腐败也。愿得毕身行道，以报国恩，玄奘之幸甚。"太宗劝玄奘弃佛还俗的要求与他翻译佛经、弘扬佛法的宗旨相违背，遭到了玄奘的断然拒绝。唐太宗仍不放弃，常常"逼劝归俗，致之左右，共谋朝政"。如贞观十九年（645年），唐朝进军辽东，太宗要求玄奘观战，再次提出还俗的要求。二十二年（648年），太宗又一次令他还俗，但玄奘不改初衷，上疏陈明再三，表示"守戒缁门，阐扬遗法，此其愿也"。

唐太宗屡次规劝玄奘弃佛还俗，这与当时的社会背景以及太宗对佛教的政策有关。公元618年唐朝建立，经过隋末农民战争的破坏，国家经济几乎处于崩溃的边缘，为了发展经济缓和社会矛盾，唐初期统治者对佛教并不大支持，甚至有时排斥佛教。史载，唐太宗讨伐王世充时，虽常用少林僧兵，但他攻占洛阳后马上废除了隋朝寺院，大肆裁汰僧人。另外，唐太宗崇尚文治，认为佛法无益于天下。在贞观二年（628年），唐太宗对侍臣说道，梁武帝父子因好事佛教，才导致国破家亡，我们应当引以为鉴。他在朝堂上公开宣称："朕今所好者，惟在尧、舜之道，周孔之教。"

贞观年间，唐太宗积极经略西域。为了打击突厥在西域的霸权，他先后多次发动战争，在贞观六年（632年）打垮西突厥建置西伊州（今新疆哈密）。贞观十四年（640年）平定高昌建置西州（今新疆吐鲁番）、庭州（今新疆吉木萨尔）。唐太宗需要精通西域、中亚各国地理交通、民俗风情、政治文化的高级人才。玄奘曾经西行印度，沿途经历西域、中亚、南亚多个国家，时间长达十四年，对这些地区的自然、气候、交通、民族和政治文化了如指掌，无疑是唐太宗经略西域最好的高级顾问。因此，太宗多次要求玄奘还俗做官，担当起经略西域的重任。为了摆脱太宗的控制，所以玄奘多次提出离开长安，请求回少林寺翻译佛经，潜心佛学，弘扬佛法。

贞观十九年（645年），在唐太宗的同意下，玄奘终于在长安设立译经院（国立翻译院），参与译经的优秀学员来自全国以及东亚诸国。他于长安弘福寺组织译场，开始译经，其后在大慈恩寺，北阙弘法院、玉华宫等处举行。

贞观二十二年（648年）夏，玄奘将译好的《瑜伽师地论》呈给太宗，并请太宗作序。太宗花一个多月时间通览这部长达百卷的佛教经典后，亲自撰写了七百多字的《大唐三藏圣教序》，盛赞"玄奘法师者，法门之领袖也；仙露明珠，讵能方其朗润"，对玄奘评价极高。

永徽三年（652年），玄奘在长安城内慈恩寺的西院筑成一座五层塔（大雁塔），用以贮藏自天竺携来的经像。玄奘花了十几年时间在铜川市玉华宫内将约1330卷经文译成汉语，他最感兴趣的是"唯识"部分，这些佛经后来从中国传往朝鲜半岛、越南和日本。唐高宗李治对玄奘一直十分敬重，曾撰《大唐皇帝述三藏圣教记》。一序一记，均为唐初大书法家褚遂良所书，公元653年刻石立于长安慈恩寺大雁塔下，又称《雁塔圣教序》。它与后来偃师招提寺王行满书《大唐二帝圣教序》、陕西大荔褚遂良书《同州圣教序》及怀仁集王羲之行书而成的《集王圣教序》一起，并称四大《圣教序》。

唐高宗李治上台以后，也多次提出令玄奘弃缁还俗为官的要求。为了摆脱控制，玄奘又提出回家乡少林寺翻译佛经，并上言曰："玄奘从西域所得梵本六百余部，一言未译。今知此嵩山之南少室山北有少林寺，远离廛落，泉石清闲，是后魏孝文皇帝所造，即菩提留支三藏翻译经处。玄奘望为国就彼翻译，伏听敕言。"

显庆二年（657年）五月，高宗下敕，要求"其所欲翻经、论，无者先翻，有者在后"。显庆二年（657年）九月，玄奘借着陪驾住在洛阳的机会，第二次提出要入住少林寺的请求，"望乞骸骨，毕命山林，礼诵经行，以答提奖"。高宗仍回信拒绝。显庆三年（658年）移居西明寺，因常为琐事所扰，遂迁居玉华寺，致力译经。显庆五年（660年），始译《大般若经》。此经梵本计二十万颂，卷帙浩繁，门徒每请删节，玄奘颇为谨严，不删一字。在龙朔三年（663年）终于译完这部多达600卷的巨著。玄奘在麟德元年（664年）译出《咒五首》一卷后，同年二月逝世，遂成绝笔。

据载，玄奘前后共译经论75部，总计1335卷。所译之经，后人均称为新译。译经讲法之余，玄奘还口授由弟子辩机执笔完成了著名的《大唐西域记》一书，全书记述高昌以西玄奘所经历的110个和传闻所知的28个以上的城邦、地区、国家的情况，内容包括这些地方的幅员大小、地理形势、农业、商业、风俗、文艺、语言、文字、货币、国王、宗教等等。是一部研究中亚、南亚地区古代史、宗教史、中外关系史的重要文献。此书传世版本很多，流传有三个古本，对校勘、研究《大唐西域记》具有重要的参考价值。

此外，玄奘又奉敕将《老子》《易经》《墨子》《庄子》等中国哲学经典译作梵文，随后也逐渐传入了西域诸国。

第六节　唐太子李亨与歇马殿

　　唐高祖李渊的家族起源于甘肃陇西，立国之初被孔孟后人多次质疑其为异族，是鲜卑、羌人之后，唐高祖登基后为了证明李唐政权的权威性、合理性，遂将自己取得天下解释为天意，利用社会上流传已久的谶言，称李唐王室是道教创始人老子的后代，称道教为"本朝家教"并开始一步步神话老子。为了正本清源说明自己是老子李聃的后人，便尊奉老子李聃为其祖宗，下诏在各处修建改建大量的老子庙，唐高祖李渊并多次亲自前往祭拜老子。武德八年（625年），唐高祖还特意下诏，宣布道教位在佛教前。

　　继任者唐太宗李世民也曾多次下诏："大道之行，肇于邃古"，道法可以"迈两仪而运行，包万物而亭育，故能经邦致治"，而"佛法之兴，基于西域，爰及东汉，方被中华"。因此唐太宗多次强调："自今往后，斋供行立，至于称谓，道士女冠可在僧尼之前。"

　　《旧唐书》有载，唐高宗在乾封元年（666年）亲临亳州，拜谒老君庙，追尊老子为"太上玄元皇帝"，并改老子家乡谷阳县为真源县。武德七年（624年），唐高祖也专程亲至楼观台拜谒老子，令修葺扩建楼观台并改名为宗圣观，并赏赐土地和粮食。李唐皇室借助老子后代的身份，来论证李氏掌握政权的血统合法性，作为皇帝不惜以政令诏书的形式来提高道教之地位。

一、安史之乱

安史之乱是在唐玄宗时期，由边镇守将安禄山和史思明掀起的一场声势浩大的反唐叛乱，也是唐朝由盛而衰的重要转折点。

开元后期由于安定繁荣的日子已久，唐玄宗逐渐丧失了以前那种励精图治的精神，开始纵情享乐，过渡宠爱杨贵妃，过分信任宦官高力士，竟然把朝政大权交与宰相李林甫全权处理。李林甫虽然对唐玄宗仍然事事逢迎，私下却大权独揽，在朝堂上专横独断，为大唐留下了重大的政治隐患。李林甫死后，杨贵妃的堂兄杨国忠继任宰相，更是变本加厉排斥异己、贪污受贿，使朝纲日益败坏。加上当时土地兼并剧烈，贫富悬殊十分严重，唐朝在政治、经济、社会方面都开始渐呈衰败之象。

唐玄宗为了安定国家，同时也能对外开拓边域，就在边境上设立十大兵镇驻以重兵，以节度使作为最高军事长官。节度使管理着若干州的军事和行政，权力相当大。开始时节度使都由中央派大臣充任，立大功后往往能入朝拜相。天宝以后，大权独揽的李林甫为了巩固本身权位、堵塞边关将帅入相的途径，借口文官大臣不懂军事，多用胡人来担任十大兵镇节度使，这样就给安禄山起兵反唐创造了有利条件。安禄山本是混血胡人，勇猛善战，貌似忠诚却生性狡诈。由于很能讨唐玄宗和杨贵妃的欢心，加上屡立战功，唐玄宗竟然同意让安禄山一人身兼范阳、河东、平卢三镇的节度使，势力非常大，风头无两。

安禄山后来见唐室政治腐败，武备废弛，后以讨伐杨国忠为名发动叛乱，亲自从范阳率兵南下，攻陷洛阳等地，并自称为大燕皇帝。第二年，唐军在潼关之战溃败，安禄山便长驱直入长安。唐玄宗只能匆忙西逃，走到马嵬驿（今陕西兴平境内），随行的将士在愤怒中杀死了杨国忠，又逼使让唐玄宗绞杀杨贵妃，大家才肯继续南下至四川。唐玄宗南逃，太子李亨则在马嵬坡为百姓所留，与唐玄宗分道，北上至平凉，期间一直被安史队伍追杀，在平凉聚集队伍后转至灵武。天宝十五载（756年）七月九日，李亨在杜鸿渐等人的陪同下，抵达朔方军大本营灵武。经过一番布置与筹划，七月十二日，灵武城的南门城楼，李亨在郭子仪、李光弼等一班西北将领的支持下举行了简单的登基仪式。登基后，改年号为至德，并且将当年改为至德元载，唐玄宗被推尊为太上皇。

唐肃宗（李亨）在灵武即位，打出了大唐王朝坚决平叛靖乱的大旗。消息传到叛军占领区，极大地鼓舞了当地的抵抗运动，给大唐的复兴带来了希望，各地又重新点燃了报国抗敌，誓死与叛军决战到底的熊熊火焰，从政治上扭转了唐玄宗出逃后全国平叛战争的被动局面。平叛靖乱成了唐肃宗在灵武能自立朝廷的最大理由，全国各路兵马对唐肃宗讨伐叛军的积极响应，也是李亨赖以生存与发展的唯一前提。

后来叛军内部发生分裂，安禄山为儿子安庆绪所杀。唐军联同回纥援兵乘机反攻，收复了长安和洛阳。不久安禄山部将史思明杀安庆绪，重新攻陷洛阳，也称大燕皇帝，后又被儿子史朝义杀害。于是唐朝再借回纥兵，收复洛阳，史朝义自杀，这场持续了八年的"安史之乱"才告结束。

二、李亨躲在龙隐寺（兴教寺）

《旧唐书》记载，丙申猴年（765年）六月十四日，唐玄宗的三儿子李亨说服护驾的龙虎大将军陈玄礼，在新平马嵬坡发动了兵变，射杀杨国忠，逼死杨玉环。李亨母亲杨氏虽是陇右望族，只是唐玄宗的姬妾，生下李亨后在东宫受到冷遇。李亨六岁开始遥领陇右，陇右的军队长期在他的控制下。兵变后唐玄宗逃往四川剑门杨玉环的老家，太子李亨率几百骑兵渡过渭河，通夜奔驰三百里至平凉郡。"庚子至乌氏驿，彭阳太守李遵出迎，献衣粮，辛丑至平凉郡，阅监牧马，数月间得马几万匹，同时又招募勇士三千余人，军威稍振。"

唐太子李亨一行从马嵬坡逃到平凉，杜鸿渐先带两千人马来到平凉护驾。很快就被安史叛军几路人马一万多人追上，杜鸿渐率领人马拼命抵抗，李亨在数十名亲兵保护下逃向山里，无奈之中太子李亨趁着夜色躲进了龙尾山间的兴教寺（龙隐寺）中。

龙隐寺位于平凉市区西三千米的龙尾山的侧腰上，始建于东汉初，有近两千年的历史，龙尾山东西长约五千米，山上林木葱茏，面临泾水，寺院建在悬崖上，山的中下部有四眼泉水，两千年来号称"寒暑不变其形，旱涝不改其盈"。现位于平凉市龙隐寺公园之中，是块难得的风水宝地。龙隐寺及附近乔木高大茂盛，青翠欲滴，飞鸟啾鸣，伴有清澈龙泉水从岩石中汩汩流出，显得特立独行。或许是有了这几眼龙泉圣水的滋润和养育，龙隐寺才有如此灵气。龙隐寺在隋代称过灵隐寺，因树林茂密又称林隐寺和兴教寺，自李亨宗室住宿后改叫龙隐寺。

龙隐寺的前生兴教寺就是座老子庙，史料记载太子李亨从马嵬，通夜驰三百里至安定郡，庚子至乌氏驿，辛酉至平凉郡……夜宿寺中，翌年称帝于灵武，寺亦改龙隐寺。明代韩藩襄陵王，奉为香火，招僧住持，重修增葺，并置买田地以为焚修之资，明末毁于兵燹。

唐太子李亨数天藏身于龙隐寺，躲过叛兵几度追杀。最危险的一次是叛兵半夜来寺里搜查，李亨只好躲在神像后面，没有想到几个叛兵举着火把也来到神像后面，却竟然像没有看到紧张万分的他一样，又若无其事地一起退了出去。传说这座神像就是老子李聃神像，李亨深信是祖先的神灵保佑了自己。李亨称帝后，马上敕封兴教寺为龙隐寺，顾名思义就是龙隐身的地方，并对龙隐寺敕封大量土地与田产，现在龙隐寺仍然是一座隐世的道观。

据考证李亨在平凉大约住过有八十五天，在灵武有六十八天。这八十五天的平凉活动主要是聚集各路队伍、招兵买马、筹备登基。"上初发平凉，有彩云浮空，白鹤前引，出军之后，有黄龙自上所憩屋腾空而去。"《旧唐书》记载，李亨到达灵武的第二天就已经登基，《新唐书》则把李亨写成受大臣劝说才迫于无奈选择了登基。

李亨原本准备在平凉筹备登基，朔方节度使郭子仪的副将仆古怀恩来到平凉，愿将自己的三个亲生女儿嫁给回纥牟羽可汗为妻以和亲，可得到回纥的二十万骑兵来帮助大唐镇压安禄山。回纥领地在朔方和河西一带。

李亨马上同意此建议。《资治通鉴》：敦煌王承寀至回纥牙帐，回纥可汗以女许之。《旧唐书》：册回纥可汗女为毗伽公主。这样回纥与唐朝的关系就成了甥舅关系。李亨还决定将皇帝亲生女宁国公主出嫁葛勒可汗，让回纥与大唐能亲如一家，一心一意帮助自己。

随后，朔方留后杜鸿渐，六城水陆运使魏少游，节度判官崔漪，度支判官卢简金，盐池判官李涵等五人商议，派杜鸿渐、崔漪至平凉，面启太子："朔方乃天下劲兵之处，今吐蕃请和，回纥内附，四方郡县俱坚守拒贼，以俟兴复。殿下若智兵于灵武、移揽四方，收缴忠义，按辔长驱，逆贼不足屠也。臣等已使魏少游，卢简金在彼葺治宫室，整备资粮，专候殿下驾幸。广平王建宁王俱以两人之言为然。"《新唐书》认为，李亨到灵武，河西司马裴冕等多次上表，李亨才登基立为皇帝，两月后唐肃宗在宁州与回纥等陇右各路兵马会师，才起兵东伐安禄山。

唐肃宗在龙隐寺的这段史内外轶事，历代诗文多有咏叙，清代赵汝翼还把龙隐寺列为平凉八景之一，其景区龙尾山东西十里，面临泾河，对望太统山，西接崆峒山，东连平凉古城。龙隐寺掩映在茂林花草之中，景致有黄帝问津渡、荷塘月色、竹林鸟啼、龙泉滴珠、石窟佛光、龙爪戏鱼、白塔屯云、烽火烟台、霞岭红叶、幽径马奔等。唐肃宗宫眷住宿的龙隐寺东侧大圣宫已废，成了河滩耕地。

即将分娩的妻子张良娣同李亨一起来平凉，后在灵武生下儿子，遂被立为皇后。随行的还有李亨儿子广平王李豫、建宁王李倓等。李亨是唐朝第七位皇帝，在位仅有七年时间。唐代宗李豫是第八位皇帝，在位十五年。李倓在灵武时因肃宗听信皇后谗言被杀，后被追谥为承天皇帝。可以说唐朝曾有过三位皇帝到过平凉，都在龙隐寺下避过难。

三、太子李亨逃到平凉为征讨叛军聚集陇右队伍

《新唐书·本纪肃宗》："十五载，玄宗避贼，行至马嵬，父老遮道请留太子讨贼，玄宗许之，遣寿王瑁及内侍高力士谕太子，太子乃还。六月丁

酉，至渭北便桥，桥绝，募水滨居民得三千余人，涉而济。遇潼关散卒，以为贼，与战，多伤，既而觉之，收其余以涉，后军多没者。夕次永寿县，吏民稍持牛酒来献。新平郡太守薛羽、保定郡太守徐骥闻贼且至，皆弃城走。己亥，太子次保定，捕得羽、骥，斩之。辛丑，次平凉郡，得牧马牛羊，兵始振。"

《新唐书·本纪肃宗》：庚子，至乌氏驿，彭原太守李遵谒见，率兵士奉迎，仍进衣服粮糒。上至彭原，又募得甲士四百，率私马以助军。辛丑，至平凉郡，蒐阅监牧公私马，得数万疋，官军益振。时贼据长安，知上治兵河西。三辅百姓皆曰："吾太子大军即至！"贼望西北尘起，有时奔走。戊申，扶风人康景龙杀贼宣慰使薛总等二百余人，陈仓令薛景仙率众收扶风郡守之。由是关辅豪右皆谋杀贼，贼故不敢侵轶。

上在平凉，数日之间未知所适，会朔方留后杜鸿渐、魏少游、崔漪等遣判官李涵奉笺迎上，备陈兵马招集之势，仓储库甲之数，上大悦。鸿渐又发朔方步骑数千人于白草顿奉迎。时河西行军司马裴冕新授御史中丞赴阙，遇上于平凉，亦劝上治兵于灵武以图进取，上然之。上初发平凉，有彩云浮空，白鹤前引，出军之后，有黄龙自上所憩屋腾空而去。上行至丰宁南，见黄河天堑之固，欲整军北渡，以保丰宁，忽大风飞沙，跬步之间，不辨人物，及回军趋灵武，风沙顿止，天地廓清。

七月辛酉，上至灵武，时魏少游预备供帐，无不毕备。裴冕、杜鸿渐等从容进曰："今寇逆乱常，毒流函谷，主上倦勤大位，移幸蜀川。江山阻险，奏请路绝，宗社神器，须有所归。万姓颙颙，思崇明圣，天意人事，不可固违。伏愿殿下顺其乐推，以安社稷，王者之大孝也。"上曰："俟平寇逆，奉迎銮舆，从容储闱，侍膳左右，岂不乐哉！公等何急也？"冕等凡六上笺。辞情激切，上不获已，乃从。是月甲子，上即皇帝位于灵武。礼毕，冕等跪进曰："自逆贼凭陵，两京失守，圣皇传位陛下，再安区宇，臣稽首上千万岁寿。"群臣舞蹈称万岁。上流涕嘘唏，感动左右。即日奏其事于上皇。

四、李亨在歇马殿调动各路兵马

龙隐寺山下紧邻泾河的胭脂河道地域狭窄，寺内房间也比较少且简陋，这样的地方也不适合各路部队的聚集与驻扎。安史叛军离开后，太子李亨在杜鸿渐的护卫下，就重新搬到驿站旁的歇马殿住下。一边等候郭子仪和李光弼等人带各路兵马到来，一边也在平凉当地大量招兵买马。"辛丑，至平凉郡，蒐阅监牧公私马，得数万匹，官军益振"，准备在平凉集聚兵马登基并号令天下进行战略反攻。

另有史料记载，歇马殿就是李亨聚集各路队伍、招兵买马的指挥部。平凉市崆峒区十里铺、马坊和演武沟三个村庄是李豫、李俶驯养过战马的地方。平凉市泾州县大云寺当时的主持叫小怀清，是曾在长安感业寺与武则天同读《大云经》的大怀清的女儿。李亨长住歇马殿后，小怀清专程前来主持歇马殿佛事。

在龙隐寺向东十里有隋文帝开皇二年（582年）修的安定都官府，大约在今平凉城北。隋大业十年（614年）五月，刘伽伦造反，在平凉登基称大世皇帝，改平凉官府为大世宫。李亨下榻歇马殿，大部分宫眷住在大世宫。李亨开始拟在平凉登基，平凉郡守改大世宫为大圣宫，便在城南（今万安门）修登基大殿。

据平凉民间传说，登基所穿的龙袍，遵李隆基为太上皇的表奏起草，改帝号、年号，地名新命，九品以上文武百官的升级名单，新任官职的人事安排，以及镇压安禄山的军事决策和实际准备，都是在歇马殿定下来的。唐肃宗的"肃宗"和"至德"年号，也是他在崆峒山问道和鸡头山祭天时，听取了崆峒山真人的建议，取陇右之"肃"为"肃宗"，取"至道至德"中的"至德"为年号，改"天宝十五年"为"至德元年"。

在平凉还有一种说法，在马嵬坡兵变时，唐玄宗以宫女代替杨贵妃，未死的杨贵妃隐姓埋名逃到平凉，幽居在崆峒山的问道宫内。唐中期有大量外国留学生来长安等地，其中包括许多的日本人，恰逢日本太子来崆峒山修道学武，后来杨贵妃就被日本太子带到日本，这就是为什么如今日本还有杨贵妃墓的原因。安禄山占领长安后闻得杨贵妃未死，曾多次派官兵到平凉寻找"阿母"，并为此与崆峒山的道士们发生过多次交战。崆峒山的道士们充分利用密林遍布崆峒山的陡、峭、险和高超武艺取得了胜利，开创了中国"游击战"的先河。

五、李亨的大谋士李泌与平凉

李泌称为中唐后期的第一奇人，从小就非常聪明。唐李泌字长源，七岁能做文章，张九龄爱才称呼他为"小友"。李泌后官至宰相，以功封邺侯。《三字经》：莹八岁，能咏诗。泌七岁，能赋棋。彼颖悟，人称奇。尔幼学，当效之。讲的就是祖莹八岁和李泌七岁时，已经显露出不凡的才华，后成为教育幼智之典。

唐代李泌《邺侯外传》中有云：玄宗方与张说观棋，中人抱泌至，俶（注：泌姑子，名员俶，时年九岁）与刘晏皆在帝侧。及玄宗见泌，谓说曰："后来者与前儿迥殊，仪状真国器耳！"说曰："诚然。"遂命说试为诗，即令咏方圆动静，曰："愿闻其状。"说应曰："方如棋盘，圆如棋子，动如棋生，静如其死。"说以幼，乃教之曰："但可以意虚作，不得更实道棋子。"泌曰："随意即甚易耳。"玄宗笑曰："精神全大于身。"泌乃言曰："方如行义，圆如用智，动如逞才，静如遂意。"说因贺曰："圣代嘉瑞也。"玄宗大悦。又由是张说邀至其宅，令其子均、垍相与若师友，情义甚狎。张九龄、贺知章、张廷珪、韦虚心见皆倾心爱重。贺知章尝曰："此稚子目如秋水，必一拜卿相。"此事又见《新唐书·李泌传》及《唐人说荟》。

上面故事讲的是唐玄宗李隆基闻其不凡，使人召入宫中。当时正在对弈，唐玄宗便让宰相燕国公张说试试李泌的才能，张说是唐当代最著名的大文学家。张说就请李泌以围棋的特点"方圆动静"为名赋一首藏头诗，小李泌马上想请张说先提示下便问："愿闻其略。"张说就先赋："方若棋局，圆若棋子，动若棋生，静若棋死。"张说这首诗后人就称之为"咏方圆动静示李泌"。随后李泌便脱口而出："方若行义，圆若用智，动若骋材，静若得意。"李泌的机敏对答深得张说的赞许。玄宗也十分喜爱，就让他与当时的忠王李亨交友，后来忠王李亨长大当上太子时，玄宗也想要封李泌为官，李泌竟然坚持不接旨，只同意与太子为布衣之交。让太子对才高八斗的李泌也非常尊敬，称他为先生。

李泌博学多才，特别是精通《易经》《黄帝内经》和道法、道术等，常年在平凉崆峒山、河南嵩山、陕西的华山和终南山之间游历，喜欢修炼"神仙不死术"。这次太子北上平凉，在路上就已经派人去召见李泌，唐朝正处于风声鹤唳、内忧外患的动乱之中，隐居修炼中的李泌也不能置身事外，他明白太子李亨正是急需用人之际，便专门从河南嵩山赶到了平凉。太子李亨见到后大喜，从此对李泌无比信任："出则连辔，寝则对榻。"大小事情都要提前咨询李泌，并且是言无不从。李泌随后又陪太子李亨一起到了灵武，不仅为李亨出谋划策，还为他讲解易经、古代兵法、道法等，同时也常陪李亨下围棋。

登基后的唐肃宗想让李泌出任右相（即中书令，为中书省最高长官，是首席宰相），李泌极力推辞，他对肃宗说："陛下把臣当朋友，则贵于宰相，何必让臣做违背意志的事，非要让我当宰相呢？"肃宗看到李泌态度非常坚决只好作罢。即使这样，李泌仍辅佐唐朝几代皇帝长达三十二年，所以李泌对唐中晚期朝廷的影响是巨大的。

六、"平凉会盟"证明李亨登基地选择灵武是正确的

《资治通鉴》：太子至平凉数日，朔方留后杜鸿渐、六城水陆运使魏少游、节度判官崔漪、支度判官卢简金、盐池判官李涵相与谋曰："平凉散地，非屯兵之所，灵武兵食完富，若迎太子至此，北收诸城兵，西发河、陇劲骑，南向以定中原，此万世一时也。"乃使涵奉笺于太子，且籍朔方士马、甲兵、谷帛、军须之数以献之。涵至平凉，太子大悦。会河西司马裴冕入为御史中丞，至平凉见太子，亦劝太子之朔方，太子从之。鸿渐，遏

之族子；涵，道之曾孙也。鸿渐、漪使少游居后，葺次舍，庀资储，自迎太子于平凉北境，说太子曰："朔方，天下劲兵处也。今吐蕃请和，回纥内附，四方郡县大抵坚守拒贼以俟兴复。殿下今理兵灵武，按辔长驱，移檄四方，收揽忠义，则逆贼不足屠也。"少游盛治宫室，帷帐皆仿禁中，饮膳备水陆。秋，七月，辛酉，太子至灵武，悉命撤之。

安史之乱爆发后，唐朝调河西、陇右、西域等地军队的精锐东援。吐蕃乘虚而入，当地守军力不能支，河西、陇右、西域之地先后为吐蕃所占。安史之乱让唐蕃的主要战场已经东移到今宁夏、甘肃东部、陕西以及四川西北部等地，所以平凉也一直是唐朝与吐蕃的主要战场之一。既有狼追又有虎视，为了太子李亨的安全和振兴唐朝的大业，最终将登基地点由平凉调整到了宁夏的灵武。

事实证明唐肃宗李亨登基地点重新选择是完全正确的，在唐肃宗登基三十一年后也就是贞元三年（787年）四月十九日，在平凉西北三千米处（现崆峒区的虎山沟村）发生了震惊朝野的"平凉劫盟"事件：当时吐蕃开始主动与唐朝商议会盟事务，诏书中改"献"为"进"，"赐"为"寄"，"领取"为"领之"，以表示两国的对等地位关系及相互友好的诚意。

唐与吐蕃的"平凉会盟"在《通鉴纪事本末》称之为"平凉劫盟"，在今甘肃平凉城西北。泾水河北畔，平凉城西北五里的唐、蕃会盟坛上旗帜猎猎，呈现出一派和谐的氛围。但当唐、蕃两方的会盟大臣登坛交换礼仪之际，突然鼓声四起，埋伏于山谷间的吐蕃骑兵分几路冲出，出现了一幕由会盟变劫盟的悲剧。幸好唐朝会盟代表、前敌总指挥浑瑊将军身经百战，见势不妙迅速跳上身边一匹马，与马燧等人向东急驰逃出平凉川，又得到骆元光（李元谅）及时接应救援才得以脱险。唐朝会盟副使崔汉衡和宦官俱文珍及六十多名文臣武将等会盟人员全部被吐蕃擒获，突如其来的恶战使唐军伤亡五百余人，被俘近一千人。平凉劫盟未能让吐蕃成功劫杀唐朝大将浑瑊、马燧等人，却让两国关系与两国的国运都由此发生了严重影响。大唐对吐蕃以及回纥、南诏等的方针有了重大调整。

大唐在以后与吐蕃、回纥两国多次大规模交战的数十年，致使唐帝国元气大伤从此走向了没落，吐蕃也是由劫盟为转折点从强盛开始走向了衰败，两败俱伤。位于平凉城西北的会盟坛，经受了千年的风雨侵蚀和人为破坏，遗迹仍矗立在泾河北岸，史书上有明确的记载。《太平寰宇记》载："会盟坛在县西北五里，右甲积谷（峪）川东南二十里……"明代的《平凉府志》和民国期间的《平凉县志》都有详细记载。

吐蕃是由古代藏族在青藏高原建立的政权，延续两百多年。吐蕃王朝是西藏历史上第一个有明确史料记载的政权，松赞干布被认为是实际立国者。青藏高原各部在吐蕃王朝的统一下凝聚成强大势力，逐渐走出封闭的内陆高原，使得古代藏族社会生机勃勃。

就在吐蕃兴起的同时，唐帝国也经历去隋而代之，他们开始相互交往相当密切，先后有唐太宗时文成公主和唐中宗时金城公主，远嫁吐蕃赞普的友好盛事。和与战的局面时而交错出现着，但由于各自经济和文化等方面的需要，双方往来却是频繁不断的。据已故著名历史学家范文澜先生考证，从文成公主出嫁到吐蕃整体分裂的两百多年内，相互出使的次数"约两百次，其中吐蕃使者入唐的次数尤多"，双方的基本关系前期大多是和好的。在"安史之乱"后，唐帝国西北部边防变得空虚，吐蕃才乘虚而入。

唐肃宗死后，代宗李豫继位之初的广德元年（763年），吐蕃骑兵长驱直入直捣京都，迫使代宗逃往陕州，曾使长安沦陷。不久虽然由郭子仪率军收复京城，凤翔以西的广大地区仍被吐蕃占据。

大历十四年（779年）代宗病逝，德宗李适即位后，便主动派遣使者谋求与吐蕃和好，建中四年（783年）双方曾在今甘肃清水县境举行了会盟，定下了和好盟约，史称"清水之盟"。一年后的兴元元年（784年），唐朝内部发生了"泾原卒之乱"（今宁夏泾源县），吐蕃曾派兵助唐王朝平息了叛乱。此后的吐蕃赞普失权，掌实权的大相尚结赞独揽朝政，为所欲为借口寻衅，随后大举进犯唐境，蓄意灭唐欲取而代之。尚结赞曾说："唐之良将，李晟、马燧、浑瑊而已，当以计去之。"

发生"平凉劫盟"事件之后，唐朝彻底调整了对吐蕃以及回纥、南诏等外交政策、军事政策，从以和止战转变为以战止战。吐蕃进入到处树敌、四处碰壁的困境，"平凉劫盟"也成了吐蕃由强盛走向衰败直至分裂的重要转折点。

后 记

梵语中"寺"原意为僧伽蓝摩，意思是僧众所住的园林。寺在《说文》里解释为"廷也"，即指宫廷的侍卫人员。西汉建立三公九卿制，三公的官署称为"府"，九卿的官署称之"寺"，即所谓的"三府九寺"。汉代，九卿中有鸿胪卿，其官署称鸿胪寺，大致相当于后来的礼宾司与国宾馆。隋唐以后，寺作为官署越来越少，逐步成为中国佛教建筑的专用名词。

在东汉明帝时期，天竺高僧以白马驮经到达京都洛阳，最初住在洛阳最好的国宾馆鸿胪寺。后来鸿胪寺附近修建寺院，由汉明帝下旨取名为"白马寺"，这样就树立了白马寺作为一座佛寺的崇高地位，后来寺就逐渐成了佛教文化学习的场所。

白马寺的出现标志着"寺"在中国有了"佛教的庙宇"的意思，随着时代的发展，"寺"也成了佛教建筑的统一称呼，甚至是宗教场所的称谓。自从有了佛寺后，寺内的殿堂就是佛寺的重要组成部分，其名称即依所安本尊及其用途而定。主要殿堂，如佛殿、法堂、毗卢殿、天王殿、方丈等，一般建于寺院的南北中心线上，其余斋堂、禅堂、伽兰殿、祖师堂、观音殿、药师殿等，则作为配屋而建于正殿前后的两侧。

在《说文古本考》讲：殿，堂之高大者也。《初学记·仓颉篇》有云：殿，大堂也。殿古代作为帝王所居、朝会的地方和宗教建筑所专用，堂、殿之称谓均出现于周代，原意是后部高起的物貌，表示建筑物其形体高大，地位显著，如宫殿、宝殿、金銮殿、殿堂、殿阁、殿试、殿元等。

当时安定（平凉）太守王顺将驮经马队驻过的店坊改为佛殿，鸿儒王顺将其起名为"歇马殿"应该是大有深意的。首先中国当时还没有佛教寺院称谓，其次"殿"区别于道教的庙与观，再次"殿"也是"高大上"的直接体现。我们完全可以将歇马殿理解成白马寺的第一殿，学富五车才高八斗的王顺将其取名为"歇马殿"可以说是神来一笔。

在老平凉人的记忆中歇马殿仍是平凉八景之一，平凉政府部门从旅游文化角度对歇马殿也屡屡有过推介。目前城市发展的进程中，歇马殿已经处在崆峒大道中段，位于平凉市区中心位置，寻找非常方便，但去过歇马殿的老平凉人不会超过百分之一。而新平凉人，尤其是80后，大多听说过歇马殿，但在绝大多数误以为歇马殿就应该是一家"歇马店"，似乎就是曾经歇过大马车的一家店坊而已，显然人们对其长达两千年的历史文化几乎是一无所知。歇马殿这座在历史上大名鼎鼎的陇上名观，近代已经沦落成为柳湖村的小方庙了。各种原因使得一方宝地鲜有游客，歇马殿成了闹市中的大隐。

另外，唐肃宗在称帝后，同样敕封道观兴教寺为龙隐寺老子庙，这个"寺"字说明龙隐寺这个道观的地位也是远高于普通寺庙和道观的。

我们可以再来简单梳理下歇马殿的历史。

1.歇马殿在从东汉起，佛教界的知名高僧大德频频光临，高僧大德们都分别住过一段时间。

2.唐肃宗在"安史之乱"时期同样也在歇马殿住了较长一段日子，在平凉调集各路兵马，顺利在灵武登基，从而达到了战略反攻的基础条件。

3.歇马殿作为正式佛教场所显然比白马寺更早些，理论上讲早三个月（也有资料认为是一个多月）。

4.歇马殿住过的几位历史名人，都是通晓琴棋书画的，尤其是对围棋有喜好。

5.迦叶摩腾、竺法兰高僧在歇马殿跟秦景学会了下围棋，高僧会下围棋的历史，完全可以从东汉明帝时期算起。

因此，有"佛根"的歇马殿完全可以称为中国佛教第一殿；有棋缘的歇马殿也可以称为天下围棋第一寺。

第五章

围棋起源地的探讨

关于围棋发源地之争，国内外学术界没有统一的意见，中国历史上对此鲜有记载，数千年只是流传着大量类似起源的精彩围棋传说故事，让围棋发源地问题争论处在各说各理的状态，官方也从没有过一种肯定的态度。专家学者们与围棋爱好者保持一种不断探索的状态，对中国围棋界来讲总是件好事，不仅使大众对推动围棋普及有了更多关注，也给继续挖掘中国围棋文化与研究世界围棋发源地创造机会与动力。

有没有明确的围棋发源地点？围棋是什么时候产生的？又是由谁来发明的？围棋与华夏文化起源存在着一种怎么样的关系？这些问题在数千年中一直是众说纷纭，人们通常是会列举一大堆的理由说明某处可能是围棋发源地，为某某人发明等等。只能说是一种推测而已，从没有得出让世人信服的结果，学术界更没有明确定论。从侧面也说明国内许多地方处在努力挖掘与研究围棋起源文化之中，百家争鸣、百花齐放对围棋是件好事。

讨论国内某地是围棋发源地的问题，首先是要从中国是不是围棋发源地入手，稍有点文化常识的人士估计都不会否认围棋起源于中国的重要事实。"棋圣"聂卫平认为："无论从传说、资料史料记载、学术观点等各方面看，围棋源于中国是不争的事实。"从相关文化传承来分析，围棋是华夏文明的重要组成部分，与古天文历法、阴阳五行、河图洛书、古代医学等一样，都是用阴阳二气来探索华夏古老哲学思想——"道"。人们普遍认为"弈、易、医等同源"，是一门研究与探索阴阳二气变化的学问，围棋蕴含着华夏传统文化的丰富内涵，是古老文明源远流长的直观体现。吴清源大师的："中华文明尽在一盘棋中"和清代诗人尤侗的"静观十九路，胜读二十一史"思想是一致的。

"大胆假设、小心论证"，为了去证实自己提出"平凉是围棋发源地"的观点，就必须要对其他地区存在的围棋文化故事进行比较与研究。2011年起我用多年的时间，对国内百余个围棋（起源）文化故事作过较为全面的了解。相对有一定围棋文化内涵的、地域特色文化的故事并不多，如果与华夏文明起源背景相联系就变得更是寥寥无几了。通过了解、比较与研究其实可以清晰地发现，许多围棋发源地故事完全可以通过相关围棋传说故事分析比对，再从华夏文化起源进行研究与推断，从而就能达到考证是否是围棋起源地的初步目的。

多年来我不仅在充分了解各地存在的种种围棋发源地传说故事，也尝试通过研究围棋起源与上古道家思想之间的相互关联，来解读世界围棋发源地问题不同版本。相对而言平凉的围棋文化非常丰富，远超于各地的围棋历史与围棋内容，还与华夏文化起源相互呼应，并形成了自己独特的围棋文化生态，这种现象在世界上是独一无二的。

下面将通过对中国围棋影响较大之传说故事的叙述，逐一来进行比较与分析。

一、"尧造围棋"之围棋起源说

目前流传最久、最远的，以至世人认为最可靠的说法是"尧造围棋，丹朱善之"，出自战国时期的《世本》。数千年来人们仅围绕"尧造围棋"这四个字，就演绎过许许多多不同版本的精彩故事。

相传上古时期尧定都平阳，逐渐平定各部落与方国，使得社会逐渐安定，农耕生产与畜牧业得到一定的发展，呈现出一派繁荣兴旺的景象。有件事却一直让尧帝感到忧虑，儿子丹朱虽长大成人却不务正业、游手好闲。妻子散宜氏多次对帝尧说道："大王，您只忙于处理天下百姓大事，却顾不上教育丹朱，什么都不会，以后怎么来接替您管理天下呀！"尧帝思索着，若要使丹朱学到治理国家的能力，必须通过特殊的教育手段才行。尧帝便对散宜氏说："对弈看起来似乎很简单，却包含着丰富的治理天下、统领军队、管理百姓的道理，丹朱如果能真正懂得其中的道理，就可以考虑接替我的帝位。"于是尧帝刻画出纵横十几道方格子图形，又让手下捡来黑白分明的石子，便将围棋中存在的道理与包含的智慧传授讲解给丹朱听。开始丹朱学得很专心，顿时让散宜氏心里踏实许多。但丹朱不久后又开始四处惹是生非，甚至想用诡计夺取父帝的位置，帝尧感到失望，便派人把丹朱送到南方去锻炼，痛心散宜氏也因一场大病怏怏而终。经过几年严格考察，尧帝认为虞舜有德有才，决定把帝位禅让给女婿虞舜，后来虞舜也是通过对弈的方式，教会儿子商均治理天下的道理。

《史记·五帝本纪》记载，尧曰：谁可顺此事？放齐曰：嗣子丹朱开明。尧曰：吁！顽凶，不用。又：尧立七十年得舜，二十年而老，令舜摄行天子之政，荐之于天。尧辟位凡二十八年而崩。百姓悲哀，如丧父母。三年，四方莫举乐，以思尧。尧知子丹朱之不肖，不足授天下，于是乃权授舜。授舜，则天下得其利而丹朱病；授丹朱，则天下病而丹朱得其利。尧曰：终不以天下之病而利一人。而卒授舜以天下。尧崩，三年之丧毕，舜让辟丹朱于南河之南。诸侯朝觐者不之丹朱而之舜，狱讼者不之丹朱而之舜，讴歌者不讴歌丹朱而讴歌舜。舜曰：天也。夫而后之中国践天子位焉，是为帝舜。

《世本·帝系篇》（出自清朝张澍的《稡集补注本》）云："'尧取散宜氏之子，谓之女皇，女皇生丹朱。'；又云：'尧造围棋，丹朱善之。'盖以闲其情也。"围棋不仅是教育丹朱，更多是为了娱乐。

南朝梁的萧绎在《金楼子》卷一有云："尧教丹朱棋，以文桑为局，犀象为子。"当内容又增饰而言之，显得高大上。《山海经·海外南经》注引《竹书纪年》云："后稷放帝朱于丹水。"丹朱终以恶习不改，不受围棋教化而被逐放。

围棋起源于中国没有等级观念的原始社会末期，隋唐时经朝鲜传入日本，进而又流传到欧美各国。目前大多学者都是根据《世本·作篇》记载，认为围棋是唐尧所作。德国的《约罗克豪斯百科全书》和《大英百科全书》中说："围棋，公元前2300年左右起源于中国"。《美国百科全书》说："围棋于公元前约2300年由中国发明。"世界上几本最权威的百科全书，依据的理由就是"尧造围棋，丹朱善之"的传说故事来确定围棋起源时间。

（一）浅谈《世本》的几生几世

《汉书·艺文志》谈道："古之王者世有史官，君举必书，所以慎言行，昭法式也。左史记言，右史记事，事为春秋，言为尚书，帝王靡不同之。"《世本》由战国末年的赵国史官依据当时传说与文献资料，编纂而成，是一部具有史学价值的著作，是流传至今的最早记述氏姓、世系、居（都邑）、作（制作）等方面内容的专著。

《尚书序》正义曰："《大戴礼》：'帝系出于《世本》。'"

《周礼》："瞽蒙讽诵诗，世奠系。"郑玄注曰："世之而定其系，谓书于《世本》也。"

《周礼》："小史掌邦国之志，奠系世，辨昭穆。"郑玄注曰："帝系世本之属。"孔颖达疏："天子谓之帝系，诸侯谓之世本。"

《汉书·艺文志》："《世本》十五篇，古史官记黄帝以来迄春秋时诸侯大夫。"

《汉书·梅福传》："绥和元年，以《世本》相明封孔子世。"

《后汉书·班彪传》中《汉书》略论曰："唐虞三代，世有史官，以司典籍，暨于诸侯，国自有史，故定哀之间，左丘明论集其文，作《左传》三十篇，又撰《国语》二十篇。又有记录黄帝以来至春秋时帝王公侯卿大夫，号曰《世本》，一十五篇。春秋之后，则有《战国策》三十三篇。汉兴，陆贾作《楚汉春秋》九篇。孝武之世，太史令司马迁采《左氏》《国语》，删《世本》《战国策》，据楚汉列国时事，上自黄帝，下迄获麟，作本纪、世家、列传、书、表，凡百三十篇。"

根据《汉书·艺文志》："世本十五篇，古史官记黄帝以来迄春秋时诸侯大夫。"可考的只有《帝系》《王侯》（又称王侯世、王侯谱）《卿大夫》《纪》《世家》《传》《氏姓》《居》《作》和《谥法》这十篇。《史记正义》、《索隐》又引孙氏注："世本以伏羲、神农、黄帝为三皇，以少昊、颛顼、高辛、唐、虞为五帝。"记载从黄帝到春秋时期的"帝王""诸侯""卿大夫"的世系和氏姓，也记载帝王的都邑、制作、谥法等。

《汉书·司马迁传》赞曰："孔子因鲁史记而作《春秋》，而左丘明论辑其本事以为之传，又纂异同为《国语》。又有《世本》，录黄帝以来至春秋时帝王公侯卿大夫祖世所出。春秋之后，七国并争，秦兼诸侯，有《战国策》。汉兴，代秦定天下，有《楚汉春秋》。故司马迁据《左氏》《国语》，采《世本》《战国策》《楚汉春秋》，接其后事。"绝大部分内容是先秦时代的史实，司马迁曾采借鉴过不少《世本》中的资料。《世本》不仅有先秦重要的史料价值，其记述体例也相当独特，开创了我国古代史书纪传体例的先河。

（二）千姿百态的《世本》辑本和《世本》注本

经过专家考证，《世本》成书大约在公元前234年至公元前228年间，距今已经有2250年左右。《世本》主要记载先秦时期相关史事，是研究先秦历史的重要史籍。遗憾的是《世本》原著并没有流传下来，该书面世以后，几经散佚，残损严重，学界对其成书年代和作者聚讼纷纭，迄无定论。现在能见到的多是明清时期文人重新编辑的辑本与注本。

东汉末以来，宋衷、宋均、孙检、王氏等对《世本》皆有注解。战国时赵国史书以避唐太宗李世民讳，到了唐代改称《系本》或《代本》并进行了修正。后来《世本》在流传过程中不断地散失，大约在宋代动乱时期《世本》及其注释彻底亡佚。宋版代目录书中已经不著录该书了，说明当时已全部失传，高似孙在《史略》中也讲到他曾有过前朝的辑本。到了清代时期数百年间，一直有些饱学之士纷纷根据传说和其他资料中的遗存来做辑佚工作，重新整理编辑出了大量的《世本》不同版本。最典型的有清代的钱大昭、王谟、孙冯翼、陈其荣、洪饴孙、秦嘉谟、张澍、雷学淇、茆泮林、王梓材等文坛大家皆有辑本出世。

在1957年商务印书馆根据现存清代文人众多优秀的辑本，从中选择其中的八种辑本，请专家们重新汇集成为《世本八种》一书，方让大家看到《世本》的一些基本面貌，也为现代学者研究古史提供储多方便。从《世本八种》的《帝系》篇，可以看出记述黄帝以下和尧、舜、禹等人的世系的关系；《王侯谱》记载了夏、商、周、三代和鲁、齐、晋、秦、楚、宋、卫、陈、蔡、曹、郑、燕、吴、杞、邾、滕、韩、赵、魏和田齐等二十余国的世系；《卿大夫谱》记载列国卿大夫之世系；《记》《世家》《传》则分别叙述以上三部分人物的主要事迹。《店》篇记载各时代和国家的都邑，如舜居妫讷，禹都阳城等。《氏姓》篇详记载了各族姓氏的由来；《谥法》篇记载了谥号的释义；《作》篇中记载古代重要文物的制作与起源传说。包括占验、饮食、礼乐、兵农、车服、图书、器物、艺术等。在这些类目中，我们可以看到胡曹作衣、隶首作数、蚩尤作兵、挥始作弓、伯益作井、容成造历、仓颉作书等重大的事件记载及演变至后世的成语故事。

据专家考证，在历史上出现过数量众多的《世本》辑本和《世本》注本，是一种独有的尊祖文化现象。仅明、清两朝就出现过《世本》辑本和《世本》注本多达上百版本甚至数百个版本，两千多年中或许产生过上千种《世本》辑本和《世本》注本。每位作者在重新整理、编写、抄录过程中，肯定会让辑本出现在记述方面原因导致的一些故事传说发生种种的新变化，加上每个学者解读有异，出现思想不同的众多辑本自然是相当正常的。我注六经、六经注我，这些辑本与两千多年前的原著有多大差距就值得考证，史实的可靠性有多大值得思索。

《世本八种·序》就有理性的论述："《世本》十五篇，见《汉·艺文志》，盖古史官所记也。其书旧目不可复得，今可识者，《世本》有《帝系篇》，见《书序》正义，又释元应《一切经音义》二十三，有《世本本纪》，见《春秋穀梁·襄二十五年》《史·三代世表》《左传·襄二十一年》。'记''纪'同也。有《世本世家》，见《左传·桓三年》《闵二年》《襄二十一年》《二十九年》《定元年》《史记·田齐世家》。有谱，见《隋书·经籍志》。又有《氏姓篇》，见《左隐十一年》正义及《史记·秦本纪》集解。有《居篇》，见《史记·吴世家》《魏世家》。有《作篇》，见《周礼》及《礼记》。《礼》正义亦云《世本》有《作篇》。又当有《谥法》一篇，见沈约《谥法序》。故司马迁作《史记》，多依用之。然《春秋》正义云："今之《世本》，与迁言多有不同。"如《世本》陈无利公，见《左·桓十一年》正义；韩无列侯，赵无武公，田齐无悼子及侯剡，见《史记》索隐。大抵秦火之余，转写讹脱。孔颖达诸儒得此失彼，往往以为未可据信，其实非原书之失也。至如《世本》无有阳国，见《左传·闵二年》正义；《世本》无魏君名谥、桧君号谥，并见《左传·襄二十九年》正义；杜预《释例》引《世本》无许叔，皆晋唐人所见之本，虽非原书，然犹可想见此书之旧。又如《史记·夏本纪》索隐引《世本》姒姓，不云彤城及褒，《殷本纪》索隐引《世本》子姓无稚氏，《孔子世家》索隐引《世本》无漆姓，亦并足与后来氏姓之书互相取证。王应麟《读孟子注》，谓可备参考，良有以也。他如《世本》琵琶不载作者引见，《初学记》引傅元《琵琶赋序》，则《世本·作篇》之所载者，不可不知。其书至宋已不传，国朝钱大昭尝据《书传》所引，集为《作篇》《居篇》《氏姓篇》、《王侯大夫谱》，共四篇。孙冯翼复据诸书补其未备，刊载《问经堂丛书》中，然其中失载者亦伙。至孙星衍所藏淡生堂抄辑《世本》二卷，洪饴孙所编《世本》四卷，外间俱未之见。江都秦嘉谟因其书作《世本辑补》刊行，而所补者类皆司马迁、韦昭、杜预之说，注欠分晓，多与《世本》原文相汩，转觉《世本》一书，荡然无复疆界矣。泮林辑为此书，与秦同时，继闻秦书刊行，遂置不录。而又终恐后日之以似失真也，爰仍据所辑旧稿，釐为六卷，录成一编，并附纂《谥法》数条于后，庶几周秦以上之书，可藉是以传其旧，且其中尤有补秦书之所未备者，考古者或有取焉尔。道光元年冬十月高邮茆泮林识。"

《梦溪笔谈·卷十四·古书缺误》："书之阙误，有可见于他书者。如《诗》'天夭是椓'。《后汉蔡邕传》作'夭夭是加'，与'速速方谷'为对。又'彼岨矣岐，有夷之行'。《朱浮传》作'彼扰者岐，有夷之行'。《坊记》'君子之道，譬则坊焉'。《大戴礼》'君子之道，譬犹坊焉'。《夬卦》'君子以施禄及下，居德则忌'。王辅嗣曰'居德而明禁'。乃以'则'字为'明'字也。

音韵之学，自沈约为四声，及天竺梵学入中国，其术渐密。观古人谐声，有不可解者。如玖字、有字多与李字协用；庆字、正字多与章字、平字协用。如《诗》'或群或友，以燕天子'；'彼留之子，贻我佩玖'；'投我以木李，报之以琼玖'；'终三十里，十千维耦'；'自今而后，岁其有，君子有谷，贻孙子'；'陟降左右，令闻不已'；'膳夫左右，无不能止'；'鱼丽于罶，鰋鲤，君子有酒，旨且有。'如此极多。又如：'孝孙有庆，万寿无疆；'；'黍稷稻粱，农夫之庆'；'唯其有章矣，是以有庆矣'；'则笃其庆，载锡之光'；'我田既藏，农夫之庆'；'万舞洋洋，孝孙有庆'；《易》云'西南得朋，乃与类行；东北丧朋，乃终有庆'；'积善之家，必有余庆；积不善之家，必有余殃'；班固《东都赋》'彰皇德兮侔周成，永延长兮膺天庆'。如此亦多。今《广韵》中庆一音卿。然如《诗》之'未见君子，忧心忡忡；既得君子，庶几式臧'；'谁秉国成，卒劳百姓；我王不宁，覆怨其正'；亦是忡、正与宁、平协用，不止庆而已。恐别有理也。

《梦溪笔谈·卷十七·字体演变》："古文自变隶，其法已错乱，后转为楷字，愈益讹舛，殆不可考。如言有口为吴，无口为天。按字书，'吴'字本从口、从矢，音捣。非天字也。此固近世谬从楷法言之。至如两汉篆文尚未废，亦有可疑者。如汉武帝以隐语召东方朔云：'先生来来。'解云：'来来，枣也。'按'枣'字从束，音刺。不从来。此或是后人所传，非当时语。如'卯金刀'为'刘'，'货泉'为'白水真人'，此则出于纬书，乃汉人之语。按刘字从、音酉。从金、如皆从㲋，非卯字也。货从贝，真乃从具，亦非一法，不积压缘何如此。字书与本史所记，必有一误也。"

《梦溪笔谈》关于古书缺误和古书缺误造成原因进行了较为详细的描述，可以显而易见地看出，古籍在传承中大多是用毛笔抄录完成，极容易出现问题与错误。主要问题有两类，一类是抄录时不经意中出现的，一类是字体的演变造成的。

《说文解字·序》有云：《书》曰："予欲观古人之象。"言必遵修旧文而不穿凿。孔子曰："吾犹及史之阙文，今亡矣夫。"盖非其不知而不问。人用己私，是非无正，巧说邪辞，使天下学者疑。

《说文解字·序》又云："盖文字者，经艺之本，王政之始。前人所以垂后，后人所以识古。故曰：'本立而道生。'知天下之至赜而不可乱也。今叙篆文，合以古籀；博采通人，至于小大；信而有证，稽撰其说。将以理群类，解谬误，晓学者，达神恉。"《吕氏春秋·论·慎行论》也谈道："夫得言不可以不察。数传而白为黑，黑为白。"

（三）史料根据统治阶级的需要或学派发展的需要改变

正如班固在《汉书·艺文志》谈道："古之王者世有史官。君举必书，所以慎言行，昭法式也。左史记言，右史记事，事为《春秋》，言为《尚书》，帝王靡不同之。周室既微，载籍残缺，仲尼思存前圣之业，乃称曰：'夏礼吾能言之，杞不足征也；殷礼吾能言之，宋不足征也。文献不足故也，足则吾能征之矣。'以鲁周公之国，礼文备物，史官有法，故与左丘明观其史记，据行事，仍人道，因兴以立功，就败以成罚，假日月以定历数，借朝聘以正礼乐。有所褒讳贬损，不可书见，口授弟子，弟子退而异言。丘明恐弟子各安其意，以失其真，故论本事而作传，明夫子不以空言说经也。《春秋》所贬损大人当世君臣，有威权势力，其事实皆形于传，是以隐其书而不宣，所以免时难也。及末世口说流行，故有《公羊》《穀梁》《邹》《夹氏传》。四家之中，《公羊》《穀梁》立于学官，邹氏无师，夹氏未有书。"

依据古代周朝制度，作为史书一定要同文字，不知道的暂时空缺，然后来求教年老者，到了衰落的时代，是非就没有正确答案，人们都根据自己的臆想来造字。难怪孔子批评说："我还赶上了史书中的缺疑不写的地方，现在连缺疑不写的地方也没有了！"就是对史料中的字渐渐出现大量不正确内容而感到悲哀，说明"我注六经、六经注我"现象已经有两千五百年为历史了。

其实学者们考证认为古书出现变异，还应该增加两类，一类是按照统治阶级的要求（比如避讳等）重新进行了改写，一类是弘扬学说故意张冠李戴，或为了光耀自己家乡、光耀自己先祖等等有意为之。《汉书·艺文志》："儒家者流，盖出于司徒之官，助人君顺阳阳明教化者也。游文于六经之中，留意于仁义之际，祖述尧、舜，宪章文、武，宗师仲尼，以重其言，于道最为高。孔子曰：'如有所誉，其有所试。'唐、虞之隆，殷、周之盛，仲尼之业，已试之效者也。然惑者既失精微，而辟者又随时抑扬，违离道本，苟以哗众取宠。后进循之，是以《五经》乖析，儒学浸衰，此辟儒之患。又云：后世经传既已乖离，博学者又不思多闻阙疑之义，而务碎义逃难；便辞巧说，破坏形体。"

晋代杨泉《物理论》载："楚汉之际，有好事者作《世本》，上录黄帝，下逮汉末。"齐思和在《黄帝之制器故事》中认为："杨氏之言，比较可信。"刘知几除了认为《世本》成书于周代外，又在《史通·古今正史》中记述："楚汉之际，有好事者，录自古帝王、公侯、卿大夫之世，终乎秦末，号曰《世本》，十五篇。"因此，《世本》成书问题时间久远不易考证，加上流传过程中史料文字因为诸多原因散佚、损毁严重，继之后人不断进行加工、重新整理等，又衍生出大量不同版本，《世本》究竟成于何时，内容有几成真实等，都仍有待国内外学者进一步探索。

（四）谶纬色彩的《博物志》

东晋张华《博物志》是继《世本》之后一个阐述过"尧造围棋"的重要文献，《博物志》只是借用"尧造围棋"来进一步说明了学习围棋的重要性，并不是一种考证："尧造围棋，以教子丹朱。或云：舜以子商均愚，故作围棋以教之。"从这里更多说明晋代人们已认为围棋有教育和启发智力的作用，故用古代先贤的故事来进行思想教育。

《博物志》是中国古代神话志怪的小说集，作为一部博物学著作，据西晋王嘉《拾遗记》称，张华"好观秘异图纬之书，捃采天下遗逸，自书契之始，考验神怪，及世间闾里所说"。所以才写成了这部广罗各种奇闻怪异的著作，内容记载异境奇物、琐闻杂事、神仙方术、地理知识、人物传说，包罗万象。可以看出张华的《博物志》首先是古代神话志怪小说，其次《博物志》著作归类是属于谶纬神学类的，因此《博物志》定位应该是一本非常优秀的、以神话传说为主的故事集，并不能完全当作史书作为考证的依据。该书谶纬色彩较重，因此没有被收入《道藏》中，但历来被道教所重视，其中神仙资料常常为道教研究者所引用。

宋代罗泌在《路史·后记》则进一步发挥说："帝尧陶唐氏，初娶富宜氏，曰女皇，生朱骜很媚克。兄弟为逆嚣讼，嫚游而朋淫。帝悲之，为制弈棋，以闲其情。"后人对《路史·后记》中的故事也进行了这样的改编：尧娶妻富宜氏，生下儿子丹朱。丹朱行为不好，尧带他至汾水之滨，见到二仙对坐翠桧，划沙为道以黑白行列行棋如阵图一般。帝前问全丹朱之术，一仙曰："丹朱善争而愚，当投其所好，以闲其情。"指沙道石子："此谓弈枰，亦名围棋，局方而静，棋圆而动，以法天地，自立此戏，世无解者。"故事内容中明显加入了程朱理学的色彩，同时把"造"改成了"制"，这种变化就让"尧造围棋"这种千古传说故事在古代文学中就几乎成了定论，同时又重新打开了由"尧造围棋"回到"神仙教丹朱学棋"的境界。

《博物志》同样保存了我国古代不少神话材料，有关牛郎织女神话故事的原始资料。据东晋王嘉《拾遗记》称，此书原四百卷，晋武帝令张华删订为十卷。《隋书·经籍志》杂家类著录《博物志》十卷，因原书已佚，故今天见到的《博物志》版本，也全是由后人搜辑整理而成的。

（五）造的解析

晋朝人张华在他写的《博物志》中说道："尧造围棋，以教子丹朱。"文中采用这样的"造"字，是不是就是指尧发明了围棋呢，显然不是。古代"造"一词的意思从来就没有发明创造的含意，"造"就是指制作、制定的意思。东汉许慎《说文》："造，就也。"假借为"作"，虚构；伪造。《增韵》："建也，作也，为也。"比如：

《张衡传》："复造候风地动仪。"

《赤壁赋》："是造物者之无尽藏也。"

《察变》："计惟有天造草昧，人功未施。"

《屈原列传》："怀王使屈原造为宪令。"

宋朱熹《中庸或问》卷三："古语所谓闭门造车，出门合辙，盖言其法之同。"

《晋书·吾彦传》："王将伐吴，造船于蜀。"

《梦溪笔谈·雁荡山》："因造玉清宫，伐山取材，方有人见之。"

《易·乾卦》："大人造也。"

其实大家知道制与造是有本质区别的，制似乎包含有发明的意思，东汉许慎《说文》："规章，制度。制，裁也。""造"用于具体的制造，"制"且于抽象的制作。有关"制"与"造"在此的如何正确应用及文化背景分析研究，文化专家们研究结论更应有说服力。

（六）后人对"尧造围棋"的评价

最早围棋也只称为弈，围棋这种称谓也是后来发展而来的。西汉末扬雄在《方言》中说："围棋谓之弈，自关而东，齐鲁之间皆谓之弈。"在西汉年间，北方地区仍然称弈。到了东汉围棋在书面语中才开始普遍使用围棋一词了，比如马融著的《围棋赋》，李尤写的《围棋铭》等。赵国位于战国七雄最北端的国家，包括部分山西地区，尧以山西为大本营的北方生息，显然在先秦著作《世本》中采用了"围棋"一词应该是后人辑注时的意思，先秦时期赵国史官撰写的《世本》应该只称"弈"而不会称"围棋"。《世本》原著并没有留传下来，现在能见到《世本》多是明、清时期文人重新编辑的辑本与注本，"我注六经、六经注我"让原本准确性是要大打折扣的。因此，结论是不言而喻的。

相传尧或舜造围棋一说，非常相似于神农氏尝百草，有巢氏造房子等的传说，古时候的人们愿把某项重大的发明与发现归结到某个"大人物"身上，以表达对这项发明与发现的肯定和敬佩之情。比如《历代神仙通鉴》说是"舜作围棋以教愚子商均"。

有关"尧造围棋"一事，明代冯元仲在《弈旦评》中也有这样判断：

"凡制必原所始，不忘本也。今追尊陶唐氏、有虞氏为弈帝，如酒帝之都醉乡，草圣之君书苑也。丹朱抚军，商均监国，其为弈王，明适统也。弈秋，通国之善弈者也。有吹笙过者，不知弈道。是语也，齐东乎？不得不以此道推鼻祖也。"一语道破了"古人往往喜欢把一些重要发明权交到远古某位大名鼎鼎的圣贤手上、以提升其地位与影响力"的惯性思维。"尧造围棋"为给围棋发明争得一个所认为"正统"的出身与地位，不得不以此道推鼻祖也，这就是"尧造围棋"的内幕吧。

比如《黄帝内经》相传为黄帝所作，经过大量研究比对，后世较为公认说法此书最终成型于西汉，作者亦非一人，而是由中国历代黄老医家传承增补发展创作而来，属后人伪托。正如《淮南子·修务训》："通于物者，不可惊以怪；喻于道者，不可动以奇；察于辞者，不可耀以名；审于形者，不可遁以状。世俗之人，多尊古而贱今，故为道者必托之于神农、黄帝而后能入说。乱世暗主，高远其所从来，因而贵之。为学者，蔽于论而尊其所闻，相与危坐而称之，正领而诵之。此见是非之分不明。"正如《淮南子》指出的那样，《黄帝内经》冠以"黄帝"之名，意在溯源崇本，借以说明中国医药文化发祥之早。实非一时之言，亦非一人之手。围棋故事也一样，基本上都是神话故事或者属后人伪托，真实性暂且不论，但对弘扬中华文化肯定起到非常积极的作用。

围棋也像其他艺术、其他重大发明一样，从起源、到发展、最终成熟都有一个漫长过程。所以从"尧造围棋，以教子丹朱"中容易看出问题的端倪，应该这样解读更加合理：尧应该早懂得围棋棋理，为了教育好顽皮的儿子，尧当时灵机一动很快制作了一副围棋，并用它去教儿子丹朱学下围棋。显然发明者应该另有其人，应该是比尧更早的大智慧者。

《玄玄棋经·序一》云："昔者，尧、舜造围棋以教其子，或者疑之，以为丹朱、商均之愚，圣人宜教之仁义礼智之道，岂为傲闲之具、变诈之术，以宜其愚哉？余窃意不然。""古者圣人制作之初意，必有以深求其故，而非泥于区区智巧之末者。"

《玄玄棋经·序二》云："世传尧以丹朱少智，教之以弈，虽未必然，然弈有算法存焉，足以道智，容有是也。"

《适情录》："小说以为尧教丹朱而作。大圣人化导其子，疑别有方，何至习为战斗争夺之事，以成其颓颓哉！审有之，宜朱之不肖也。愚以为此必中古以后知士所为，假托大圣人以信后世，亡疑也。"

（七）中国朝代变更时的文字变化或消失

有大量专家研究认为：中国可能存在着因文字变化或消失而产生过断层，使得文化传承中形成缺失，很多文化是通过口头传说故事得以保留。

文字是文明的重要载体，通过文字记述，可以窥见历史，了解当时的政治、经济、社会人文等各种形态，再现当时的社会样貌。随着社会的发展和进步，大量的文字、语言、典籍在民族的交往中被融合，原有的文字语言逐渐灭失，即使保留下来的，也难以解读，使得后来的人难以还原过去的历史。

中国古文字，传说是仓颉创造。文字由此产生，结束了结绳记事的时代。有了文字，记述历史更加鲜活，更加准确表达历史事件，也有了文化遗存，并得以延续。仓颉造的字是什么样子的？恐怕现在很难说清楚，流传有仓颉造二十八字之说。现在我们讲历史都是从黄帝开始，据汉代有人考证在伏羲之前就有文字。古人封泰山，刻石而记，所说字迹连孔子也不认识。《管子》书称管仲对齐桓公曰：古之封泰山者七十二家，夷吾所识，十二而已。那个时代，他们都不认识，可见中国汉字自产生到春秋，已经经过很长时间，发生了很大的变化。足见这种古汉字年代之久远。

在《尚书正义》注疏中孔安国讲到，汉景帝的儿子鲁恭王，"好治宫室，坏孔子旧宅以广其居，于壁中得先人所藏古文虞夏商周之书及传、论语、孝经，皆科斗文字"。"科斗书废已久，时人无能知者"。孔安国是汉武帝时期的人，跟鲁恭王应该是同时代的，因此这个记述应该是准确的。也就是说从孔府的墙缝里发现的虞夏商周之书，及传、论语孝经都是用蝌蚪文写成的。到了汉代，已经都不认识了。尚书还是晁错到九十多岁、曾经是秦朝的博士伏生那里学习得来的。秦焚书坑儒，伏生在墙壁中藏下，使得尚书得以幸存。

目前发现最早的汉字是甲骨文，一共发现五千多个字，而能够破译的只有一千多个。也就是说还有大量的远古信息确实存在而无从知晓。蝌蚪文是一种什么样的文字，和甲骨文，金文，小篆有什么关系？是一种独立文字还是字体的变种？也不知道。

在《尚书正义》疏中讲到蝌蚪文是古文，"是仓颉旧体，周世所用之文字"，说明周朝时期的官方文字应该是蝌蚪文。"及秦用篆书，焚烧先代典籍，古文绝矣"，也说明现在汉字是秦朝改良、逐步演变而成的。由此可知，古文字因为朝代而发生变化，加上秦朝典籍的焚烧、毁灭与散佚，文化显然发生过巨大的割裂，产生过一条文明的鸿沟。到了汉代看不见先人完整的文献，才有了后来大量的伪造，比如大量的纬书，还包括《尚书》《世本》的一部分内容，让很多古文献流传中以讹传讹，流传至今，真假难辨。今天我们读史特别了解上古历史时，总会感到有些内容十分玄虚。

《史记》作为公认的信史，对三皇五帝时期的描述也带有神话色彩，很多人物的名字、很多事件不知从何而来。相信司马迁在写史记时，绝对不是自己凭空编造的，一定有历史依据，遗憾的是，这些依据现在我们已经无法看到。

文字是最好的文化载体。我们有理由相信，历史上可能存在多种文字，记载着千古文明。在历史的长河中，由于战乱，灾害，人为的毁灭等原因，今天的我们已经看不见其真实面目，但历史也在人们的口耳相传中得以延续。很多历史传说信不为虚，相信我们对历史文化的研究破译，现代考古的不断发现，中国古文明的光辉一定重现。

（八）尧、舜与崆峒山

在《钦定四库全书·御定佩文斋书画谱》有载："崆峒山有尧碑舜碣，皆籀文，伏滔述帝功德，铭曰尧碑舜碣，历古不昧。"《述异记》也有类似记载："崆峒山中有尧碑、禹碣，皆籀文焉，伏滔述帝功德，铭曰尧碑禹碣，历古不昧。" 清末民初廖元佶主持编撰的《甘肃金石志》中有载："崆峒尧碑"和"崆峒禹碣",有秦以前传世拓片为证,说明尧禹都前来崆峒山问道。在《崆峒山志》有同样的记载:"崆峒山有尧碑舜碣",所说是讲述尧帝舜帝来崆峒山问道的过程。民国张维的《陇右金石录》云:"尧碑、禹碣,世或疑为寓言。然岣嵝之篆出于衡岳,至今流播,远近人亦不疑其为伪也,而况崆峒名山,蚤著古史,黄帝问道之所古迹存焉,尧禹又在其后,安得谓为寓言乎?过而去之无宁过而存之也。"

南朝宗炳的《画山水序》是世界上最早的山水画论,是魏晋南北朝的著名文化大师,长于棋琴,尤喜书画,精于言论,曾游历名山大川,著《明佛论》和《画山水序》;绘画的代表作有《永嘉屋邑图》《颍川先贤图》《问礼图》等。《画山水序》这样写着:"圣贤暎于绝代,万趣融其神思。余复何为哉?畅神而已。神之所畅,孰有先焉?圣人含道暎物,贤者澄怀味像。至于山水,质有而灵趣,是以轩辕、尧、孔、广成、大隗、许由、孤竹之流,必有崆峒、具茨、藐姑、箕、首、大蒙之游焉。又称仁智之乐焉。夫圣人以神法道,而贤者通;山水以形媚道,而仁者乐。不亦几乎?"此文大意是:道含于圣人生命中而映于物,贤者澄清其怀抱,使胸无杂念,以品味由道所显现之物象。至于山水,其形质存在,必能从中发现道之所在。所以轩辕、唐尧、孔子(应该为舜)、广成子、大隗氏、许由、伯夷、叔齐这些圣贤仙道,必定进行过崆峒、具茨、藐姑、箕山、首阳、大蒙等名山的游览活动,这又叫"仁者乐山,智者乐水"。圣人都以自己的聪明才智总结发现了"道",贤者则澄清怀抱品味这由道所显现之像而通于道,山水又以其形质之美,更好、更集中地体现"道",使仁者游山水得道而乐之,事实不就是这样吗?

从以上可以看出尧、舜都是登临崆峒山过求过道的,他们在崆峒山学过围棋不也很是正常的吗。后来才有"尧造围棋"故事,所以围棋之根最有可能在崆峒山。

二、"河图洛书"之围棋起源说

另一个关于围棋起源的学说就是"河图""洛书"说。明代董中行《仙机武库》序有云:"棋乎? 仙乎? 非镜于至精,达于至变,而人于至神者,孰知其机乎? 弈始陶唐,匪教朱,是为河图洛书,实大棋局,灿而为日月星辰,幻而为龙虎鸟蛇。只此奇奇偶遇,孰能出乎其樊。画之八,叙之九,羲、禹之象畴彰。子之三百六,神尧之黑白,列谱之无所不有,后人之机变尽。"

唐代傅梦求的《围棋赋》:"夫其取法,象于天地,分刚柔于阴阳,参骈罗于列宿,措经营于四方,衍图书之定位,非巧历之能详。"

(一)河图与洛书是中国文化之根

河图与洛书是中国古代流传下来的两幅神秘图像,一般认为河图为体,洛书为用;河图主常,洛书主变;河图重合,洛书重分;方圆相藏,阴阳相抱,相互为用。历来都有学者认为河图洛书是易经、阴阳五行乃至中华文明之源,太极、八卦、九星、六甲、风水等术数学基本概念皆可追源至此。

河图洛书的来由,一直是中华文明史上的一个千古之谜。"河图洛书"最早收录在《尚书》之中,其次在《易传》之中和诸子百家中多有记述。但从实证的角度确定河图洛书出在某个具体地点,很难找出严格的科学依据。2014年11月11日,关于河图洛书的传说,经国务院批准列入第四批国家级非物质文化遗产名录,由此可见河图洛书巨大的文化价值。

相传在远古的伏羲氏时代,在黄河里跳出一匹龙马,马背画着一幅奇妙的图画,人们称之为"河图"。在大禹治水时,洛水里浮现出一只巨大神龟,神龟的背上也有一幅奇妙的图,人们称其为"洛书"。河图与洛书是中国古代流传下来的两幅神秘图案,蕴含了深奥的宇宙星象之理,被誉为"宇宙魔方",是中华文化、阴阳五行术数之源。河图或许是星图对应于地理，"在天为象、在地成形"。"河图"是指天上的"星河"，银河宇宙寓意极多极广、玄妙无穷深奥无尽。"洛书"或许就是宇宙的一张"脉络图"，是表述天地空间脉络变化的关系。

河图洛书是按照星象排布出时间、方向和季节的辨别系统。河图1至10数是天地的生成数，洛书1至9数是天地的变化数，万物有气即有形，有形即有质，有质即有数，有数即有象，把气形质数象五个要素用河图洛书及八卦图式来模拟表达，它们之间巧妙组合，让五个要素融于一体，以此建构一个宇宙时空合一、万物生成的演化运行模式。河图中的排列成矩阵的黑点和白点，蕴藏着无穷的奥秘；洛书上，纵、横、斜三条线上的三个数字，其和皆等于十五。河图洛书和二十八星宿、黄道十二宫对照，它们之间也有着密切联系。

传说大禹所作的《洪范》是《尚书》中的一篇重要著作。"洪范"即大法，是一篇讲政治思想、哲学思想的重要古代文献。《洪范》中说禹的父亲鲧治理洪水，结果扰乱了上天所造的五行规律，上天大怒。鲧被流行，鲧的儿子禹继续治理洪水，重新采用了疏通的办法得到了成功。于是上天就把"洪范九畴"赐给了禹。有人认为"洪范九畴"就是汉代所传的"洛书"，是指治理国家的九种大法，可以使国中臣和睦、国治民安。所谓"洛书洪范九畴"的要点，初一曰五行，次二曰敬用五事，次三曰农用八政，次四曰协用五纪，次五曰建用皇极，次六曰又用三德，次七曰明用稽疑，次八曰念用庶征，次九曰飨用五福，威用六极。

五行，即金木水火土，要顺应五行特性做事。

五事，即貌、言、视、听、思。态度恭敬、言语合乎道理、观察清楚明白、听取意见、思考问题要通达。

八政，即食、货、祀、司空、司徒、司寇、宾、师。就是要注意八件事：农业、商业、祭祀、臣民的交通及居住、教育、司法、接待宾客、军事。

五纪，即岁、月、日、星辰、历数。也就是年、月、日、星辰及历法。

皇极，即"皇建其有极"，就是天子要建立起至高无上的原则。故宫三大殿的保和殿挂的匾额，书写的正是"皇建有极"。

三德，即正直、刚克、柔克。治理臣民要能端正人的曲直，以刚取胜，以柔取胜。

稽疑，就是选择善于卜筮的人，要会用龟甲和蓍草卜筮。

庶征，就是要了解八种不同的征兆，根据征兆按规律办事。

五福六极。五福是指：寿、富、康宁、攸好德、考终命；六极是指：凶短折、疾、忧、贫、恶、弱。

（二）河图与洛书是中华文明之源

"河图洛书"不仅是中华文明的密码，或许也是宇宙文明的密码，四方上下为之宇，古往今来为之宙。古往今来人们在破译河图、洛书方面的观点和方法也较多，大家都在各执一词无法定论：气候图、方位图、天文星象图、易数产生的矩阵图、史前文明遗留下来文化密码、星外来客带给地球人的礼物等等。有一点是可以肯定的，她显然是人类文明最高智慧的表现形式。

古人认为地是方的，围棋盘为方的可以象征地，同样"洛书"也为方同样象征地；古人认为天是圆的，围棋的子为圆可以象征天，"河图"也为圆同样象征天。河图、洛书的排列形成的数列矩阵，其中蕴藏着无穷无尽的奥秘，根据数的奇偶分别采用了白点和黑点来表示，白（奇数）为阳、黑（偶数）为阴，呈现出河图洛书与围棋之间的必然联系。

（三）洛水之地理分析

《周易·系辞·上》："河出图，洛出书，圣人则之。"其中"河"为黄河，"洛"指洛水，"圣人"是指上古统驭民众的帝王就是伏羲或者是大禹。伏羲看到黄河中出河图就仿照它作八卦，大禹看到洛水出书就仿照它作《洪范》。其实更多专家认为：河图和洛书都应该是伏羲时期发现的，伏羲根据河图和洛书才创立先天八卦，还创立与六十四卦相关的《连山易》。

夏朝时洛阳的古称斟鄩，商朝时称为西亳，在东周时洛阳曾用过洛邑、新邑、大邑、成周、天室、中国、周南等名，至于在春秋后期的孔圣人时期，洛阳用什么样城市名称仍需要考证。虽然大家对"黄河"与"洛水"认识表面是统一的，认为洛阳在洛水之阳，附近有黄河有洛水，河图洛书文化就应该属于洛阳，同理，围棋与河图洛书密切的关联，也认为围棋也应该起源于洛阳。这个问题非常值得商榷，首先洛阳与旁边的洛水，在东汉前称雒阳和雒水，比孔圣人写的《周易·系辞·上》"河出图，洛出书，圣人则之"的洛字要迟数百年，是不是同一个字，自然需要专家们继续研究。宋王观国《学林·雒》引鱼豢之说后而云：《史记·河渠书》曰"东下砥柱及孟津、雒油"，又《史记·封禅书》曰"幽王为犬戎所败，周东徙雒邑"，又《史记·十二诸侯年表》曰"周平王元年东徙雒邑"。由此观之，司马迁作《史记》时已用"雒"字，非光武以后改也。汉虽火行，然"汉"字亦从水，未尝改避，岂于"雒"字独改之哉！本用洛字，而司马迁、班固多假借用字，故亦通用"雒"字耳。鱼豢之说非也。王氏以早于光武近百年的司马迁《史记》为据，谓西汉即作"雒"，无待光武来改，此中即有如何看待《史记》之原本与传本问题。稍后戴侗在《六书故》中也涉及鱼说是非。其在《动物三》"雒"字下云："借为河雒之雒。"据实而言。而在《地理三》"洛"下云："卢各切。《禹贡》曰：道洛自熊耳。今商州上洛县东北至今河南府巩义市入于河。亦作雒。"所释已为洛阳水流，与《说文》不同。

其次，中国的洛水非常多，仅仅平凉（陇山）境内在《山海经》里记录的洛水就有三条，《山海经·山经·西山经·西次四经》中有这样的描述："西二百五十里，曰白于之山，上多松柏，下多栎檀，其兽多㸲牛、臷羊，其鸟多鸮。洛水出于其阳，而东流注于渭；夹水出于其阴，东流注于生水。又西二百里，至刚山之尾。洛水出焉，而北流注于河。其中多蛮蛮，其状鼠身而鳖首，其音如吠犬。"这是描写发源于陇山（平凉）的洛水，还有一条古洛水现称为水洛河。庄浪在一千六百年前也叫过水洛城，现在是庄浪县水洛镇所在地。

《国语》载："泾、渭、洛，出于岐山也。"西周时期的三川指关陇地区的泾河、渭河和洛河，均发源于岐山附近。发源于岐山附近基本上是对的，确切讲泾河、渭河和洛河都发源于大陇山。柳宗元《非国语》："三川（泾、渭、洛）竭，岐山崩。幽王乃灭，周乃东迁。"

《梦溪笔谈》讲道：水以漳名、洛名者最多，今略举数处，赵、晋之间有清漳、浊漳，当阳有漳水，赣上有漳水，郭郡有漳江，漳州有漳浦，亳州有漳水，安州有漳水。洛中有洛水，北地郡有洛水，沙县有洛水。此概举一二耳，其详不能具载。予考其义，乃清浊相蹂者为漳。章者，文也，别也。漳谓两物相合，有文章，且可别也。清漳、浊漳，合于上党。当阳即沮、漳合流，赣上即漳、灙合流，漳州予未曾目见，郭郡即西江合流，亳漳即漳、涡合流，云梦即漳、鄖合流。此数处皆清浊合流，色理如螮蝀，数十里方混。如璋亦从章，璋，王之左右之臣所执，《诗》云："济济辟王，左右趣之。济济辟王，左右奉璋。"璋，圭之半体也，合之则成圭。王左右之臣，合体一心，趣乎王者也。又诸侯以如聘，取其判合也。有事于山川，以其杀宗庙礼之半也。又"牙璋以起军旅"，先儒谓"有钮牙之饰于剡侧"，不然也。牙璋，判合之器也，当于合处为牙，如今之合契。牙璋，牡契也，以起军旅，则其牝宜在军中，即虎符之法也。洛与落同义，谓水自上而下，有投流处。今淝水、沱水，天下亦多，先儒皆自有解。

梦溪笔谈列举了三处有洛水的地方，其中"北地郡有洛水"就与平凉有关，在秦朝的北地郡就包括甘肃平凉、庆阳和宁夏固原等地，北地郡府所在地就在现平凉附近。伏羲出生于古成纪（现静宁的治平乡），至少有两条洛水就在古成纪附近，陇山的洛水向北注入了黄河，向西注入渭河。这不应该是巧合。专家对"河出图，洛出书，圣人则之"之"河"与"洛"的关系仍在研究与探讨，因为孔圣人文中并没有明确洛水就特指洛阳的洛水，从而排除其他的洛水。

（四）再谈洛水

河图洛书是中国易学及八卦来源的根据，河洛一词最早见于《尚书·顾命》："大玉，夷玉，天球，河图在东序。"又见于《论语·子罕》："子曰：凤鸟不至，河不出图，吾已矣夫！"《管子·小臣》也有记述："昔人之受命者，龙龟假，河出图，洛出书，地出乘黄，今三祥未见有者。"《周易·系辞上》更明确地说明："是故天生神物，圣人则之。天地变化，圣有效之。天垂象，见吉凶，圣人象之。河出图，洛出书，圣人则之。《易》有四象，所以示也。系辞焉，所以告也。定之以吉凶，所以断也。"可见八卦乃据河洛推演出来。所以，周易起源于伏羲八卦，伏羲八卦又源于"河图""洛书"。

河图和洛书与华夏文明的起源有着密切的关系，从河图、洛书图中明显地可以看出，它们和围棋也颇有一些相似之处，数字用黑白符号来区别奇偶数，黑白符号也画在线条上，说它是围棋的前身有点牵强，但它们都采用了用黑白子的简易的变化来表达深奥内涵的表现手法，其中的喻义与阴阳之间却有着不可分割的联系。围棋恰恰也是通过黑白双方的博弈，充分表现出太极中的阴阳变化关系和相互的包含关系。无极生太极，太极生两仪，两仪生四象，四象生八卦。某种程度上来分析，伏羲精通了河图和洛书的深奥道理，或许是从围棋之推演中给他了某种启迪。

《古今图书集成·平凉府古迹考》记："回中山，在泾州西三里，脉自昆仑来，上有王母宫，下临泾水，一名宫山。周穆王、汉武帝尝至此。"文中讲泾川的回中山是昆仑山的支脉，侧面也能说明古陇山就应该是西昆仑，许多资料上也认为古陇山就是西昆仑。

《汉书·翟义传》讲道："河图雒书远自昆仑，出于重壄……此乃皇天上帝所以安我帝室，俾我成就洪烈也。"这里提出河图洛书来自昆仑观点，古陇山就是西昆仑。汉书的解释就有一定合理性，至此"河出图洛出书"准确地点在陇山地区的论点就比较可取。

《玄玄棋经》："昔像山陆先生之于观弈不云乎：河图、洛书，正在里许。尧舜之作，岂徒然哉！或者以为纵横之术者，非知道者也。余故辩而明之。然则动静方圆之妙，因是而悟，精义入神，则又存乎观者。"

关于围棋起源于河图洛书有多大可能性，也值得专家重视与研究。

三、烂柯围棋起源说

其实烂柯只是一种文化现象，严格地讲无论是时序还是情节，都与围棋起源不搭界。烂柯故事的本身却对文化界、书画界等产生着重大影响，尤其对围棋的推广普及有着深远影响。

唐宋出现大量烂柯题材的诗句，让烂柯山有了"围棋源于中国，围棋根在烂柯"美誉。

唐孟郊的《烂柯石》："仙界一日内，人间千载穷。双棋未遍局，万物皆为空。樵客返归路，斧柯烂从风。唯馀石桥在，犹自凌丹虹。"

宋朱熹《游烂柯山》："局上闲争战，人间任是非。空叫采樵客，柯烂不知归。"

宋赵湘《游烂柯山》："仙人与王质，相会偶多时。落日千年事，空山一局棋。树高明月在，风动白云移。未得酬身计，闲来学采芝。"

宋顾逢《王质观棋》："弈边忘日月，况复遇神仙。石上无多著，人间几百年。指枰如料敌，落子欲争先。想尔腰柯烂，回头亦骇然。"

至今烂柯一词在国内外棋刊上仍屡见不鲜，一些围棋古典弈谱，有不少也用烂柯来定名。

另据《隋书·经籍志》之《洞天传》中称："王质者，东阳人也（隋，信安属东阳）。"宋张君房《云笈七签》说："烂柯山在衢州信安王质隐处，为天下洞山第三十。"

关于烂柯的故事版本非常多，除虞喜外其他故事描述都非常精彩：

故事一：翻开浩如烟海的古籍不难发现，最早记载此传说的，是东晋时期的天文学家、经学家、道士、谶纬学家虞喜在《志林》中："信安山有石室，王质入其室，见二童子方对棋。看之，局未终，视其所执伐薪柯已烂朽，遽归乡里，已非矣。"

传说在西晋时有个叫王质的青年农民，一次上山打柴，来到洞口。王质胆大好奇，心想，人家都说洞里有仙人，我何不进去看个究竟？因洞口很小，只能通过一个人，洞深三丈余，宽余高各丈许。王质刚进洞中什么也看不见。顷刻之间，洞顶好像透进来光线，只见两个小孩正在下围棋。王质素好下棋，被两位小孩精湛的棋艺一下子给吸引住了。两位小孩好像未发现有人进洞似的，边下棋边吃大枣，有时也顺手把枣递给王质吃。看完一局棋后，小孩对王质说："你也该回家了。"王质俯身去拾斧子，想不到斧柯（斧柄）已经烂朽，只剩下铁斧了。王质回到村里，怎么一个人也不认识了，向村里人询问起自己的父母，才知道他们已经死去一百多年了。从此，后人就把这座山叫"烂柯山"。相似的还有南朝刘义庆《幽明录》等记载刘晨、阮肇遇见仙女，半年后回家人家已过数百年的故事。

虞喜（281—356年），字仲宁，会稽郡余姚（今浙江慈溪）人。东晋天文学家，东吴经学大师虞翻的后人，在家中修道。

虞喜作为宣夜说的继承和发展者，是我国最早发现岁差，并定出较为精确的岁差值的天文学家。他认为"通而计之，未盈百载，所差二度"，由此得出"五十年退一度"的结论，使我国历法得以较早地区分恒星年与太阳年。后来，杰出学者祖冲之参考虞喜的岁差值，制订出举世闻名的《大明历》。个人著述，释《毛诗略》，注《孝经》，为《志林》三十篇，凡所著述数十万言，今已散佚。虞喜不愿做官，就在家中修道做学问，其"释《毛诗略》、注《孝经》、为《志林》三十篇"，主要还是偏重于对经典著作阐释和训注。

故事二：最有名的北魏晚期的郦道元《水经注·卷四十》：《东阳记》云："信安县有悬室坂。晋中朝时，有民王质，伐木至石室中，见童子四人，弹琴而歌。质因留，倚柯听之。童子以一物如枣核与质，质含之，便不复饥。俄顷，童子曰：其归。承声而去，斧柯漼然烂尽。既归，质去家已数十年，亲情凋落，无复向时比矣。"

信安县有个悬室坂的地方，晋代有个农民叫王质，伐木时进到了石室，见到里面有四位童子，他们正在"弹琴唱歌"。美妙的琴声与动听的歌声，让王质便扶着扁担、手持柯斧而听。后来，一位童子把一个形状像枣核一样的东西递给王质，他含在嘴里就竟然不觉得饥饿了。过了一小会儿，童子突然问他："你该回去了。"说着四位童子离开了，王质突然发现斧的柄已经完全腐烂了。等他回到家里时，王质离家数十年，父母兄弟等都已经过世，已经没有办法回到过去时光。其实郦道元的《水经注》并没有讲到王质是在下围棋，他的故事来源出自《东阳记》中的，显然下围棋的说法是衢州人在此基础上演绎而来的。

故事三：南朝梁代著名文学家任昉编写《述异记》：信安郡石室山，晋时王质伐木至，见童子数人棋而歌，质因听之。童子以一物与质，如枣核，质含之而不觉饥。俄顷，童子谓曰："何不去？"质起视，斧柯尽烂。既归，无复时人。

信安郡的石室山，晋代有个王质砍柴的时候到了这山中，看到有几位童子有的在下棋（没有交代是什么棋），有的在唱歌，王质就到近前去听（这里只是在听）。童子把一个东西给王质，形状像枣核，他含在嘴里就竟然不觉得饥饿了。过了一小会儿，童子突然问他："你为什么还不走呢？"王质这里才起身，突然看自己的斧子竟然木头制作的斧柄已经完全腐烂了。等他回到家里时，与他同时代的人都已经没有了。

《述异记》上下两卷，由南朝梁代著名文学家任昉编撰。任昉，字彦升乐安博昌（今山东寿光）人，他擅长写表奏书及应用散文。他所写的题材要比数学家祖冲之所著的《述异记》广泛丰富得多。神话传说、山川地理、古迹遗址、民间传说、历史掌故、奇禽珍卉等，无所不记，内容相当庞杂。其中资料类的条目，与张华《博物志》相近，但比《博物志》资料丰富。如精卫填海、武陵桃花源等，都将历史上数种说法加以排列，再做取舍。另外书中辑录的一些民谣民谚，亦可看出当时社会风气、民俗人情。另外不少条文还征引前人一些诗赋文章，这些诗赋文章有的已失传，更显其资料的可贵。最早见于《崇文总目》小说类，唐以前未见著录，因此本书的真实性十分可疑。书前有无名氏序，说任昉"家藏书三万卷，故多异闻，采于秘书，撰《新述异记》上下两卷"，可见是沿用了祖冲之的书名。

严可均、陆心源校宋本《初学记》引用过任昉《述异记》，似唐代已有此书，但书中又有后魏孝昌、北齐河清年间的事，已在任昉身后，可能是后人伪作，至少绝不是原著。书中有许多材料见于其他古籍。所记多为异闻琐事，与《博物志》近似，故事性较差。《四库全书总目》认为"或后人杂采类书所引《述异记》，益以他书杂记，足成卷帙"。《述异记》中故事的真实性值得专家们考证。

故事四：传说在东晋时有个叫王质的青年农民，一次上山去打柴，来到王乔仙洞口。王质胆大好奇，心想，人家都说洞里有仙人，我何不进去看个究竟？因洞口很小，只能通过一个人，洞深三丈余，宽余高各丈许。王质刚进洞中什么也看不见。顷刻之间，洞顶好像透进来光线，只见两个鹤发童颜的老人正在下围棋。王质素好下棋，被两位老人精湛的棋艺一下子给吸引住了。两位老人好像未发现有人进洞似的，边下棋边吃大枣，有时也顺手把枣递给王质吃。看完一局棋后，老人对王质说："你也该回家了。"王质俯身去拾斧子，发现斧柯（斧柄）已经烂朽只剩下铁斧头了。王质回到村里后，发现怎么一个人都不认识了，找人询问自己的父母情况，才知道他们已经死去一百多年了，后人就把这座山称做"烂柯山"。

王质在山中仙界逗留了片刻，人世间已经发生了巨大的变化。这故事因此常常被人们用来形容人世间的巨变。唐代刘禹锡的《酬乐天扬州初逢席上见赠》中有"到乡翻似烂柯人"一句，就引用了这个典故。诗人用王质自比，表达了他遭贬离开京城二十多年后，人事的沧桑巨变所带给他的恍如隔世的感觉。

故事五：传说在很早以前衢城杨家巷人氏王质，为人善良尽职孝道，而且善良的母亲还是半失明。因家境贫寒靠王质每天上山砍柴，勉强维持生活。有一日两个陌生人经过王质家门口时，称肚子饿要向王母借灶做饭。王质砍柴未归家中无柴，两个路人听说了并不在意。二人要煮面时没有薪柴，其中一人就将自己的腿伸进灶里当柴烧，烧好了一锅面条，二人吃饱喝足还留下一大碗作酬谢，便告辞而去。待王质回家后王母讲有人借锅煮面，桌上还有留有一大碗面，王质捧起就吃了。这时才发现家中八仙桌的腿全部烧焦、板凳的腿都不见了，王母亦不知何故便如实相告。王质听后大怒，拿起斧头就追出门去了。当听说两人出城进山了，王质追到了城南山下，见有二人正在对弈。王质也喜欢围棋，见这两人正兴头，便用斧头柄往地上一垫坐在一旁看棋。这两人一边下棋一边吃桃，还将一只桃递给王质，王质边吃边看没等吃完，发现扔在地上的桃核竟然已发芽长成桃树。这时两个人却提醒他说："你还不回去，看你的斧头柄都烂了。"

王质这时才想起了出门来的目的，回头一看大吃一惊两个仙人已经不在了。赶紧下山回家，回家的路全都变了样，却怎么也找不到自己的家，向街坊邻居一打听，才知母亲已过世好几百年。王质感叹地说："山中方一日，世上已千年！"传说那两个煮面条、下棋的人，一个是铁拐李，一个是吕洞宾，人们就把这座山叫做烂柯山。

故事六：烂柯与烂担的故事

据《平凉府·山川考》记载：华尖山位于县城西侧，泉家山在华尖山之西，烂柯山在泉家山之西。相传，古时有个叫王质樵夫上山砍柴时，正好碰见两位仙人正在山上弈棋，樵夫在旁边观棋。等棋下完后，樵夫王质发现自己斧柯和扁担已腐烂了，故后人就称此山为烂柯山或者烂担山。

华亭烂柯山的悬崖上方有三孔石室，洞口小室内大，比较适合人居，均有人类活动的痕迹。

从以上几处记载可以看出，"烂柯"这一美丽的围棋传说故事主要有两个重要元素：一是主人公是王质看仙人下棋，二是因为观棋才导致柯烂。

"王质烂柯"究竟是何处烂柯山呢？对此千百年来一直是众说纷纭，连近版《辞海》对烂柯山今址也作出了一种回避姿态：

鉴于烂柯山响亮的名声在中国称为烂柯山地方甚多，据不完全统计全国有烂柯山及类似烂柯传说的就有十余处。如：浙江衢州烂柯山、甘肃华亭的烂柯山、河南洛阳新安的烂柯山、广东肇庆的烂柯山、四川西昌的烂柯山、达州的烂柯山、福建延平的烂柯山、陕西洛川的烂柯山、江苏吴县的烂柯山、山西沁县的烂柯山等等。这些地方大都以自己为围棋正宗发源地自居。《嘉庆重修一统志》中明确说明，明确标记有"烂柯山"者，就有沁州、河南府、祠州、平凉府、衢州府、肇庆府等多处。有烂柯山传说的地方不仅只是浙江衢州，还有沁州、河南府、祠州、平凉府、肇庆府等地。

从以上等地烂柯山及故事传说来分析,浙江衢州的烂柯山、甘肃平凉华亭的烂柯山和广东肇庆高要的烂柯山,这三地最为接近虞喜、任昉等人的围棋故事的记载描述了。

其实大家早应该注意到了,在最为重要的史料《水经注》中并没有讲到有人下围棋,只是"见童子四人,弹琴而歌",下棋是后来人们的演绎。据记载北魏晚期的郦道元因为战争自己并没有到过浙江,一生主要待在北魏属地。许多史学专家们研究认为郦道元在创作《水经注》的过程中,阅读过有关书籍达四百多种,他几乎查阅了全国所有的地图,研究了大量文物资料,还亲自到淮河北的大部分河流去实地考察,核实书上的记载。也有相当一部分地方没能前去,比如烂柯的传说故事就是依据《东阳记》的记载而转载的。

据史料记载,郦道元年少时博览奇书,幼时曾随父亲到山东访求水道,后又游历秦岭、淮河以北和长城以南的广大地区,考察河道沟渠,搜集有关的风土民情、历史故事、神话传说,撰《水经注》四十卷。且其文笔隽永,描写生动,既是一部内容丰富多彩的地理著作,也是一部优美的山水散文汇集,可称为我国游记文学的开创者,对后世游记散文的发展影响颇大。《史部》:"至塞外群流,江南诸派,道元足迹皆所未经。"郦道元一生从未到过淮河以南,《水经注》所需南方水经资料,都来自其他书籍与民间传说,是在《水经注》基础上的一次再创作。全书记述了一千二百五十二条河流,及有关的历史遗迹、人物掌故、神话传说等,原书宋朝已佚五卷,今本仍作四十卷,是经后人改编而成的。

郦道元,南北朝时期北魏官员、地理学家。仕途坎坷,终未能尽其才。其曾任御史中尉,北中郎将等职,还担任过冀州长史,鲁阳郡太守,东荆州刺史,河南尹等职务。因执法严峻而在《魏书》里被编入《酷吏列传》之中。北魏孝昌三年(527年),被北魏朝廷任命为关右大使,随后被雍州刺史萧宝夤部将郭子恢在阴盘驿所杀。

梁代任昉《述异记》中只是遇到了数个仙童,他们在"棋而歌",下棋同时再唱歌实属不易,估计是下完棋后胜方用唱歌来庆祝。

虽然众多典籍则大都认为烂柯山在衢州，理由是《志林》的作者虞喜是浙江余姚人，虞喜是东晋时期的天文学家、经学家、谶纬学家，也是居家的道士。《述异记》的作者任昉曾在新安（今浙江淳安西）为太守，唐人孟郊是湖州武康（今浙江德清）等等许多历史上的文豪他们都生活在浙江，所以对衢州烂柯山的有关记述应是比较可信的。道教的"洞天福地"称衢州烂柯山为七十二福地之第三十，说明在东汉到魏晋时期，尤其是到东晋，文化大繁荣加上道教为了传道的需要，人们因地制宜地传述大量现成的神仙故事，而这些神仙故事中一个重要的元素就有围棋。所以虞喜、任昉、孟郊他们当时生活在浙江，为弘道尽心尽力为家乡讲好这些神仙故事是肯定的，谁不说咱家乡好呢？

《述异记》和《志林》是志怪类小说，是不能作为史料用的。另外这两本书也早已遗失，后人只是重新记述了他们文中的传说。《吕氏春秋·论·慎行论》：使人大迷惑者，必物之相似也。

还有一些文章中说道：雨师赤松子与炎黄小女儿曾经在衢州烂柯山的石室中修炼，春秋时期被称为石室山、空石山、空洞山，为姑篾国一大胜地。雨师赤松子与弟子炎黄小女儿曾经在烂柯山的石室中修炼完全有可能，但雨师赤松子与弟子修炼地是衢州的烂柯山这种说法似乎是站不住的。五千年前，炎黄的发祥地华夏是在黄土高原及周边，浙江当时所处的江南应该尚未入围华夏炎黄文化圈，而空石山、空洞山正是平凉崆峒山的古称。

四、烂柯山上的有石碑和烂柯庙

1933年《增修华亭县志》的山脉篇中这样记述：皇甫山脉，蜿蜒向东，逐渐高壮，至李家塬分南北二支；北支为万子山、烂柯山，南支为齐山、皇甫山，至县城西北华尖山而终，其长度约四十里。

《华亭县志·仙释类》："晋代，王质，县之王家峡口人，入山采薪，见二奇老对弈，置斧于地立观之，饿，一童献桃，异香沁脾，质津慕之，童与其一，啖之腹遂不饥，惟见山花时开时谢而已，及弈毕见地上斧柯已烂，归则家人全已隔世，无识之者，言及往事，孙乃知其为昔遗祖，质自此竟不喜烟火食，遂入山修炼登仙而去，今马峡之南尚有烂柯山，足资明证。"

《华亭县志·古遗》："东晋烂柯山，马嘴峡西南有烂柯，山上人相传，为王家峡口人入山采薪，观二奇老围棋烂柯处。"

据《平凉府山川考》记载：华尖山位于县城西侧，泉家山在华尖山之西，烂柯山在泉家山之西。相传，古时有个叫王质樵夫上山砍柴时，正好碰见两位仙人正在山上弈棋，樵夫在旁边观棋。等棋下完后，樵夫王质发现自己斧柯和扁担已腐烂了，故后人就称此山为烂柯山或烂担山。

明嘉靖年间，由时任陕西巡抚赵廷瑞主修《陕西通志》记：烂柯山在县西三十里。《永乐大典·华亭》：烂柯山在县北十五里，见寰宇记。

接着，在《嘉庆重修一统志》中也查到了当时中国标记有"烂柯山"的地方有：沁州、河南府、祠州、平凉府、衢州府、肇庆府等多处。从东晋时期道教在南方逐渐传播时，以"烂柯山"为主流的神仙故事也开始伴随着道教在全国传播，烂柯文化逐渐受到文人们喜爱，南宋时期在江浙一带对神仙文化故事的追捧达到登峰造极的地步，从而掩盖了其他地域烂柯文化的辉煌历史。从中华文明发源的渊源关系和围棋文化传承角度来讲，曾经属于平凉府的烂柯山文化更加值得大家去研究与探讨，平凉府的烂柯山故事或许才是引领着中国烂柯文化的根源。

远古的石碑在明末清初被战火所毁，清康熙时又开始重新修庙，直到雍正十二年（1734年）才修成立碑，后又毁于"文革"期间。1992年王姓族人又重新立碑修庙，庙里有王质观看仙人下棋的壁画。烂柯山下前后有两个村庄，一个叫王峡口村，一个叫腰崖村。两个村子的人不少人姓王，他们自称都是王质的后人，并拜先祖王质为烂柯神并立有碑为纪，《华亭烂柯山宝庙碑》原文如下：

考籍山名，烂柯其来久矣，亦来启肇于何代？但见华邑志书云，"城西二十里，有山曰烂柯。昔有一人，姓王名质，住居南村，入山樵采，见二人弈棋于松荫之下，傍立而视之，及弈毕而回，视柯担则已烂矣。"后尝闻余父言曰，当明季末年，战事纷扰，人无粟避。时有县令、旧公，见此山险峻，集民掘土为堡，以防盗贼。此时有余父中年，命作督工，见山已无祠庙，山顶上有大梨树一棵，下有石室，内有神位。掘土之时，掘得铜钱几文，上有诗一首，"局上观争战，人间任是非，任意采樵者，柯烂不知归。"堡成之日，上修官庭，官民以避盗患。乃至康熙十二年，吴三桂叛乱，重修堡寨，后建庙貌。又到雍正初年，众见庙宇破损，举余为会首，庙重装画，而未能挂匾勒碑。又过赛庙，思昔有深山，记唐诗一首："王子去求仙，丹成入九天，洞中方七日，世上几千年。"余尝观风景于崇阿，虽未临帝子之长洲，亦得见仙人之阿馆，层峦耸翠，上出重霄，飞阁流丹，下临福地，虽无桂阁兰宫，亦列冈峦之体。余所学浅疏，不顾贻笑于大家，窃取赞曰：山不在高，有仙则名；水不在深，有龙则灵。此山不高，烂柯成名；此水不深，波浪声灵。南山丽丽，悠悠接踵，峡若虎形；北山毓秀，益益高耸，势于龙腾。两山相向，汭水居中，风声水声，虎啸龙吟。山清水秀，宜出真人，君有仙根，樵采山林，仙家度世，借棋传真，遥身一化，超凡入圣。神赴三清，烂柯留名，灵气不昧，永庇庶民，千年祭享，香火是奉。余年七十有七，庙在虔诚，恐世远年湮，以没神踪，颇出己资，故勒石以志，挂匾以献，以应久远。

原城固县训导族孙王化辉撰立

雍正十二年仲夏

明代嘉靖年间八大才子赵时春的《烂柯山》："往时烂柯山，近在人寰内。之子矫鸿融，遂与风尘背。英名播九州，流芳被千载。忆昔皇王时，哲人犹自晦。夷齐辍周粟，巢由漆唐秽。苟无尧武心，畴能相假货。乃知古圣君，怀贤掩瑕颣。匪娟嘤晴徒，而昵婀娴态。世道日陵夷，喧吓崇偷辈。岂无英特士，依稀存梗概。重以铄金石，不获终草莱。怅望名山云，俯仰曾叹慨。"

行草与董其昌齐名的米万钟曾在华亭写过一首绝句《烂柯山》："双丸

阅世怪他忙，为羡仙翁岁未央。假尔片时成异代，人天却比洞天长。"

《列仙传》谓："赤松子者，神农时雨师也，服水玉以教神农，能入火自烧。往往至昆仑山上，常止西王母石室中，随风雨上下。炎帝少女追之，亦得仙俱去。至高辛时复为雨师，今之雨师本是焉。"赤松子在古陇山的主山石室中（现云崖寺）修道，离华亭的烂柯山不远，大约有三十公里。再向南一百公里便是炎帝所在地古陈仓，向东七十公里是西王母修道的泾川回山石室，向北不到六十公里是与广成子在棋盘岭对弈的平凉崆峒山，向东南八十公里左右便是菩提老祖修道的灵台方寸山和九天玄女修道的灵台荆山。赤松子去崆峒山、回山、方寸山与荆山都要路过华亭的烂柯山，离烂柯山数公里处有座天然石桥叫棋盘桥，讲述的是农夫观看两位神仙桥上对弈的故事。另外《西游记》中的樵夫在灵台方寸山附近，竟然这样唱道"观棋柯烂，伐木丁丁"，说明平凉这些围棋故事之间都是有密切的关联性，决不是孤立地凭空出现。

道教是中国本土宗教，以"道"为最高信仰。道教在中国古代鬼神崇拜观念上，以黄、老道家思想为理论根据，承袭战国以来的神仙方术衍化形成。东汉末年出现大量道教组织，著名的有太平道、五斗米道。祖天师张道陵正式创立教团组织，距今已有一千八百年历史。道教为多神崇拜，尊奉的神仙是将道教对"道"之信仰人格化体现。随着东晋的政治、文化等的东移，不仅道教在江南迅速传播，有关道家的神仙故事也在同步传播。平凉作为"道源圣地"，从围棋文化起源的时空与地理上来讲，华亭烂柯山是不是应该更古老些？

综上所述，"王质烂柯"的传说除了覆盖浙江衢州的烂柯山，极有可能包含平凉境内华亭市的烂柯山，华亭市的烂柯山同样是中国烂柯围棋文化的重要组成部分。烂柯山传说不仅逐渐形成了种类繁多、数量庞大的烂柯山传说系列，而且"山中方一日，世上已千年"是中国道文化的哲学符号，阐释了天人合一的哲学思想，是烂柯山传说最显著的文化特征。烂柯山传说根植于民间，不仅向人们勾勒出一幅世外桃源的仙境，而且以倡导天人相互协调这一中国古代哲学的最高理想，引导人们以积极和超脱的人生态度来生活。烂柯山传说以其所体现的天人和谐的哲学思想、积极和超脱的人生态度以及所显示的文化品格，与我国劳动人民的民俗心理和审美追求一脉相承，具有积极的认知价值和文化价值。

烂柯围棋神话传说故事，是中华传统文化的重要组成部分，我们不仅要会讲、更要广泛地更用心地去讲好。

五、箕子及箕子山围棋起源说

据传，箕子是商末周初学界泰斗，他通晓天文地理，精于琴棋书画，可谓科学、哲学、文学、艺术之全才，堪称当时华夏文化第一人。

关于"箕子"我们可以从如下五个方面理解。

1. 姓氏。《尚书·洪范》中"唯十有三祀，王访于箕子"的故事，虽未出现烂柯的情节和语词，但主旨与烂柯故事相类，可能是烂柯传说之箕子山版本的滥觞。《尚书·洪范》这一篇远古文字，司马迁《史记·周本纪》认为是周初周武王姬发访问箕子时的谈话记录，古今学者对此无疑议。箕子名胥余，朝歌人，也就是今天的河南省鹤壁市人，因而《尚书·洪范》代表着远古中原文化。

《博物志·卷九》曰：箕子居朝鲜，其后伐燕，复之朝鲜，亡入海为鲜国。师两妻墨色，珥两青蛇，盖勾芒也。

2. 山西陵川的箕子山，又称棋子山、谋棋山，山名本就不同，烂柯传说虽相近，主人公却是李忏，神仙仍是两位老者，故事在箕子洞前。

据说箕子山谋箕岭上的棋石子浑然天成，是黑、白、黄三色相间的卵石，圆滑光洁酷似棋子，分布在约六万平方米的山岭林间。据传箕子（本名胥余）为殷纣王的叔父，因为反对殷纣王的荒淫与暴虐，几次谏阻后却被纣王囚禁起来并贬为奴隶，后来周武王灭了纣王，箕子便逃往山西陵川的棋子山上，用那里的天然黑白石子摆卦占方，借以观测天象、星象、授时制历，无意创造出了围棋，经常与人对弈使得围棋文化逐渐走向成熟。相传棋子山上的箕子洞就是箕子当年对弈的棋室，洞口现有三尊席地而坐的雕像，是后人为纪念当年在这里下棋的三贤：箕子、比干、微子。洞内岩石上有一处极似围棋棋盘线条的痕迹并有像围棋棋子印了去的凹痕，传说就是当年箕子留下的未完的棋局。

山西陵川县境内的棋子山，其北高峰西侧曰"谋箕岭"。相传尧帝就是在这里路遇两个正在下棋的儿童，停下来与他们研讨棋艺，此岭因此得名，"山望殷都气贯中原箕子当年谋棋处，洞留仙踪石孕神谱棋圣而今谒祖根"。"赤橙黄绿青蓝紫唯无黑白，东西南北上中下则有方圆"，陵川一带现存大量有关围棋文化的民间传说和遗迹遗存。

陵川县曾举行由中国先秦史学会主办的围棋发源地论证会，来自海内外的十多位史学界、围棋界专家学者参加，大家围绕着杨晓国所著的《陵川县箕子山围棋发源学术研究报告》，在认真严谨的实地考察后，最后通过发布评审报告的方式一致确认：陵川箕子山是中国围棋文化的重要发祥地。杨晓国先生从1987年开始，多次来到箕子山考察，收集这些民间传说，研读商周史、辨识甲骨文，涉猎易学、天文学，钻研语言文字、历史地理等知识，想尝试揭开棋子山围棋文化的面纱。

3. 商周时期"箕"的用意

有个商周时期的成语"檿弧箕箙"。檿弧就是用山桑木制成的弓。箕，草名；古代用其来编织箭袋；箕箙，就是用箕草编织的装箭袋。

4. 关于箕字的解读

簸箕的"箕"最开始是写成"其"字，只是后来"其"字被用作代词等，才专门造了"箕"来表示"簸箕"这个含义。"其"的甲骨文是一个象形字，像簸扬谷物的簸箕，字的两边是簸箕的提手，中间是竹条交错的样子，是用来装东西的地方。金文的"其"字下面多了一个像几案的东西，是用来搁置簸箕的。"箕"较早的加义符形式是从"匚（读作 fāng，古代一种盛放东西的方形器物）"来的，见于《说文》籀文；战国的常见形式是从"竹"的"箕"，这成为秦汉以后形声结构的基本形式。汉隶中，义符"竹"头或趋简写成四笔的"艹"头，但楷书定型从竹，不与"豆茎"义的"萁（qí）"字混。又，战国时代，"箕"字声符"其"或简写作"丌"

"丌"。

"箕"的本义就当"簸箕"讲，是扬米去糠的器具。引申指畚（běn）箕，即盛装垃圾土石的器具。和"箕"形状相似的事物也可以用"箕"来表示，例如古人有"箕踞"的说法，是因为这种坐姿是臀部坐地而两腿向前岔开，姿势和后部狭小，前部开阔的簸箕的样子相似，因此命名为"箕踞"。这是一种很不尊重人的坐姿。此外还有星宿名，指天空二十八宿之一的箕宿，是四颗星连线成梯形，正像簸箕轮廓。《诗经·大雅·大东》说："维南有箕，不可以簸扬。"是说南部的箕星不能用来簸扬谷物。《说文》："箕，簸也。从竹；象形；下其丌也。凡箕之属皆从箕。"在《史记·游侠列传》"有一人独箕倨（踞）视之"，表现了一个人的傲气。

5. 箕的读音 jī，与棋的读音 qí 有别。在古代只有"弈"专指围棋，许慎《说文解字》就有解释："弈，围棋也，从丌，亦声。"西汉扬雄在《方言》中说："围棋谓之弈，自关而东，齐鲁之间皆谓之弈。"山西称弈也应该是不例外的，箕子与围棋有关的说法，可能是东汉以后编写出来的故事。

六、弈族故里起源说

孟子曰："无或乎王之不智也。虽有天下易生之物也，一日暴之，十日寒之，未有能生者也。吾见亦罕矣，吾退而寒之者至矣，吾如有萌焉何哉？今夫弈之为数，小数也；不专心致志。则不得也。弈秋，通国之善弈者也。使弈秋诲二人弈，其一人专心致志，惟弈秋之为听。一人虽听之，一心以为有鸿鹄将至，思援弓缴而射之，虽与之俱学，弗若之矣，为是其智弗若与？曰：非然也。"

除此一段文字外，关于弈秋的记载再无其他文字可考证，亦找不到弈秋与同时代高手较量的记载，更没有著作或者门徒来为其传承。弈秋以后出现在史册上以棋闻名者是西汉的杜夫子。弈秋通国善弈的事迹也得到了后人的推崇，人们纷纷引用。如《后汉书·张衡传》："弈秋以棋局取誉，王豹以清讴流声。"《文选·安陆王碑》："弈思之微，秋储无以竞巧。"

围棋在春秋战国时期已经如道家、墨家、儒家、医家、占卜、建筑等行业一样成了一门学问（技艺）。虽然围棋的影响不如政治、哲学、杂家等，但在百家争鸣的时代，任何一门学问都有其生存的土壤。围棋也如孔子七十二门徒、墨家学术团体等一般，有着自己独立的圈子。如同后代将鲁班捧为建筑业的祖师一般，后人也将弈秋推为围棋"鼻祖"（明代冯元仲《弈旦评》），弈秋是见诸史册的第一位围棋高手。在古代没有专业棋手的概念，但有以棋为生，或者以棋为主业的人，如果不能从同辈棋手中达到顶峰，几乎不可能青史留名。

平凉地区群艺馆原馆长，兵马俑考古队原副队长张映文先等一些考古专家经过考证认为，弈族遗址就应该在崆峒山下的西沟村，也有专家认为弈族原来可能是在庄浪东南一带活动，后来一部分人随弈族的首领赤松子到崆峒山修道，才迁徙到西沟村附近。平凉境内发现有仰韶文化达数百处遗址，西沟村就有仰韶文化遗址和齐家文化遗址。据西沟村的原党支部书记、农民作家王宗智先生介绍，以前村里曾经有个弈神庙，已毁于1920年的海原大地震，遗迹仍在。这样看来，专家对弈族遗址的认定是有一定道理的。

七、古代帝王、圣贤起源说

宋刘攽《棋赋》："惟夫太朴之未判兮，圆方浑而无际。候物生而有象兮，乃置同而立异。追数起而滋生兮，纷万汇而多事。此弈棋之始置器也。于是乎经纬纵横，封畛远迩。包穹昊之度数兮，极厚地之疆理。局有上于方罫兮，信宇宙之异此。"

南北朝沈约《棋品序》："弈之时义大矣哉!体希微之趣，含奇正之情，静则合道，动则适变。若夫入神造极之灵，经武纬文之德，故可与和乐等妙，上艺齐工。"

元朝虞集《玄玄棋经·序》："夫棋之制也，有天地方圆之像，有阴阳动静之理，有星辰分布之序，有风雷变化之机，有春秋生杀之权，有山河表里之势。此道之升降，人事之盛衰，莫不寓是。惟达者为能，守之以仁，行之以义，秩之以礼，明之以智，夫乌可以寻常他艺忽之哉！"

(一)黄帝围棋起源说

在安徽广为流传的一则围棋故事："传说，帝尧每年都有率领百官到各地巡察的活动。有一年，他到了黟山（今安徽黟县境内）的轩辕峰凭吊古迹。由于旅途劳累不知不觉地入睡了，并做了一个梦，梦见黄帝与仙人容成子弈棋。帝尧不懂围棋有何妙用，黄帝便告诉他，当年和蚩尤作战时就靠此围棋布阵，黑白子代表双方的士兵，演成最佳作战阵容，因而击败了蚩尤，于是帝尧便开始向黄帝认真地请教。一觉醒来感到围棋非常有用，遂将梦境中的印象和黄帝的讲解而制成了围棋，并且通过专研学会下围棋。以后尧将围棋用于教育儿子丹朱，在《世本》中才有尧造围棋一说。"

(二)容成公围棋起源说

容成公人物最早见于先秦道家典籍《列子·汤问》："唯黄帝与容成子，居空峒山之上，同斋三月，心死形废。"

东晋著名道家葛洪《神仙传》云："容成公，行玄素之道，延寿无极。"玄素是不是就应该指围棋？唐太宗李世民在诗句这样写道："手谈标昔美，坐隐逸前良，参差分两势，玄素引双行，舍生非假命，带死不关伤，方知仙岭侧，烂斧几寒芳。"

汉晋南宋《三山志》记载："太姥山，旧名才山，《力牧录》云：容成子先生尝栖之，中峰下有石井、石鼎、石臼存。"《世本·作篇》中亦有记述："容成作历。大挠作甲子。"《史记·五帝本纪》也有："黄帝受神荚，命大挠造甲子，容成造历是也。"

明朝林应龙在《适情录》中："夫弈之为数，参三统两四时能弥纶天地之道也。及其拟诸战斗而精义无闻焉。或曰，'尧作围棋，丹朱善之'。考之纪录，皆引张华《博物志》以为证。初茂先书成，武帝病其繁，俾删之，而围棋之说今本不备，意或在所删邪？唐李靖复以为容成公因历法而作，按《列仙传》容成公者自称黄帝师，见于《周穆王》《史记正义》，亦载容成公历及按类谱，其源实皆出于黄帝之世。"

以上可证，容成子应是黄帝时人，即使不是黄帝的老师，最起码是黄帝的臣子，而且对天文历法颇有研究。其声名事迹载于《黄帝内经·素问》《神仙传》《列仙传》《轩辕本纪》等讲述容成子是神仙中人，是由于后来道家传播道家思想的演绎，容成子曾于太姥山炼药，后隐居崆峒山修道，寿二百岁。

据传容成子著有《黄帝五家历》三十三卷，《日月宿历》十三卷，《天历大历》十八卷。《汉书·艺文志》有载：天文者，序二十八宿，步五星日月，以纪吉凶之象，圣王所以参政也。《易》曰："观乎天文，以察时变。"然星事凶悍，非湛密者弗能由也。夫观景以遣形，非明王亦不能服听也。以不能由之臣，谏不能听之王，此所以两有患也。

（三）赤松子围棋起源说

刘安云："今夫王乔、赤诵子（赤松子），吹呕呼吸，吐故纳新，遣形去智，抱素反真，以游玄眇，上通云天。"

《太平寰宇记》记载："广东高要烂柯山在县城东边三十六里处，有名斧柯山，传说有一个叫王质的道士，带了一把斧头进山采桐木制琴，碰见神仙赤松子和安期生下围棋，他看了一会儿，其结果斧头的木柄都烂掉了。"广东高要人就认为围棋是赤松子发明的。在全国不同地方还流传有赤松子与广成子、赤松子与赤须子、赤松子与王乔的对弈故事。

《崆峒山志》记载：赤松子按列仙传，神农时雨师也。与广成子居崆峒山讲修炼之术，服水玉以教神农。能入火自烧。往往至昆仑山上，常止西王母石室中，随风雨上下。炎帝少女追之，亦得仙俱去，至高辛时复为雨师，今之雨师本是焉。至汉游圯桥，授张良以阴符经曰，后十年访我于谷城山下，黄石即我矣。及良佐高皇成帝业，托为辟谷曰，臣愿从赤松子游耳。以其自名黄石，故又号为黄石公。

《崆峒山志》中还有这样应景的围棋诗："杖策登灵山，忽遇山中客。山上来赤松，山下逢黄石。洞里看残棋，不知日已夕。归来城市变，满山云无迹。"

相传很久以前有兄弟俩人相依为命，有一天弟弟在天台山附近（庄浪县云涯寺主峰古代称为主山，紧邻的山峰叫天台山）放羊时遇到一位神仙道人，道人将他带到主山附近的一处石洞里传经授道，弟弟一直修炼了十多年才回家。哥哥听说后非常羡慕弟弟的机缘，于是兄弟俩便一起在天台山上修炼仙道，长年以松脂、茯苓、灵芝等为食，五百年后终于得道成仙。弟取名赤松子，兄取名赤须子。兄弟经常在棋盘峰弈棋，在主山顶的百丹坪上炼丹。这才有了后来赤松子登崆峒山与广成子对弈的故事。

赤松子与赤须子是中国古代两位修道成仙的人物，其一生主要是在西昆仑山里修道，有大量资料表明古陇山就是西昆仑，他们的修道地点就在芮国的主山（现庄浪云崖寺）。

赤松子有着各种传说故事及描写他的大量诗歌，是中国神话传说中的人物，亦是前承炎黄，后启尧舜，奠定华夏万世基业的中华帝师，在全国许多地方都流传他的故事很正常，所以有他发明围棋一说也算在情理之中。

(四) 广成子围棋起源说

《崆峒山志·仙踪》有云：黄帝，少典国君之子也，生于轩辕之丘，因名轩辕。帝生而神灵，幼而徇齐，成而聪明，诸侯咸归，遂代神农氏为天子。制作大备，垂衣裳而天下治。立十九年，闻广成子在崆峒，遂西至崆峒登笄头山，得闻至道，因作阴符、龙虎诸经，以寓至道焉。帝在位百年，后采首山之铜，铸三鼎于荆山。八月庚午既望，鼎成，有龙垂髯下迎，帝骑龙升天，群臣后宫从者七十余人。小臣不得上升，悉持龙髯，髯拔堕弓，仰攀莫及，抱弓而号，后名其地曰鼎湖，其弓曰乌号，取衣冠葬荍桥山之上，岁时祭祀焉。

《太上老君开天经》："黄帝之时，老君下为师，号曰广成子。消自阴阳，做道戒经道经。黄帝以来，始有君臣父子，尊卑以别，贵贱有殊。"《庄子·在宥》："黄帝闻广成子在空同之上，故往见之，问以至道之要。"晋葛洪《神仙传·广成子》云："广成子者，古之仙人也。居崆峒之山，石室之中。黄帝闻而造焉。"

《历世真仙体道通鉴》：广成子居崆峒之山石室之中，黄帝闻而造焉，曰：敢问至道之要。广成子曰：尔治天下，云不待族而雨，木不待黄而落，奚足以语至道哉。黄帝退而闲居，三月复往见之，膝行而前，再拜请问治身之道。答曰：至道之精，窈窈冥冥。至道之极，昏昏默默。无视无听，抱神以静，形将自正。必静必清，毋劳尔形，毋摇尔精，乃可长生。慎内闭外，多知为败。我守其一而处其和，故千二百年未尝衰老。得吾道者上为皇，失吾道者下为土。予将去汝，入无穷之问，游无极之野，与日月齐光，与天地为常，人其尽死，我独存焉。乃授帝《阴阳经》，黄帝纪云：授《自然经》，一号力默子，作《道成经》七十卷。臣道一曰：广成子谓我守其一而处其和，故千二百年未尝衰老。《道德经》曰：昔之得一者，天得一以清，地得一以宁，神得一以灵，谷得一以盈，万物得一以生，侯王得一为天下正。其殆以此乎。广成之意，欲轩辕抱一为天下式而已。厥后轩辕得道，白日昇天。后世帝王，卒未能及，广成之功妙矣哉。

唐李白《古风》："归来广成子，去入无穷门。"

以上这些都说明，广成子上古黄帝时候的道家人物，修行于崆峒山，黄帝听说后专程去拜访他，问治国之术。黄帝三次拜师，广成子才传授至道之要，并授帝《自然经》《阴阳经》和《道成经》。据说黄帝前来问道时，广成子、赤松子正在对弈，因此留下一局没有下完的棋，后人称之："亘古一盘棋，无人知胜负。"

至今崆峒山上的棋盘岭上还有一块古朴的青石棋盘，旁边有一株伞形数千年古松弯身而立，人们称其为"观棋松"，据说此地便是广成子和赤松子经常下棋的地方。

广成子授予黄帝的《自然经》应该是养生之道，《道成经》应该是修道之法，那么《阴阳经》是不就是用围棋证道之法呢？是不是值得专家们来考证与研究呢。因为有广成子和赤松子的崆峒山棋盘的对弈，人们尊称为"棋圣"与"棋王"。棋圣与棋王内涵是不同的，棋王是指围棋棋艺达到了顶尖水平，棋圣就是能以棋证道，达到至道者。所以为什么陇山地区一直尊称古代圣贤广成子为"棋圣"，赤松子为"棋王"的原因。

以上大贤容成公子、赤松子和广成子三位黄帝老师，都在崆峒山及周边给黄帝传过道，一切的一切都与平凉崆峒山有非常密切的联系，或许这一系列的故事都把围棋的起源一起指向了崆峒山，指向了陇山地区。

八、乌曹发明围棋说：

乌曹是夏桀的臣子，距今约三千五百多年。明朝陈仁锡的《潜确类书》、明末董斯张的《广博物志》和清代张英的《渊鉴类涵》都有一些关于乌曹作博、围棋的记载。三位学者都是以小说为主的文人，其文中常有穿凿附会之语。他们都在其著述中提及乌曹作博、围棋，没有提到出处也并无任何考证，小说家信口之言也就不足为奇了，或许仅是一种文人雅兴的笔墨逸致，或类似《世本》中"乌曹作博"典故进行一种文学演绎，从而将博、弈统而并之。

六博的历史非常悠久，东汉许慎《说文解字》载："古者乌曹作博。"《说文解字》还讲道："博，局戏也，六箸十二棋也。"博戏为二人投骰行子，以筹计数，说明在夏朝已经形成了基本完整的一套赌博形式。赌博与原始宗教的产生密切相关，无论是赌博的程序，还是宗教的仪式，都在某种程度上是遵循上天的旨意，赋予人类社会一种充满神秘主义气息的秩序原则。

战国时期，李悝制定《法经》时严令赌博："博戏，罚三金。""太子博戏，则笞。不止，则特笞。不止，则更立。"也就是说，太子赌博是要挨鞭子抽的，发现一次打一次，如果被发现三次，连太子之位都要被废掉。

秦朝统一六国后，也对赌博持坚决反对的态度，对私下设赌的官民脸上刺字，还要"挞其股"。

西汉建立之初，刘邦深知上梁不正下梁歪的道理，对官吏聚赌者处以重刑，汉武帝也经常以赌博为借口，削掉官吏的爵位。在汉代的《盐铁论·授时》中讲道："博戏驰逐之徒，皆富人子弟。"

后来，又有学者谈到乌曹发明的是与围棋类似的樗蒲。据东汉马融《樗蒲赋》记载"昔有玄通先生，游于京都，道德既备，好此樗蒲，伯阳入戎，以斯消忧"，"枰则素旄紫羁，出乎西邻"，"旄"与"毡"通，"羁"也是一种毡类，也就是说樗蒲的棋盘是用白或紫色的毡类。《晋书·陶侃传》载：诸参佐或以谈戏废事者，乃命取其酒器，樗蒲之具，悉投之于江，吏将则加鞭扑，曰：樗蒲者，牧猪奴戏耳？老庄浮华，非先王之法言，不可行也。君子当正其衣冠，摄其威仪，何有乱头养望自谓宏达邪。晋代葛洪《抱朴子·百里》："或有围棋、樗蒱而废政务者矣，或有田猎游饮而忘庶事者矣。"

《山堂肆考》："古者乌曹氏作博，以五木为子，有枭、卢、雉、犊、塞为胜负之彩。博头有刻枭形者为最胜，卢次之，雉、犊又次之，塞为下。"在此"博"是指樗蒲而不是先前的六博，蒲是簿的音转，有点类似于飞行棋。对博时双方先轮流投掷掷得的箸正反数，有枭、卢、雉、犊、塞之分。樗蒲所用的骰子共有五枚，有黑有白，称为"五木"。它们可以组成六种不同的排列组合，也就是六种彩。其中全黑的称为"卢"，可以得到最高彩，四黑一白的称为"雉"，次于卢，其余四种称为"枭"或"犊"，为杂彩。掷到贵彩的，可以连掷，或打马，或过关，杂彩则不能。后来人们把"呼卢"泛称为赌博，即出此典故。唐朝李肇在《国史补》卷下对樗蒲的玩法有详细记录，今天我们已经很难看懂。至今朝鲜半岛上，还可见到樗蒲。

唐代时西北屯住着大批军士与吐蕃对峙，军营中棋戏与樗蒲又风行起来。李白诗《少年行》："呼卢百万终不惜，报仇千里如咫尺。"开元天宝年间，唐玄宗就非常好樗蒲，杨国忠因善于樗蒲而大受宠幸。屯边兵士更是沉湎于此，甚至樗蒲在某种意义上影响着唐军士气。一直到南宋晚期，樗蒲才沉寂下去，李清照《打马赋》讲道："打马爰兴，樗蒲遂废。"

王建《宫词》之六十："避暑昭阳不掷卢，井边含水喷鸦雏。内中数日无呼唤，拓得滕王蛱蝶图。"

郑嵎《津阳门诗》："上皇宽容易承事，十家三国争光辉。绕床呼卢恣樗博，张灯达昼相谩欺。相君侈拟纵骄横，日从秦虢多游嬉。"

韦应物《逢杨开府》："少事武皇帝，无赖恃恩私。身作里中横，家藏亡命儿。朝持樗蒲局，暮窃东邻姬。"

　　和凝和花蕊夫人的《宫词》对樗蒲均有涉及。和凝《宫词》："锦褥花明满殿铺，宫娥分坐学樗蒲。欲教官马冲关过，咒愿纤纤早掷卢。"花蕊夫人《宫词》："樗蒲冷澹学投壶，箭倚腰身约画图。尽对君王称妙手，一人来射一人输。"

　　唐代岑参《送费子归武昌》诗："知君开馆常爱客，樗蒱百金每一掷。"

　　唐代李牧在《池州送孟迟先辈》中："商山四皓祠，心与樗蒲说。"

　　元朝汤式《一枝花·赠钱塘镊者》曲："从今后毕罢了半窗夜月樗蒲戏，洗涫了两袖春风蹴踘泥。"

　　《宋史》中也谈到，樗蒲戏法是游戏者手执"五木"，掷在昆山摇木做的"杯"中，按所掷采数，执棋子在棋盘上行棋，相互追逐，也可吃掉对手之棋，谁先走到尽头便为赢者。

　　虽然六博、博戏、樗蒲等与围棋在历史上经常被混谈，但六博、博戏、樗蒲等与围棋形制是有非常大的出入，不可能是同一种棋，所以乌曹发明围棋之说，很可能是无稽之谈。

九、阴阳、八卦、五行及易经等元素为背景的道文化围棋起源学说

　　《汉书·艺文志》有云：道家者流，盖出于史官，历记成败存亡祸福古今之道。华夏数千年的史料传承与道家人物和道家思想有着密切关联。

　　《玄玄棋经·序》："盖其学之通玄，可以拟诸老子众妙之门，扬雄大易之准。且其为数，出没变化，深不可测。"清代施襄夏《弈理指归》："弈之为道，数叶天垣，理参河洛，阴阳之体用，奇正之经权，无不寓焉。是以变化无穷，古今各异，非心与天游、神与物会者，未易臻其至也。"清代钱长泽《残局类选》序中："弈也者，易也。易有不易之义，有变易之义。方罫直道，凛若经常；分奁对局，屹如匹耦；以争先得地、摧锋陷敌而致胜，以迟缓失算、拘挛局促而取败；知进知退，知存知亡。此其不易者也。倏忽之间，倏诡万状；收纵协乎阴阳，行止参乎动静；离合互异，奇正迭乘；

之死而致生之，之生而致死之。此其变易者也。甚矣！数之通乎理也。"

清代吴天寅《弈括·序》也谈道："棋本太极，法象乎天地，统归于河图，有阴阳至德之臻，无微而不在是也。"元朝虞集的《玄玄棋经·序》道："夫棋之制也，有天地方圆之像，有阴阳动静之理，有星辰分布之序，有风雷变化之机，有春秋生杀之权，有山河表里之势。此道之升降，人事之盛衰，莫不寓是。惟达者为能，守之以仁，行之以义，秩之以礼，明之以智，夫乌可以寻常他艺忽之哉！"

古人认为正是因为围棋具备"数叶天垣，理参河洛"，才得以"寓阴阳之体用，奇正之经权"，"是以变化无穷，古今各异"，而围棋的源起是："棋本太极，法象乎天地，统归于河图。"

中国哲学思想文化的源头就是《易经》，中国经籍中最玄妙的也是《易经》。历史上常常有些学者喜欢将弈与易并举，甚至强调弈本身就是易。《兼山堂弈谱·序》称："弈之为言，易也，小数之乎哉。弈者变易也，自一变以至千万变，有其不变，以通于无所不变。"《弈理指归》称围棋乃："按五行而布局，循八卦以分门。"汪缙《弈喻》以弈为易、弈仍为天技。这充分说明易经与围棋之间的千丝万缕相互关联。

对照周易与围棋，不难发现用围棋棋盘和黑白子来演绎周易显然是很方便的，围棋盘的格子古称"罫"，字中的"四"代表网格，这个字的意思就是在网格（棋盘）里边摆卦；周易称为"易"，围棋古称也为"弈"，两个字同音。另外，后天八卦是周公画出来的，棋盘的格子古称也为"罫"，两个字也是同音。易有太极，围棋有天元，易有八卦，围棋有八个星位对应等等一系列的巧合。事实上所有这些现象应该不完全是单纯的巧合，恰恰进一步说明了围棋和周易有着非常密切的联系。

老子言："道生一，一生二，二生三，三生万物。"这是大道法则，大道无相、虚实相生。以理性的根源而论，围棋同样是发源于天地之道，易为大道、弈为小道，道道却是相通可以相互印证，所以棋局虽小仍可容天下。人们发现小道围棋的推演之际，也可以与周易、天文、治国、军事、管理、人生等许多方面都可以进行相互印证。随着五千年对围棋的不断深入研究、挖掘和传承，道与围棋仍然是中国文化的重要组成部分。

围棋奥妙无穷，变化复杂，精彩纷呈，正所谓人生如棋。围棋都能充分体现了道家的老子宇宙观、河洛图、易学、八卦理论。河图、洛书的出现，进而衍生八卦、九宫、五行。可以说河图、洛书与八卦是远古先民对天地关系、阴阳消长、天文历法等等宇宙观认识的总和，属于华夏哲学"道"的范畴，道文化是中华文明的源头，道文化也一定是围棋产生的源头。

平凉是道源圣地。黄帝问道广成子于崆峒山，黄帝问道于广成子的时间为"道历元年"。

十、崆峒山围棋起源生态说（围棋起源平凉学派）

2011年起，我不仅对平凉市七县区各个地方有关华夏起源和可能存在围棋文化故事的地方进行多次走访，试图从中能寻找到答案，并且数年中一个人独自驾车走访了陇山周边的天水市、庆阳市、宝鸡市、咸阳市、固原市、定西市等大部分地区，积累大量的信息，进一步提出平凉（陇山）及周边存在围棋起源的文化生态的观点，2018年写下《围棋起源与平凉（陇山）文化的渊源研究》一文。

（一）围棋起源的时间比较

道历的历元和黄帝即位有关，据传黄帝即位的那一天，恰逢冬至及朔旦日，所以黄帝制历并且以那天为道历的起算点。《庄子·在宥》载：黄帝立为天子十九年，令行天下，闻广成子在于空同之上，故往见之，曰："我闻吾子达于至道，敢问至道之精。"黄帝到崆峒山问道时见到广成子与赤松子对弈，应该距今超过四千五百年。

尧姓伊耆，名放勋号陶唐氏，也称帝尧或者唐尧。16岁时被推举为部落联盟首领并迁居平阳。"尧造围棋，教子丹朱"故事发生大约是在距今约四千五百年前。

民国张维《陇右金石录》按："尧碑、禹碣，世或疑为寓言。然峋嵝之篆出于衡岳，至今流播，远近人亦不疑其为伪也，而况崆峒名山，蚤著古史，黄帝问道之所古迹存焉，尧禹又在其后，安得谓为寓言乎？过而去之无宁过而存之也。"

同样赤松子与赤须子，还有容成子有关的围棋故事也是和黄帝到崆峒山问道时见到广成子与赤松子对弈时间相差不多，这些都是发生在崆峒山，或者是在与崆峒为中心的陇山的地区。

（二）围棋起源平凉学派

笔者通过多年对平凉围棋文化的挖掘与研究，平凉围棋文化可以说是有根有源、围棋文化故事相互呼应的，是围棋起源文化生态下的产物，这样产生的围棋文化生态在国内外都呈现独一无二、一枝独秀的地位。近些年来关于围棋起源与平凉文化渊源的广泛研究，使得外界对平凉的围棋起源文化越来越感兴趣，越来越引起国内外专家的重视与关注。

2019年9月在平凉举办的"陇原杯"全国业余围棋邀请赛上，林建超主席在开幕式上讲道："平凉围棋文化的挖掘与整理，已经构成了中国围棋文化的平凉学派。"

至此平凉围棋文化成为世界围棋起源文化的重要部分，从五千年前崆峒山棋盘岭广成子与赤松子对弈到平凉市庄浪县云崖寺棋盘峰赤松子与赤须子对弈、从华亭烂柯山到棋盘桥、从天元山到灵台方寸山、从左宗堂下棋的平凉柳湖到灵台牛僧孺著书的玄怪斋、从伏羲洛水边的静宁古成纪到西王母泾水边的回山、从崇信县公刘故里到鸠摩罗什曾停留过的歇马殿以及有婚嫁送围棋风俗的村落等等，平凉十多个具有浓厚文化底蕴的围棋景点在中国是独一无二的，平凉地域的围棋文化景点将逐渐成为围棋人向往的圣地。

后记

围棋作为一种中国特有文化结晶，其起源肯定不是一朝一夕完成的，也一定不是某个人的心血来潮造出来的，而是与中华文化起源相互关联的产物，正是我们华夏民族的伟大的文化基因才会孕育出带有明显华夏文明符号的围棋游戏。华夏民族的伟大文化基因的原细胞包括在文字出现之前的河图、洛书的原始符号和数字概念。甚至可以毫不夸张地说，正是这原始符号和数字概念的出现，才产生了中华文明。

有关围棋起源的推断众多，多以神话故事方式为主体，说明围棋与道文化的密切关系，围棋同样是发源于天地之道，易为大道、弈为小道，道道相通相互印证，棋局虽小仍可容天下。明代叶向高《弈言》：古来神仙，多托于弈，彼固有指，而世卒无悟者。杜甫有云：闻道长安似弈棋，百年世事不胜悲。

无论"尧造围棋""烂柯故事"还是"广成子与赤松子对弈""容成子发明围棋"基本上都是以神话传说为主，是中华的道文化背景下产生的神话故事，其构成了中华传统文化中最华美、最精彩的篇章。

中国古代围棋文化的许多经典内容以神话的形式出现，据中国围棋协会初步统计就有86篇之多。国内绝大多数地方非常重视挖掘文化与文化打造，争相投入巨资打造围棋发源地这一重要文化资源。

笔者提出平凉是围棋发源地概念并不是一时心血来潮。笔者对平凉及周边围棋文化进行挖掘与整理，平凉的围棋神话故事是世界上围棋故事最丰富的地域，道与围棋等起源于平凉绝对也不是偶发事件，是集华夏起源之大成这种文化生态下的结果，是道与围棋相伴而生的文化产物，是历史的必然。如果其他地方有一二成的可能是围棋文化发源地，平凉至少有四五成的可能，相比其他地域，崆峒山作为华夏道文化的源头，加上平凉存在独特的围棋生态，极有可能是围棋发源地。

希望拥有丰富围棋文化的平凉，能做好围棋这张城市金名片。随着对平凉围棋文化挖掘的深入，如果想以围棋申请世界文化遗产，肯定绕不开平凉众多的围棋文化元素，平凉围棋文化是中国围棋文化的重要组成部分。因此，更盼望有更多的文化专家与围棋爱好者来关注平凉围棋文化，追根溯源，让中国围棋文化走向世界。

第六章

打造平凉"围棋文化旅游专线"

围棋是具有五千年历史的中华文化瑰宝，围棋形式上是一种竞技活动，本质来讲是与道相互关联的一门深奥文化，是中国文化与文明的重要组成部分。正如汉代史学家班固《弈旨》中所说："上有天地之象，次有帝王之治，中有五霸之权，下有战国之事，览其得失，古今略备。"明末清初大诗人尤侗也认为："静观一十九路，胜读二十一史。"围棋虽是竞技与游戏，也是将道家哲学思想、治国方略、战略与战术相融合的综合性文化。加强与重视青少年围棋文化教育，将会在发展智力、培养意志品质和建立战略战术思想意识的方面带来意想不到的效果。

围棋对于中国人，已远不止是一种游戏，更是一种艺术，一种修养，一种纵横天地、物我两忘的人生境界。方圆动静、是非黑白、得失进退、输赢成败，"棋如人生，人生如棋"，世间万般变化尽皆寓于小小一局棋中。洞悉先机，趋避如神者固属难能；参透生死，宠辱不惊者方为至圣。围棋是解读古老中华文明和宇宙奥秘的密码，具有超越阶级、种族、语言和意识形态的文化传播优势。弈者，道也；是启迪人类智慧和灵性的中国最古老文化传承。

博大精深的围棋在其起源与发展方面，需要有华夏文化的生态作为支撑，围棋的起源、演变和成熟同样是伴随华夏文明发展的产物，经历了漫长的演变过程，成为中华民族伟大的传承，平凉（陇山）恰恰具有这种文化生态形成的充分与必要条件。

一、平凉有众多的围棋文化遗址，独占华夏鳌头

2016年3月份，笔者将自己几年时间收集到的平凉地域围棋文化资料进行分类整理，在与全国围棋文化故事进行比对后，发现平凉竟然是中国围棋文化故事最多的地方，并处于遥遥领先的地位。当时萌发了两个念头：一是平凉可能是世界围棋发源地（详见《中国围棋论丛》第4辑中的《围棋起源与平凉（陇山）文化渊源研究》）；二是平凉应该打造一条围绕围棋文化的旅游专线，一条世界上独一无二的围棋文化景点线路，姑且称之为"世界围棋发源地文化寻根之旅"。

根据平凉文化故事的特点，笔者重新梳理了具有围棋文化景点的相关资料，如果能打造出一条围棋寻根文化的旅游专线，对弘扬中国传统文化、讲好中国（围棋）故事，肯定是一项有着历史意义的活动。平凉有众多围棋文化景点，具备打造好围棋旅游文化的先天优势。立足平凉丰富围棋文化资源的优势，继续发掘新的围棋文化遗存和整理围棋文化资料，对平凉域内的围棋文化历史、自然风光等独有资源进行深度的整合，串点成线、联珠为链，完全有条件打造出世界上独一无二的"围棋文化旅游专线"，成为中国文化体育旅游项目中最具价值的一类。

平凉需要将平凉七县区景区中围棋文化精髓提炼出来宣传起来，让世界亿万围棋爱好者在平凉的旅行中，体验领悟中华围棋文化的独特魅力和内涵，将历史文化经典、围棋文学作品、围棋影视作品与自然风光等充分融入平凉大旅游产业之中，定位一个优秀的旅游文化精品项目，发掘其独特的文化内涵、发挥特色围棋文化优势，进而打造出具有平凉特色的旅游文化大品牌；不仅让围棋爱好者体验不一样的中华传统文化，也让其他旅游者能耳目一新，扩大围棋旅游文化对世界围棋的影响力。

有了展示平凉围棋旅游文化的创意后，笔者便找到当时平凉市旅游局局长蒙银奎，提交过一份《打造平凉围棋文化旅游专线的初步设想》的文章。蒙银奎局长是一位围棋资深爱好者，对笔者的想法自然非常支持，同

时也认为这个方案有些大，牵扯七县区单位比较多，论证与立项相对比较麻烦。他建议把《平凉市围棋文化旅游专线的可行性》报告先做出来，才能进一步从市政府主管领导层面上推动这项工程，这项工程只有在政府推动下才能建成与做好。笔者自然希望通过此项目进一步把平凉围棋文化更好地发掘出来、展现出来，最终让平凉能成为名副其实的世界围棋发源圣地。

崆峒山是道源圣地，中华文化中最重要的哲学思想——道文化的起源地就在平凉，道文化是华夏民族文化之源，也是中华文化之精髓所在。据史料记载：五千年前黄帝专程到崆峒山拜师，向广成子、赤松子、容成子三位先贤问道，巧合的是广成子、赤松子、容成子三位先贤都有着下围棋故事的记载，其传说也都早于尧造围棋的传说，这一切都折射出中华五千年文化的根柢所在。

平凉及周边地域有着强大的道文化理论根基，除了黄帝问道广成子，还有上古伏羲、女娲、西王母等一系列文化故事，以及与之相关的古中医故事、古天文故事（历法）、围棋文化故事等贯穿其中，这绝不是一个偶然的现象，是华夏文化原始生态形成的必然产物。围棋与道应该是一种相互关联、相互作用的关系，或许围棋文化与道文化应该是共生关系，或者是道文化伴生的关系，围棋或是道文化重要的有机组成部分，或是证道的模型。通过打造围棋文化旅游专线，既可以作为爱国教育基地更好地弘扬中国传统文化，也可以进行系统地发掘、修复、保护及传承道源文化与围棋文化。

2017年11月随着笔者《平凉市围棋文化旅游专线的可行性》一文的提交，"世界围棋发源地文化寻根之旅"概念也得到平凉市文广（体育）局几位主要领导的肯定与认同。为此笔者特意制作一张"围棋发源地文化寻根之旅示意图"，在2018年7月下旬在崆峒山举办的"世界围棋发源地高峰论坛"中进行展示，得到来自中、日、韩的围棋文化大家们的关注、认同与赞扬。

二、打造平凉"围棋文化旅游专线"的背景与意义

2015年12月30日，习近平主持十八届中央政治局第二十九次集体学习时强调：中华优秀传统文化是中华民族的精神命脉。要努力从中华民族世世代代形成和积累的优秀传统文化中汲取营养和智慧，延续文化基因，萃取思想精华，展现精神魅力。要以时代精神激活中华优秀传统文化的生命力，推进中华优秀传统文化创造性转化和创新性发展，把传承和弘扬中华优秀传统文化同培育和践行社会主义核心价值观统一起来，引导人民树立和坚持正确的历史观、民族观、国家观、文化观，不断增强中华民族的归属感、认同感、尊严感、荣誉感。

2016年5月17日，习近平在哲学社会科学工作座谈会上的讲话：我说过，站立在960万平方公里的广袤土地上，吸吮着中华民族漫长奋斗积累的文化养分，拥有13亿中国人民聚合的磅礴之力，我们走自己的路，具有无比广阔的舞台，具有无比深厚的历史底蕴，具有无比强大的前进定力，中国人民应该有这个信心，每一个中国人都应该有这个信心。我们说要坚定中国特色社会主义道路自信、理论自信、制度自信，说到底是要坚定文化自信。

2016年7月1日，习近平在庆祝中国共产党成立95周年大会上的讲话：文化自信，是更基础、更广泛、更深厚的自信。在五千多年文明发展中孕育的中华优秀传统文化，在党和人民伟大斗争中孕育的革命文化和社会主义先进文化，积淀着中华民族最深层的精神追求，代表着中华民族独特的精神标识。

2017年10月18日，习近平在中国共产党第十九次全国代表大会上的报告：文化自信是一个国家、一个民族发展中最基本、最深沉、最持久的力量。必须坚持马克思主义，牢固树立共产主义远大理想和中国特色社会主义共同理想，培育和践行社会主义核心价值观，不断增强意识形态领域主导权和话语权，推动中华优秀传统文化创造性转化、创新性发展，继承革

命文化，发展社会主义先进文化，不忘本来、吸收外来、面向未来，更好构筑中国精神、中国价值、中国力量，为人民提供精神指引。

文化兴国运兴，文化强民族强。没有高度的文化自信，没有文化的繁荣兴盛，就没有中华民族伟大复兴。要坚持中国特色社会主义文化发展道路，激发全民族文化创新创造活力，建设社会主义文化强国。

2018年8月21日至22日，习近平在全国宣传思想工作会议上强调：中华优秀传统文化是中华民族的文化根脉，其蕴含的思想观念、人文精神、道德规范，不仅是我们中国人思想和精神的内核，对解决人类问题也有重要价值。要把优秀传统文化的精神标识提炼出来、展示出来，把优秀传统文化中具有当代价值、世界意义的文化精髓提炼出来、展示出来。

2019年11月17日中国围棋协会林建超主席，在"学习贯彻习近平总书记关于弘扬围棋文化重要指示专题报告"中强调：习近平总书记的指示具有极为重要的指导意义，是迄今党和国家主要领导人、世界大国领袖第一次专门就围棋文化所作出的重要指示，其中包含四个"第一次"：第一次把围棋神话传说上升为打造围棋文化品牌的高度；第一次明确提出了"围棋文化"的概念；第一次把围棋文化和孔子文化的研究、发掘结合起来；第一次明确指出了围棋文化的发展途径和方法。

（一）两项国家级体育博览会，围棋与武术独占鳌头

经国务院批准，2020年11月27日至29日"中国体育文化博览会""中国体育旅游博览会"在广州保利世贸博览馆举办。其中，"中国体育文化博览会"由国家体育总局和中国奥委会主办；"中国体育旅游博览会"是由中华全国体育总会、中国奥委会和中国旅游协会主办。两个博览会均由广州市人民政府、国家体育总局体育文化发展中心、国际数据集团、爱奇体育有限公司来承办，规模空前。

"中国体育文化博览会"与"中国体育旅游博览会"立足国家战略，面向国际，全方位构建国际化、专业化、市场化、高端化的体育文化、体育产业融合发展及展示交易平台，提升国际化水准，开创发展的新局面。两

个博览会的主题围绕"围棋"和"武术"两个主要项目,平凉市作为甘肃省唯一的"全国围棋之乡"和"全国武术之乡",在两个博览会的前期准备工作上颇为引人关注。

国家体育总局体育文化发展中心副主任黄金在致辞中指出:作为由体育总局主办的唯一的展会,两个博览会举办显示出体育总局对博览会的高度重视,也面临新挑战和高要求。两个博览会具有特殊意义,将为体育产业发展注入强心剂,成为致敬体育人情怀担当、坚定体育产业信心、推动体育文旅新发展的重要平台。

黄金副主任在新闻发布会上,还着重介绍2020年两个博览会的亮点与特色:(一)今年两个博览会以"健康中国 体育力量"为主题,致力于凝聚体育力量,助力全面建成小康社会;(二)在文化展示与特色活动中,将聚焦中国体育非物质文化遗产,重点围绕"武术、围棋"等传统体育项目,开展中华体育文化优秀项目推介活动;(三)将更广泛的实现全域资源对接,搭建政府、协会、企业、消费者等多方对接平台,赋能体育产业发展;(四)加强智慧科技助力,促进人工智能、5G、大数据等"新基建"与体育的结合,刺激新业态体育消费,拓展体育产业市场空间。

国家体育总局武术运动管理中心副主任张征、中国围棋协会副主席兼秘书长王谊作为博览会重要合作伙伴在发言中表示:将利用好国家级体育文化、体育旅游综合的大平台,深度展示中华优秀传统体育文化价值和内涵,促进传统体育文化与公众的交流与互动,促进中华优秀传统文化的传承与发展。

在展览展示部分,开设体育文化主题展区、体育运动品牌展区、国内体育文化体育旅游展区、国家及国际组团展区、体育场馆运营及设施设备展区、体育科技大健康与户外展区、体育创新产品及应用长廊等七大主题展区,全方位展现中国体育发展成果;论坛部分涵盖体育文化、文旅发展、产业对接、创新创业、体育商业等方面,汇聚政府及国际组织领导、企业领袖、专家学者、风投嘉宾、创业代表等各界精英,从产、学、研多维视角为全球体育文化、体育旅游融合发展贡献行业智慧;在配套活动方面,针对B2B、B2C开展丰富活动，包括中国体育旅游精品项目推介、主宾国、主宾省、主宾城市合作、中国文旅体育产业发展研究报告发布、智力运动会、体育影视项目推介等，为大众提供丰富体验内容。中国体育文化博览会和中国体育旅游博览会反映出国家体育总局、中华全国体育总会、中国奥委会和中国旅游协会对体育文化与体育旅游的重视。

在2020年底广州市疫情防控常态化要求的背景下，活动最终改为线上举办，但也为"中国体育文化"和"中国体育旅游"的推进，迈出坚定的一大步。也让围棋与武术两个中华传统项目，在众多体育项目中脱颖而出。

（二）围棋文化成为中国传统文化的一面旗帜

2020年4月中宣部批准围棋文化走出去，是继孔子学院之后第二个走出去的中国传统文化项目。2019年11月24日，由中宣部和国家体育总局领导，中国围棋协会举办的推动中国围棋文化走出去工作会议在北京召开。会议就坚定文化自信、推动中国围棋文化走出去作出具体部署、提出明确要求，形成并印发了一系列指导性文件。

会议学习了习近平总书记关于坚定文化自信、推动中华文化走出去、提高中华文化影响力的系列重要论述，传达贯彻中宣部、国家体育总局关于推动中国围棋文化走出去的工作安排，形成《推动中国围棋文化走出去工作安排要求》《推动中国围棋文化走出去重点项目实施和任务分工》，印发了《国际围棋文化传播现状和发展需求分析》《中华围棋文化的内涵和特质》《围棋申遗研究报告》。会议要求中国围棋文化走出去工作要以服务大局、深化改革、遵循规律、创新发展为工作原则：（一）加快围棋全球推广，包括实施围棋推广工程、搭建世界性围棋活动平台、建立海外围棋培训机构等；（二）开展围棋文化国际交流，包括鼓励中外合作、加强围棋文化交流、邀请明星棋手代言、举办围棋主题的各类国际文化活动、加强青少年交流等；（三）加大围棋文化传播力度，包括建设围棋文化国际交流中心和走出去示范基地、提高围棋文化标准化水平、召开世界围棋大会、推动申报人类非物质文化遗产、加大围棋文化宣传力度等；（四）加强围棋赛事文化建设，包括创办高水平世界围棋大赛、提升中国围棋赛事品牌的国际影响力、注重围棋项目文化建设等；（五）打造围棋文化传播精品，包括加大对精品围棋图书的扶持力度、鼓励围棋题材影视节目创作生产、创新围棋文化艺术品及衍生品的研发生产等；（六）建设世界围棋智能服务平台。

中宣部领导、国家体育总局杨宁副局长与中国围棋协会林建超主席都在"推动中国围棋文化走出去工作会议"中发表了重要讲话。2021年4月29日文化和旅游部印发了关于《"十四五"文化和旅游发展规划》的通知。2021年12月30日的"国际围棋文化交流中心建设工作会议"在浙江衢州召开，中宣部领导，国家体育总局领导及中国围棋协会领导都发表重要讲话，也成为中国推动围棋走向世界的重要抓手。平凉市作为西北唯一一家"国际围棋文化交流中心"拟建地市，也积极参与在其中。

围棋是由中华民族发明、造福全人类的文化瑰宝，是世界上历史最悠久、变化最复杂的智力博弈运动。围棋在发展过程中吸纳了其他国家、民族和不同时代、文化的精神养料，结合了当代最前沿的互联网、大数据、人工智能技术，因而具有超越时代、超越文化、超越语言、超越国家、超越民族、超越阶层、超越意识形态、超越人群个体差异的本质特征。围棋的特征与内涵完全符合习近平总书记强调的"要把中华优秀传统文化的精神标识提炼出来、展示出来，把优秀传统文化中具有当代价值、世界意义的文化精髓提炼出来、展示出来"的要求，作为中华优秀传统文化的代表，天然能够成为国家软实力组成部分，能够自然被全世界人们接受，完全符合中华文化走出去的要求。

（三）在良好的大环境下，平凉占据天时地利

据中国围棋协会资料，中国目前已经有六千万的围棋爱好者。算上日本、韩国，及东南亚和欧美的一些国家，世界上的围棋爱好者已经接近一个亿。目前随着全国大力推动围棋进校园、围棋进社区、围棋进企业等"七进"活动，随着围棋AI的快速发展在技术层面上的支撑，中国乃至世界

的围棋普及已经呈现了高速发展势态；加上2022年七个省市的高考作文，采用了"本手、妙手、俗手"三个围棋术语来写作，高达60分的作文极大提升围棋的影响力。至此，国内外关注围棋和围棋文化的人口将会越来越多，崆峒山棋盘岭等围棋文化景点势必将成为亿万围棋人向往的圣地。

独一无二围棋文化旅游专线，势必可以成为平凉城市文化旅游的重要品牌，成为世界围棋文化地理标志的核心组成，围棋文化旅游专线具有非常高的经济价值与社会价值，围棋文化旅游特色线路建立，也能成为中国青少年爱国主义主题教育的重要基地。

有必要在此再次呼吁：平凉如果及时切入并推动围棋文化旅游的发展，势必会给平凉城市发展带来巨大的影响力。以平凉为中心的文化圈实际就是古陇山的大文化圈的代表，她承载了五千年前至八千年前有关华夏文明起源的祖脉文化。中华文化起源生态下的平凉围棋文化故事，已经形成了独特的围棋文化生态。平凉的围棋文化故事是中国最丰富的地方，处在独占鳌头的重要地位，并且每个故事之间也都有存在相互关联的关系，这对讲好平凉围棋文化故事也非常重要。围棋文化寻根之旅专线，应该是平凉几条文化线路中打造成本最低、能达到见效最快的线路，也是一枝独秀且鲜有竞争对手的文化线路。

三、平凉打造围棋文化旅游专线的可行性与必要性

现代人寻找出行旅游目的地，通常会是从几个方面进行选择：以自然景观为主、以人文景观为主、以现代购物为主等等。平凉除了5A级景区崆峒山在国内外有较大影响力外，其余几十处优秀景点知名度相对要弱许多，仅展示同质化的自然景色，外地观光客人可谓是门可罗雀。

文化特色旅游是非常有前景的旅游模式，近些年全国各地都在如火如荼地打造各式各样的文化旅游线路，从封闭一站式的旅游模式，逐渐走向景区间开放合作、景区间特色文化相互关联，旅游业需要不断创新，达到以特色文化品牌为主线的运行模式。打造特色文化旅游项目，可以强化当

地旅游品牌的吸引力，大力提高旅游产业的经济效益，还可大力弘扬中国传统文化，让国人在旅游中了解数千年的中华优秀文化，让世界更好地了解中国。

国内目前打造的文化旅游项目，大体上分为四个层面：第一层次是以文物、史记史料、遗址及古建筑、神话传说等某种方面为主的历史文化层，是文化旅游中最有价值的一类；第二层次是以现代文化、艺术、技术成果为代表的现代文化层；第三层次是以居民日常生活习俗、节日庆典、祭祀、婚丧、体育活动和衣着服饰等为代表的民俗文化层；第四层次是以人际交流为表象的道德伦理文化层。

所以平凉应积极响应中央对弘扬中国传统文化的号召，抓住战略机遇，加强创新发展，发挥特色文化资源优势，提升当地文化的内涵，增强旅游文化的活力，明确旅游资源中传统文化所处的重要地位，树立科学发展理念，深入发掘文化特色元素，打造出旅游文化的精品线路，让平凉成为具有高品位、独特文化内涵的城市。这对于提升平凉七县区旅游产业发展竞争力具有不可替代的作用，用当地强大的旅游文化资源来定位，就能打好后期强势发展的基础。

如果旅游文化定位不够明确或者没有城市特色时，会让文化旅游变得有名无实，出现千景运作类同、文化创意模式类同，导致旅游同质化严重，达不到提升城市形象、创造经济效益的目的。

事实上平凉的大多景区，位于八千年看甘肃的"华夏文明起源的陇山核心地带上"。此地大都有着上千年或者数千年的历史，文化底蕴可谓是十分深厚，特色文化可圈可点。如果能以特有文化元素集合为主线，突出景区这类文化特性进行系统打造，就能使文化专线中特色更加显著，更加富有竞争力，便于对平凉境内优质旅游文化资源进行整合，产生强大的竞争合力，更好地发挥出这些景区巨大文化价值和商业价值，必将为平凉当地旅游的发展带来巨大的推动作用。

笔者认为平凉围绕上古文化的线路，目前成熟的主要有下列三条：

1. 以崆峒山的棋盘岭、苍松岭、仙人桥几处围棋文化遗存为龙头的上古围棋文化线路：包括柳湖公园左宗棠围棋文化遗存、西沟村天元山围棋文化遗存，华亭烂柯山围棋文化遗存、华亭棋盘桥围棋文化遗存，庄浪棋盘峰围棋文化遗存、大石桥围棋文化遗存，灵台方寸山围棋文化遗存、荆山、牛僧孺故里围棋文化遗存，静宁的古成纪遗址及河洛文化，崇信公刘故里掐方棋类遗存，国际围棋文化交流中心、平凉市体育运动公园的围棋广场、古镇围棋文化民俗博物馆等；

2. 以崆峒山黄帝问道广成子的道源圣地为龙头，组成道学（道教）文化线路：包括太统山，庄浪云崖寺、紫荆山、朝那湫、葛家洞、陈家洞；静宁古成纪、泾川西王母、夸父峰，崇信五龙山，华亭莲花台、双凤山、上关龙门洞，灵台古灵台、荆山、皇甫谧故里等；

3. 以泾川大云寺和王母宫石窟为核心的佛教文化线路，包括泾川南石窟、丈八寺、罗汉洞石窟群，石拱寺石窟，庄浪云崖寺石窟群、圆通寺，崆峒山中台、小灵山、凤凰沟石窟、崇信龙隐寺等。

除道家（道教）文化线路和佛教文化线路外，平凉还有红色旅游等文化线路可以打造。道家（道教）、佛教及红色文化旅游等，虽然在运作方面相对显得比较成熟，但她们无一例外都将面对国内相同类型文化旅游线路实力强大对手的同质化竞争。

围棋文化线路则不同，中国拥有上古围棋文化的城市少之又少，通常一个省有上古围棋文化故事的景区通常只可能有一两处，能出现三处已经是非常的罕见。平凉七个县市居然有十多处之多，目前还处于正在继续发掘的阶段，平凉围棋文化景点今后应该会继续增加。如果算上平凉（陇山）周边地区存在的围棋文化遗存，数量可能会更多。因此，围棋文化线路将鲜有竞争者，平凉庞大的围棋文化数量群，已经表现出独一无二的巨大商业优势和特殊文化价值。

神话作为产生于人类早期的重要文化遗产，在世世代代的文化传承特别是民间的口耳相传中生生不息，不仅表达着一个国家或民族的悠久历史文化记忆，而且在承载优秀文化传统和培育民族文化精神方面发挥着重要作用。对具有五千多年文明历史的中华民族而言，难以计数的各民族神话很好地反映出人类文明进程中中华人民的民族精神和团结奋斗的家国情怀，神话所表达的中华民族文化认同就是这种精神与情怀的突出体现。神话作为传统文化的经典之作，对人类文明和民族文化的一个突出贡献就是塑造出一系列具有象征性和共识性的文化符号。无论是广成子与赤松子崆峒山对弈，还是尧造围棋、烂柯故事等等。这些神话色彩深厚的围棋文化故事，不仅成为各类文化创造的核心主题，也将塑造华夏民族五千年共同文化意志与文化认同。

平凉（陇山）是华夏文明的发祥地，围棋是伴随着华夏文明发展的文化产物，同时成就了大量的围棋文化故事，有着得天独厚的天时与地利，平凉完全有条件打造好这一条围棋文化旅游专线。在设想中这条旅游专线应该以崆峒山棋盘岭为起点，走过各县每一处围棋文化，古镇作为旅游专线的终点，形成完美的一条围棋文化旅游的闭环：古代围棋文化就像一条项链，这十几个景点就是项链上璀璨的明珠。依靠这条旅游专线思路，可以打造观念全新的、价值巨大的、世界上独一无二的围棋文化景区链。

围棋文化景点可以与原来景区相得益彰、相辅相成，只需要在原来基础上形成独特的围棋文化特色旅游理念。通过这条围棋文化旅游专线，方便快速地在平凉地区打造出具有广泛影响力的特色旅游文化。围棋文化旅游的专线，是古老文明与平凉风情结合，古代艺术与现代民风和民俗的结合，更是围棋文化环境与自然风光的结合。

如果能将围棋文化遗址的保护与当地经济的发展和环境保护相结合，围棋文化发掘与围棋旅游产业相结合，从而可以打造数个市级、省级甚至是国家级围棋文化遗址（遗存）公园，可以围绕围棋文化遗址建立不同风格的围棋文化民俗博物院，让游客实地感受到陇山上古文化与平凉围棋文化的美。

同时建议有关部门能逐步启动申报围棋世界文化遗产的工作，也是弘扬中国传统文化的重头戏，从而让平凉围棋文化变得"鲜活"起来的最重要举措。归根结底，对平凉的围棋文化首先要有强烈的自信。

平凉丰富的上古围棋文化，为围棋文化旅游专线提供了强大的资源优势。笔者曾对杭州的中国围棋博物馆、衢州烂柯山景区、同里围棋文化、山西箕子山、洛阳围棋博物馆、白云山、云南永子小镇等地的围棋文化打造进行过一定的考查与了解。这些让大家耳熟能详的优秀围棋文化景区，开始仅从一个简单的围棋传说故事或者一句史料中围棋线索开始，通过多年不懈的努力、精力打造和大力宣传，最终用以点带面的方式将当地以围棋文化为核心的景区做大做强，相比之下平凉地区的围棋文化遗存远比他们更有优势、更有后劲。

笔者通过十余年对围棋文化发掘整理，平凉七县区已经呈出了一个完整的、绝无仅有的围棋文化生态系统。如何让围棋文化在平凉各个景区中凸现出来，除需要进一步强化围棋文化宣传力度外，还有大量的基础工作需要做，比如大量查阅史料、寻找相关文物、收集更多的民间故事传说等，还有针对围棋文化故事遗存（遗迹）的修复和整理等景区围棋文化硬件的打造，针对围棋文化产品、影视作品的打造。平凉一系列的围棋文化景区就会大放异彩，展现出巨大的社会价值和商业价值。

这条上古围棋文化的生态链条及各自围棋文化景区的打造完全可以分多步走，笔者将以抛砖引玉的方式，在此提出一些简单的建议：

1. 广成子与赤松子对弈崆峒山棋盘岭

在《崆峒志》中有载，上古得道的广成子长年居于崆峒山的混元洞修道，时常邀请老友赤松子前来棋盘岭谈仙论道、品茶对弈。轩辕黄帝听说修得至道的广成子住在崆峒山，不顾千里之遥，一路风尘仆仆来平凉拜师问道。因为黄帝问道时的打扰，广成子、赤松子留下一局没有下完的棋，后人称之为："亘古一盘棋，无人知胜负。"

崆峒山像东西走向的一条巨龙，棋盘岭和凤凰岭就像巨大的前龙爪，迎接天下问道、修道之人登上崆峒山。赤松子、黄帝都是沿着棋盘岭曲折绵延的山路登上崆峒山的，后来棋盘岭发生过多次大面积坍塌，棋盘岭才变成现在这样一个不大的平台了，已经看不到岭的痕迹的棋盘岭，却留下了中国最早的围棋传说故事。崆峒山棋盘岭因为有黄帝问道广成子时，广成子与赤松子正在对弈而闻名天下。

除棋盘岭外，《崆峒志》中还有这样的记载："混元阁，峰杪悬岩上，南有苍松岭，松下有铁楸枰，相传有仙人常弈此。"还有黄帝另一位老师容成公，在崆峒山支脉上的天台山修道并指导黄帝下围棋的传说故事。

《崆峒志·诗赋》中也有多首与围棋有关的诗歌：比如杨芳灿（清代）《崆峒山纪游一百韵》中："帝台尚置棋，仙人亦耽弈。巨碣谁磨治，方罫自刻画。"游师雄的《着棋台》言："石桥跨两岫，野叟尝远跖。旁有枰棋处，云是仙人弈。"李颀的《弹棋歌》："崔侯善弹棋，巧妙尽于此。蓝田美玉清如砥，白黑相分十二子。联翩百中皆造微，魏文手巾不足比。缘边度陇未可嘉，鸟跂星悬危复斜。回飙转指速飞电，拂四取五旋风花。坐中齐声称绝艺，仙人六博何能继。一别常山道路遥，为余更作三五势。"

南宋文化学者、丹学大家、围棋爱好者夏元鼎在崆峒山修道时，见到游师雄的《崆峒广成子洞》诗碑："复闻广成子，不为外虑役。轩后屈至尊，稽颡请所益。至今洞犹存，峭壁宛遗迹。"受"轩后屈至尊"的启发，便写下了著名的《题壁二首（其二）》："崆峒访道屈尊乎，万卷丹书看转愚。着破铁鞋无觅处，得师全不费工夫。"和《绝句》："崆峒访道至湘湖，万卷诗书看转愚。踏破铁鞋无觅处，得来全不费工夫。"

棋盘岭上有着精美的广成子与赤松子对弈的铜像，但在配套的围棋文化内涵方面仍然显得比较少，建议可以做一些有关广成子与赤松子对弈的故事、围棋诗歌方面的石碑和画册，也可以把《庄子·在宥》中黄帝向广成子问道的过程记述刻在石碑上，明清时期的《崆峒山志》及《崆峒山志序》的全部或者部分也可以刻在石碑上。

崆峒山棋盘岭的广成子与赤松子对弈故事，是平凉围棋文化的龙头。恢复苍松岭上的"铁楸枰"和仙人桥旁的"着棋台"。在棋盘岭的石壁上，可以打造围棋名人的手模墙；也可以打造有围棋特色的图形标识，比如"亘古一盘棋，无人知胜负"的大型山体石刻，还有依据康有为的诗作，把棋盘岭旁边的石洞打造成仙人宅；打造好崆峒山棋盘岭围棋文化，对平凉打造围棋文化之旅至关重要。

另外，崆峒山风景名胜区位于平凉市，因此属于温带半湿润气候，气候温和、四季分明，降水量较为丰富，六、七、八月份是最好的避暑季节。完全可以在崆峒山"棋盘岭"、"铁楸枰"和"着棋台"等上古对弈遗址附近，举办有世界影响力的年度大型"围棋文化论坛"、"世界冠军对决"等一系列有影响力的品牌活动。

2. 华亭市烂柯山

《嘉庆重修一统志》中说道，明确标记有"烂柯山"者就有沁州、河南府、祠州、平凉府、衢州府、肇庆府等多处。

1933年《增修华亭县志》的"山脉"篇中这样记述：皇甫山脉蜿蜒向东，逐渐高壮，至李家源分南北二支；北支为万子山、烂柯山，南支为齐山、皇甫山，至县城西北华尖山而终，其长度约四十里。

据《平凉府山川考》记载：华尖山位于县城西侧，泉家山在华尖山之西，烂柯山在泉家山之西。相传，古时有个樵夫上山砍柴时，正好碰见两位仙人正在山上弈棋，樵夫在旁边观棋。等棋下完后，樵夫发现自己斧柯和扁担已腐烂了，故后人就称此山为烂柯山或者烂担山。

作为中国一个重要的围棋文化景点，修复好完全是有必要的。附几首与华亭烂柯山相关的诗，供参考：

赵时春《烂柯山》："往时烂柯山，近在人寰内。之子矫鸿融，遂与风尘背。英名播九州，流芳被千载。忆昔皇王时，哲人犹自晦。夷齐辍周粟，巢由涤唐秽。苟无尧武心，畴能相假货。乃知古圣君，怀贤掩瑕额。匪娟嘆晴徒，而昵婀婵态。世道日陵夷，喧吓崇偷辈。岂无英特士，依稀存梗概。重以铄金石，不获终草莱。怅望名山云，俯仰曾叹慨。"

赵时春《山居其八》："乱石当蠶众壑流，漩如原野浪如丘。禹功振古留人代，我辈安闲只自谋。深谷晓寒号虎豹，郁林峡束隐蛟蚪。烂柯聚米皆陈迹，今日重来感旧游。"

赵时春的《登白石崖》："五风凌天起，三仙亦壮哉；川灵回抱阆，山势兢崔嵬。洞自娄生著，峡经神禹开；萧吹尚可听，柯烂若为裁。"

明代米万钟《烂柯山》："双丸阅世怪他忙，为羡仙翁岁未央。假尔片时成异代，人天却比洞天长。"

"人说仙家日月遥，仙家日月转堪悲；谁将百岁人间事，只换山中一局棋。"

烂柯山处在重要古道马峡河之东，东华镇王峡口村的南村就在烂柯山的山脚下，到达烂柯山山庙大约1.2千米，从马峡乡的腰崖村到达烂柯山山庙大约1.5千米。在院内设立王质观棋的三位神仙人物的雕像，同时可以把赵时春的几首写烂柯山的诗歌刻在烂柯山的庙附近上，再把详细的王质的围棋故事刻在烂柯山上。山崖上到达古人修道的石洞只有20多米距离，路在悬崖上非常陡峭，可以修成一条小栈道到达。庙后面以前有一刻有围棋图案的大石头，滑到了山下可以寻找并修复。在石洞旁边还有一棵巨大的扁状松树据说是烂担所变，1990年前后修建王峡口水库时放了下去，非常遗憾。

华亭的烂柯山是大有文章可做的地方，华亭的烂柯山不大，约有数千亩，周边被退耕还林后巨大的荒山环绕着，山下是王峡口水库，远处就是关山。山清水秀、山石峻峭、灌木郁郁葱葱，景色十分迷人，如果把自然环境与烂柯山的传统文化结合起来，完全有条件打造一个4A级或者5A级的文化大景区。有着王质后人的王峡口村也可以打造成集休闲娱乐一体的围棋文化村。

3、华亭市棋盘桥

华亭棋盘桥位于今天马峡镇，据说在远古时是一座天然的大石桥，到清代天然的大石桥损坏就改为石阶桥，石阶桥后又毁于解放战争。1960年改建成过行人的水泥桥，1980年重修拓宽成公路桥。此桥因传说古代有仙人在桥顶对弈，一吕姓农夫旁边观棋成仙而得名。

相传在西汉时期，有一姓吕的壮年农夫准备去地里劳作，正好路过此大石桥，突然发现大石桥顶上竟然有两位鹤发童颜的老翁，全神贯注地在桥上冒着小雨弈棋。姓吕的农夫也算是略懂围棋，见到两人棋行至中盘相互搏击一时难分胜负，一见也顿时来了兴致，连忙向两位老翁施礼作揖，蹲在一旁认真观棋。不知过了多久，突然雨过天晴，两位老翁已经分出了胜负。两位老翁对意犹未尽的农夫说："贤师弟，今天时间不早，就此别过。"

农夫立即作揖辞别老翁，走了几步回头一看，发现两位老翁竟早已不见了踪迹。这时他才恍然大悟，老翁原来是从仙界下凡的神仙。待他到进村想返家，竟然找不到家门。村人见到他东张西望、答非所问的样子也感到莫名其妙，反问陌生客从何处来。原来，农夫观棋之时不经意间已经经过仙人提携而得道，他虽观棋才半天，在人间却已过百余年，后人称农夫为吕得仙。

据说人们现在在下雨天时还都能隐约见到大石桥的桥面上有一幅纵横交错的围棋棋盘，因此后来大家都将此石桥称为"棋盘桥"。现在可以在公路桥旁边重修一座石桥或者石阶桥，是古遗址重新恢复，并配以图文介绍。"绝景寥寥日更迟，人间甲子不同时。未知农夫终何得，归后无家为看棋。"

4.庄浪县云崖寺景区的棋盘峰

云崖寺在古代时称为主山，俗话说：天下名山皆修道，主山也不例外。主山的修道史早于五千年前，山上有个山峰叫棋盘峰，是因为赤松子与赤须子常在此对弈而得名。

相传很久以前有兄弟俩人相依为命，有一天弟弟在天台山附近（主山的其中之一山峰叫天台山）放羊时遇到一位神仙道人，道人将他带到主山附近的一处石洞里传经授道，弟弟一直修炼了十多年才回家。哥哥听说后非常羡慕弟弟的机缘，于是兄弟俩便一起在天台山上修炼仙道。长年以松脂、茯苓、灵芝等为食，五百年后终于得道成仙。弟取名赤松子，兄取名赤须子。兄弟经常在棋盘峰弈棋，在主山顶的百丹坪上炼丹。高超的棋艺，也才有了后来赤松子经常登临崆峒山与广成子对弈的故事。

赤松子与赤须子是中国古代两位修道成仙的人物，现在庄浪云崖寺的棋盘峰留有他们对弈的故事。除了对弈故事介绍之外，在云崖寺广场可以建造一尊赤松子与赤须子对弈的雕像。

有资料表明古陇山就是西昆仑，赤松子与赤须子的修道地点就在芮国的主山（庄浪云崖寺）。《列仙传》谓："赤松子者，神农时雨师也，服水玉以教神农，能入火自烧。往往至昆仑山上，常止西王母石室中，随风雨上下。炎帝少女追之，亦得仙俱去。至高辛时复为雨师，今之雨师本是焉。"
赤松子还是炎帝小女儿精卫的师傅，说明赤松子真实修道之处离开古陈仓和西王母石室都不是很远，古陈仓在云崖寺南面一千米处，西王母石室云崖寺东面一千米处。

轩辕黄帝也向赤松子问过道，赤松子也是帝师，在《赤松子中诫经》中言：轩辕黄帝稽首，问赤松子曰："朕见万民，受生何不均匀，有宝贵，有贫贱，有长命者，有短命者，或横罹枷禁，或久病缠身，或无病卒亡，或长寿有禄，如此不等，愿先生为朕辩之。"赤松子曰："生民穷穷，各载一星，有大有小，各主人形，延促衰盛，贫富死生。为善者，善气覆之，福德随之，众邪去之，神灵卫之，人皆敬之，远其祸矣。为恶之人，凶气覆之，灾祸随之，吉祥避之，恶星照之，人皆恶之，衰患之事，病集其身矣。人之朝夕，行心用行，善恶所为，暗犯天地禁忌，谪谴罪累事非，一也。人之朝夕为恶，人神司命，奏上星辰，夺其蒜寿，天气去之，地气著之，故曰衰也。"

也可以将《列仙传》和《赤松子中诫经》有关赤松子等人的文章都可以刻录在景区内，增加文化内涵。

也有文章谈到传说吕洞宾与汉钟离常在棋盘峰上下围棋，分布于山岭周围的松树为两位仙人从仙界所带来的罗汉果遗落在此而萌芽成，这也是一个很好的围棋文化体裁。

5. 庄浪云崖寺附近的大石桥村

距离庄浪云崖寺向西不足一千米的地方，有个村庄叫大石桥村，村里曾有一座巨大的天然石桥而得名。天然石桥约高二十多米，长约有五十米左右。从大石桥可以清晰地看到棋盘峰上对弈的山峰，传说这里在月圆时分，经常能见到有许多仙童会在大石桥上面弹琴、唱歌，有仙人在下围棋。

6. 左宗棠与平凉围棋

柳湖始建于宋神熙元年（1068年），时任渭州知府的蔡挺在此引泉成湖，莳花植柳，建造避暑阁及柳湖亭，距今已有九百多年的历史。明嘉靖年间，韩潘昭王占为苑囿，由明武宋朱厚照敕赐"崇文书院"供王府子弟读书。昭王以千金筑城三仞，并做了大规模的扩建。清乾隆之后，又先后多次修葺，建有"深柳读书堂""文澜桥""养正轩"等建筑。先后更名为"百泉书院""高山书院"。同治初年（1862年），柳湖毁于兵燹。同治十二年（1873年），陕甘总督左宗棠驻兵平凉，再次修复，名为柳湖书院，并亲书"柳湖"匾额，写了《颂暖泉》，即《重修平凉暖泉碑记》。

至同治十二年（1873年），柳湖修建一新，左公亲书"柳湖"二字，镌石于门垣；又题写"暖泉"二字及碑文，刻碑立于暖泉亭旁。这一时期，左公将平凉作为"左公柳"的苗木繁育和供应基地，命将士将"左公柳"一直从陕甘交界的长武县栽到兰州，直至新疆乌鲁木齐。陕甘总督的继任者杨昌浚作诗称赞："大将筹边尚未还，潇湘弟子满天山，新栽杨柳三千里，引得春风度玉关。"

左宗棠棋力中等水平但非常喜欢下围棋，在柳湖荷花池边常与幕僚魏光焘下围棋，据说两人对弈超过千局之多。在他挥师西进收复新疆之前，微服出行看见柳湖公园边的有一家店，门上挂着"围棋天下第一高手"的匾额，左公与主人对弈三局皆赢，笑道："可以将此匾卸下了！"

当左公收复新疆凯旋，路过此处时发现"天下第一棋手"的匾额仍未拆下，便与主人再下了三局，不料左公三局皆输。左公大感讶异，主人答："上回您有公务在身，不能挫您的锐气，现今已得胜归来，我当然全力以赴，当仁不让啦。"这个故事，在平凉广为流传。它表现了平凉棋手关心国家安危、关心社会安宁的情怀，更表现了平凉棋手通过棋局为左公壮行的良苦用心。

目前来讲柳湖最具特色的就是左宗棠相关的文化，围棋是其中之一。柳湖公园里面可以设立左宗棠与平凉第一高手对弈的雕像，也可以选择左宗棠与魏光焘的对局雕像。左宗棠与平凉第一高手对弈的雕像位置，可以放在西湖与中湖之间高大的柳树林里，另外可以配上左宗棠与平凉第一高手的围棋故事介绍；左宗棠与魏光焘对弈的雕像，则可以选择放在暖泉前边；还可以把左宗棠的一些相关文章以及其他文人的一些诗篇做成石碑立在柳湖公园里。

柳湖公园里面还可以放一些不同类型的石刻的围棋棋盘，既适用于艺术类围棋盘造型，烘托围棋文化气氛，另外也可以方便游人下围棋。"子落纹楸呈气象，手谈经纬传吴图。"

7. 灵台县方寸山

《西游记》第一回中，孙悟空出海学道，想修得长生之法，西牛贺洲海边不远的方寸山中，正好遇到一樵夫，樵夫唱的便是樵夫歌。猴子便以为这位老樵夫是山中仙人，便称呼对方为神仙，要拜师学艺。樵夫说他只是普普通通一个砍樵人，这有深奥围棋文化内涵的樵夫歌是山中一个老神仙教给他的。他一直与神仙为邻，神仙便教他这首歌，一则散心，二为解惑。这首歌是教世人修道之法的好歌，也是从围棋文化开始唱起的。

平常间方寸指心，但在围棋界方寸也是围棋的别名。以"灵台方寸山、斜月三星洞"闻名天下的灵台方寸山，就在平凉市灵台县的古灵台遗址上，此处离华亭烂柯山只有六十千米左右。有道是："知黑守白方寸间、对弈问道法自然"

古灵台位于甘肃平凉市灵台县城内，始建于公元前11世纪商纣时期，是周文王征服了位于今灵台县百里镇一带的密须国后，为祭天昭德、与民同乐所筑，文化深远，被誉为"神州祭灵第一台"。唐时，正式定为县名。

中国最古老的诗歌总集《诗经·大雅·灵台》："经始灵台，经之营之。庶民攻之，不日成之。经始勿亟，庶民子来。王在灵囿，麀鹿攸伏。麀鹿濯濯，白鸟翯翯。王在灵沼，於牣鱼跃。虡业维枞，贲鼓维镛。於论鼓钟，于乐辟廱。于论鼓钟，于乐辟廱。鼍鼓逢逢。矇瞍奏公。"

战国孟轲《孟子·梁惠王》："文王以民力为台为沼，而民欢乐之，谓其台曰灵台，谓其沼曰灵沼，乐其有麋鹿鱼鳖。古之人与民偕乐，故能乐也。"清代戴震《毛郑诗考证》："此诗灵台、灵沼、灵囿与辟廱连称，抑亦文王之离宫乎？闲燕则游止肄乐于此，不必以为太学，于诗辞前后尤协矣。"

《西游记》第一回有个："灵台方寸山，斜月三星洞"，古灵台景区内就有个"灵台方寸山"，位于"西牛贺洲"。世外高人菩提祖师便隐居在灵台方寸山斜月三星洞，菩提祖师是孙悟空的启蒙老师。"方寸"本意是一寸见方，但也是围棋的别名之一。《西游记》作为传世经典民间神话故事，故事中樵夫唱了一首流芳百世的围棋歌，孙悟空便将樵夫视为了神仙："观棋柯烂，伐木丁丁，云边谷口徐行。卖薪沽酒，狂笑自陶情。苍径秋高，对月枕松根，一觉天明。认旧林，登崖过岭，持斧断枯藤。收来成一担，行歌市上，易米三升。更无些子争竞，时价平平。不会机谋巧算，没荣辱，恬淡延生。相逢处，非仙即道，静坐讲《黄庭》。"

对方寸山围棋故事知道的人不多，就是对灵台方寸山故事知道的人也很少。方寸山不仅需要用更好的方式与手段来宣传，这首神仙围棋歌应该刻录在古灵台的方寸山上，另外，也可以将樵夫与孙悟空的形象，用石刻浮雕或者塑像的方式表现出来。

8. 崆峒区西沟村的弈神庙与天元山

崆峒山下不远处有个村庄叫西沟村，西沟村依一座小山而建，这座小山叫元顶山也叫天元山，有座弈神庙（也有称为雷公庙），遗址就在天元山顶上，或许天元山和弈神庙与围棋有着一种说不清道不明的联系，真是一种天然的巧合。

西沟村的原支部书记王宗智说过：据老辈们讲，村里的弈神庙在1920年被当时发生的海原8.5级大地震毁坏。这些年村里连续发现"仰韶文化"和"齐家文化"的遗址及文物，有一块唐朝的石碑，还有古庙里的一些物件。现在大家已经开始集资准备重新修复弈神庙，按照以前老人们口传的碑文内容重新刻了一块《重修弈神庙碑记》。

据原平凉文联主席姚学礼先生多方考证，天元山及周边区域就是古代弈族部落的方国。对围棋文化界来讲，这是一个重大的发现，也是围棋起源于平凉地区的又一有力佐证。

崆峒西沟村可以开明宗义地以弈族故里进行宣传，也可以与北岭村联合开发。从高空中俯视，西沟村天元山与北岭村的大王庙为阴阳鱼眼太极，与周边的山势构成了天然的太极图。

西沟村的天元山上除了重新修复弈神庙外，村里可以将发掘到的文物复制品、文物残片用于打造一个小型的村级围棋文化民俗展览馆（或者叫围棋文化遗址博物馆）。

村内可以借鉴杭州中国围棋博物馆的经验，对各条小路可以进行带有围棋文化元素的命名。流经西沟村有条泾河支流胭脂河，河里有许多天然棋盘型大石头；村内的各个路口可以摆放刻画好包含围棋文化元素的图案与文字的石头。

9. 华亭县等地曾经有用棋子做嫁妆的风俗

多次听说华亭市、静宁县和崆峒区四十里铺镇等地均出土过围棋子。多次寻访一直没能见到这些实物，实为憾事。有人谈到，在华亭安口镇、砚峡乡和马峡乡一带的农村里，听说曾经有过女儿出嫁时用黑白棋子做陪嫁的习俗。据考证，华亭市古代就出产过黑白石头，比如砚峡乡在千年前出产过墨黑色的砚石。宋代韦骧的《赋石棋子以机字韵》："灵岩山下石，采拾比珠玑。圜璞生难小，文楸数可围。纷纭星并贲，黑白玉争辉。赋质神工妙，磨砻俗巧非。透关经手耐，争道转心稀。落落无情甚，谁为胜负机。"明朝赵时春在《重修灵岩寺记》一文中讲到华亭灵岩寺，所以这个故事肯定是有关联。同时华亭市安口镇作为古代的西北第一陶瓷重镇，也曾经生产过陶瓷围棋，所以这个故事有较高的可信度。

无论如何，历史上出现过结婚时用围棋子作嫁妆的风俗，不仅说明过去围棋在群众中的普及性和广泛性，也正好应了阴阳交合、多子多福、和睦相处、富贵长久的美好愿望。

10. 灵台县牛僧孺故里与《玄怪录》

唐朝宰相牛僧孺晚年停止了几十载的奔波忙碌，在家乡灵台县离山寺洼附近，被后人称为"玄怪斋"的别墅里完成了古代文学史上享有盛誉的《玄怪录》，在《玄怪录》一书中有"橘中之乐"的围棋故事，是中国文学、诗歌与绘画史上的重要题材。

11. 歇马殿：天下围棋第一寺

两千年间，歇马殿住过的几位帝王及历史大名人，都是通晓"琴棋书画"的，尤其是对围棋十分热爱。东汉时期的高僧迦叶摩腾、竺法兰在歇马殿跟秦景学会了下围棋，高僧会下围棋的历史，完全可以从东汉明帝时期算起。有"佛根"的歇马殿完全可以称为中国佛教第一殿；有棋缘的歇马殿也可以称为天下围棋第一寺。

12. 打造国际围棋文化交流中心

2020年4月中宣部批准围棋文化走出去，2019年11月24日，由中宣部和国家体育总局领导，中国围棋协会举办的推动中国围棋文化走出去工作会议在北京召开。会议就坚定文化自信、推动中国围棋文化走出去作出具体部署、提出明确要求，形成并印发了一系列指导性文件。2021年12月30日召开《全国国际围棋文化交流中心建设工作会议》，中宣部对外推广局和国家体育总局宣传司有关领导出席会议。

平凉市拟建国际围棋文化交流中心，在市委、市政府的关怀下，在市体育局与平凉职业技术学院支持下，已在规划建设之中，势必成为围棋及围棋文化对外交流的优质平台和重要窗口。

13. 打造中国围棋老师培训基地

2020年2月28日中国围棋协会下发了《中国围棋协会关于第一批全国围棋师资培训试点单位的公示》，平凉职业技术学院在公示的首批38家高校之列。平凉职业技术学院的围棋教育及围棋师资水平走在甘肃前列，许多学生已经陆陆续续走上了北京、杭州、深圳、郑州等围棋培训的教师岗位，借这个东风，平凉职业技术学院完全可以被打造成中国围棋教师的摇篮。

14. 平凉古镇的围棋元素

（1）五味宫酒店是平凉文化旅游产业投资集团有限责任公司，全资打造的一处三星级生态园林式酒店。为了带动古镇的发展，平凉文旅集团准备打造围绕围棋、武术等具有文化传承的元素。五味宫酒店是一处三星级生态园林式酒店，坐落在平凉古镇的西南角，一个非常优雅之处，有楼台亭阁小桥流水、曲水环绕、装修奢华、格调典雅，是两层的仿明建筑的四合院，有幽静、大气潺潺的溪水声，有林间花香鸟语，是一个闹中取静的休闲之地。放眼远望，西崆峒山南边太统山，巍峨挺拔，怪石嶙峋，青松苍翠拥中间，一派洞天福地风光。

五味宫酒店可以围绕汀兰阁茶楼等地增加大量的围棋元素，包括门前制作黄帝问道广成子的雕塑、酒店的院落内摆放一定数量的石棋盘、脍炙人口的围棋对联和诗歌等；可以用两百多平方米的仿明别墅打造平凉围棋博物馆，收集平凉围棋文物在民间的大量留存。

近来获得消息，五味宫不仅将以特优价接待国内外棋手，还准备承接国内外围棋夏令营活动，承办全国性、地域性围棋比赛。因此完全可以先为五味宫酒店增添丰富多彩围棋文化元素，让五味宫酒成为中国围棋棋手的驿站，使平凉古镇处处体现出围棋文化的魅力，让古镇变成一个名副其实的文化小镇。

（2）历史人物与平凉围棋

崆峒山为世人公认的道源圣地，围棋与道源文化密切相关。或许平凉才是中国围棋的真正发源地，我们仍然需要进一步发掘整理。根据一些史料分析及传说故事，我们就会清楚地了解平凉地区从上古时期到秦汉时期在中国围棋界所处的地位。平凉七县区还有许许多多的围棋文化故事，需要进一步发掘和整理。

魏晋时期平凉的张轨、吕光、姚兴等人都是围棋好手，他们是现崆峒区、庄浪一带人。苻坚为了平定凉州把安定改为了平凉，他对佛学高度认同，对围棋也颇有爱好。

张三丰年轻时在崆峒曾修道五年，全真教的王重阳在平凉修道四年，医圣孙思邈在崆峒学医修道七年，夏元鼎修道三年等等，他们也都是当时围棋的好手。王辅臣驻守平凉时就有下围棋的故事；谭嗣同父亲曾在兰州做官，他去探父多次路过平凉，并登崆峒留下诗篇和下围棋佳话。

康有为登临崆峒山时，曾经与一品大员张妼在棋盘岭下棋，同时作诗《游棋盘岭感遇》："乱石青天里，悬崖枕藉时。仙人原有宅，醉语也成诗。夜静听虫鸣。平明出峡口，险尽尚惊疑。"还有唐朝宰相牛僧孺在家乡灵台编写"橘中之乐"的围棋故事等等……平凉围棋故事真是数不胜数。

（3）打造围棋夏令营基地

平凉北广场地面可以铺制特大型的围棋盘和围棋子，凸现平凉全国围棋之乡的文化元素。

平凉的夏天非常凉爽宜人，是一座不需要空调也没有蚊子的城市。可利用古镇的文化优势、环境优势、价格优势等，打造出国家级围棋夏令营基地。

15. 平凉市体育运动公园的围棋广场

正在建设的"体育运动公园"是平凉市重点民生项目，围棋广场与武术广场则是市委、市政府及市体育局对平凉作为"全国围棋之乡"与"全国武术之乡"的重视与支持，围棋广场的建设势必会成为推动平凉围棋普及和宣传平凉地域围棋文化的强大阵地。

四、推进围棋文化旅游与围棋文化影视产业深度融合

全国关于围棋的文学作品与围棋影视文化作品，数量极少仍处在萌芽期，大家基本上都处于同一起跑线上。哪个城市有足够的信心和充分的准备，就有可能把握围棋文化与围棋影视文化发展的良好契机。采取"围棋文化寻根旅游+围棋影视文化"的模式，推进围棋文化旅游与影视文化产业深度融合，甚至可以引领围棋文化影视产业的发展。

平凉完全有条件推出一批围棋影视作品和娱乐节目：比如《广成子对决赤松子》《黄帝观棋棋盘岭》《天元山的前世今生》《孙悟空与方寸山的故事》《穿越时空的棋盘桥》《歇马殿：天下围棋第一寺》《左宗棠与平凉围棋》《棋盘峰的传说》《一千六百年前陇山人与凉州的围棋故事》和《千年烂柯》等，从而让平凉沉睡千年的围棋历史文化"活"起来。

"围棋文化寻根旅游+围棋影视文化"是一种世界前沿的产业创意，围绕围棋文化的旅游产业创意今后能涉及的领域十分广泛，不仅包括广播、影视，还可以包括文学艺术、新闻出版、印刷、建筑设计等众多方面。围棋文化创意产业包括民间围棋工艺品生产销售、围棋产品会议展览、围棋文化节庆、围棋民俗活动等。围棋文化产业必须基于文化基因与文化自信，并以创意、创新为动力，平凉有可能通过围棋文化的传播成为世界瞩目的焦点。

五、打造平凉围棋文化旅游线路要下好七县区一整盘棋

围棋文化旅游项目需要整体的规划，平凉围棋文化旅游线路必须是平凉七县区旅游协同作战，各个景点共同来下好围棋文化旅游一盘棋，做到精心规划、精心策划、精心设计、精心建设、精心服务、精心管理，向高品位的策划要效益，向高质量服务要市场，通过打造围棋文化品牌要竞争力。

规划要从全局出发逐步展开，突出重点突出特色，力求做到人无我有、人有我优、人优我特的战略思想，要有一次规划，分步建设，动态调整，逐步到位的理念。

（一）围棋文化旅游开发的基本路径小议

1. 以十余处景区围棋文化的旅游带动全局；

2. 建立围棋文化遗址博物馆；

3. 建立围棋文化主题园、风情村（镇）和街区；

4. 进行围棋文化嫁接，产业主题化——围棋主题酒店、围棋主题餐厅、围棋主题度假村；

5. 设立不同风格的围棋文化节，达到吸引大量的围棋爱好者的目的。

（二）弘扬中国传统文化，讲好中国围棋故事

1. 存真：尊重历史的基础上进行完善，逐渐恢复实物景点；

2. 做深：发掘围棋传统文化内涵，丰富围棋文化故事内容；

3. 延展：把围棋文化旅游资源以多样化的形式开发利用。

（三）发展围棋文化旅游关键是客源市场定位，垂直做好围棋文化旅游

1. 以"围棋文化寻根之旅"为导向，组织游学活动；

2. 建立青少年爱国主义教育基地；

3. 各县区都可以利用自然条件，与当地围棋文化故事对接，打造形式多样的中国围棋夏令营营地；

4. 建立围棋文化影视基地。

（四）大力开发围棋文化旅游产品

1. 七县区的围棋文化可以以书画形式展示；

2. 与陇上名窑——安口，打造围棋文化系列瓷器。

六、结束语

中国围棋协会前主席王汝南、"棋圣"聂卫平等围棋元老在2018年崆峒山举办的"世界围棋发源地高峰论坛"中称："平凉围棋文化是平凉城市的金名片"；围棋博士何云波教授认为："平凉是世界围棋发生、发展的重要地域"；日本围棋大师武宫正树曾说："平凉不仅是中国道文化的发源地，还是围棋发源地。道与围棋，两者有着密切的关系。"

2022年在全国"体总杯"围棋示范比赛中，中国围棋协会报道宣传中的文章题目为《丽水队大胜围棋文化名城》，平凉市在全国媒体报道宣传中被称为"围棋文化名城"，这也是中国围棋史上第一次有城市被这样定位。这些褒奖之词也说明了围棋文化对平凉城市宣传的重要性。

2019年9月在平凉举办的第四届"陇塬杯"全国业余围棋大赛的开幕式上，中国围棋协会主席林建超先生高度评价平凉在围棋文化发掘方面所作的努力，称其为"围棋起源平凉学派"；2019年11月份，国家体育总局在衢州举办的"世界围棋文化博览会"上邀请杭州、晋城、平凉三座在围棋文化上拥有卓越历史地位的城市共同组成"智运名城"交流展区，加深博览会历史底蕴，扩大博览会影响力。

目前平凉市已经是"全国围棋之乡"，平凉职业技术学院是"围棋师资培训基地"，有二十九所学校被评为"全国围棋特色学校"，2021年12月中国围棋协会指定平凉市为"国际围棋文化交流中心"拟建城市（是西北五省唯一入选的城市），一座最有希望当选"中国围棋文化名城"的城市之一。

平凉是全国围棋故事最早与最多的城市，没有之一。我们可以自信地说：平凉围棋文化已经在世界围棋文化中占有重要的一席之地。

围绕平凉精彩的围棋故事，全方位地开发围棋文化旅游产品，从而形成代表平凉城市特色的成系列的围棋文化旅游产品，从世界范围内，也是弘扬围棋文化的一个重要手段。有着五千年以上历史的崆峒山，也是道家文化、中医文化和围棋文化的集大成者，平凉应该充满自信地把当地文化精髓提炼与展示出来，成为发展平凉特色文化旅游的重要抓手。

从习近平总书记弘扬围棋文化重要指示以及林建超主席关于对平凉围棋文化的高度评价，已经充分说明平凉利用各种围棋故事和传说来打造围棋文化旅游专线的方向是正确的，同时也要认识到中国围棋强国的地位和向世界传播围棋与围棋文化的历史责任，平凉发掘与整理好重要的地域围棋文化对中国围棋具有重要意义。

希望"世界围棋发源地文化寻根之旅"构想对平凉围棋文化旅游的发展有一定的参考价值，同时希望国内外有更多的专家学者关注、研究平凉的围棋文化。